Gerda Heinrich

Geschichtsphilosophische Positionen der deutschen Frühromantik

Reihe: Literatur im historischen Prozeß

hrsg. v. Gert Mattenklott u. Klaus R. Scherpe, Bd. 9

Gerda Heinrich

Geschichtsphilosophische Positionen der deutschen Frühromantik

(*Friedrich Schlegel und Novalis*)

Scriptor Verlag Kronberg/Ts. 1977

Dieses Buch erschien in der Schriftenreihe
LITERATUR UND GESELLSCHAFT
Herausgegeben von der
Akademie der Wissenschaften der DDR
Zentralinstitut für Literaturgeschichte

Scriptor Verlag GmbH & Co KG
Wissenschaftliche Veröffentlichungen
Kronberg/Ts. 1977
Vom Akademie-Verlag Berlin genehmigte Lizenzausgabe

Printed in GDR
Bindearbeiten Friedrich Pustet, Regensburg
ISBN 3-589-20545-8

Inhalt

Vorbemerkung

Anliegen dieser Untersuchung ist es, das Denken der deutschen Frühromantik historisch zu erklären, seine philosophischen Grundpositionen sowie seinen Standort in den ideologischen Auseinandersetzungen der Zeit zu bestimmen. Frühromantisches Denken wird als Ideologie bestimmter kleinbürgerlicher Schichten analysiert, die mit dem Übergang zum Industriekapitalismus und zur politischen Herrschaft der Großbourgeoisie an einen Höhe- und Wendepunkt ihrer geschichtlichen Rolle und Position gelangt sind.

Die historisch-materialistisch fundierte ideologiegeschichtliche Rekonstruktion des frühromantischen Denkens steht noch weitgehend aus. Sie ist deshalb so wichtig, weil Philosophie und Weltanschauung der deutschen Frühromantik bis zur Gegenwart die Grundlage und Voraussetzung ihrer literarischen und ideologischen Rezeptions- und Wirkungsgeschichte bilden.

Die Interpretation geht vor allem jenen charakteristischen geschichtsphilosophischen Auffassungen nach, deren ideologische Tragweite sich im Laufe einer langen und widersprüchlichen Wirkungsgeschichte erwiesen hat. Die spätere Rezeption der gesamten Romantik ist allerdings ein umfassendes selbständiges Thema. Hier werden nur zwei symptomatische Positionen (die der Vormärzideologie und deutschen Geistesgeschichte) skizziert.

Die zeitgenössische Naturphilosophie wird so weit in die Darstellung einbezogen, wie sie in ihren Anfängen das geschichtsphilosophische Anliegen der Frühromantik begründen half. Es wird deutlich gemacht, daß Schellings frühe Naturphilosophie – so starke Impulse sie der Frühromantik auch vermittelte – ihr nicht unmittelbar zugerechnet werden kann, sondern mit ihrer Idee eines tätigen, idealistisch gefaßten Subjekts-Objekts weit mehr in die Linie der klassischen deutschen bürgerlichen Philosophie von Kant bis Hegel gehört.

In den Mittelpunkt rücken zwei Vertreter der deutschen Frühromantik, die in exemplarischer Weise deren weltanschaulich-philosophische Problematik repräsentieren: Friedrich Schlegel als der philosophische Kopf der „Schule“ und Friedrich von Hardenberg, genannt Novalis, in dessen weltanschaulicher Entwicklung der Gesamtprozeß frühromantischen Denkens gleichsam in einer Abbreviatur erscheint.

Die Untersuchung beschränkt sich im wesentlichen auf den Zeitraum der Jahre 1795 bis etwa 1800, weil um die Jahrhundertwende eine deutliche weltanschauliche Zäsur eintritt. In dieser als Frühromantik bezeichneten Phase liegen nicht nur die wesentlichen philosophischen Leistungen der deutschen Romantik, sondern in ihr künden sich bereits auch die späteren weltanschaulichen Tendenzen an bzw. werden hier vorbereitet. Sie hat so paradigmatischen Charakter.

Das bedeutet jedoch nicht, daß die spätere Romantik innerhalb eines umakzentuierten weltanschaulichen Grundzusammenhangs keine eigenständigen Teilerkenntnisse hervorgebracht hätte, oder daß sie ideologisch nicht wirksam gewesen wäre – im Gegenteil. Die einzelnen Etappen romantischen Denkens erfordern eine differenzierte, abgrenzende Bewertung. Die ideologisch konservativen Positionen und Wirkungen der Spätromantik können nicht in die Frühromantik projiziert werden.

Dennoch besteht ein gesetzmäßiger Zusammenhang zwischen den verschiedenen Etappen, der bei distanzloser, unhistorischer Aktualisierung der Frühromantik allzuoft ignoriert wurde. Da die frühromantische Weltanschauung die Freiheit – eine objektiv determinierte Kategorie – durch subjektive Willkür ersetzt, ist in der daraus folgenden theoretischen Verarmung der (nur vom Subjekt her gefaßten) Geschichtsdialektik und in der selbstherrlichen Leere der frühromantischen Subjektivität deren Zufälligkeit und Nichtigkeit schon angelegt. Die nur behauptete Autonomie endet notwendig in religiöser Heteronomie.

Die deutsche Frühromantik hat die Widersprüche ihrer geschichtlichen Epoche – der des Übergangs vom Manufaktur- zum Industriekapitalismus der freien Konkurrenz – besonders betroffen, daher intensiv und ihrerseits widersprüchlich reflektiert. Die Erfahrung, daß „die gleißenden Versprechungen der frühen Aufklärer von der Gesellschaft, in der nur die Vernunft herrschen werde, von der alles beglückenden Zivilisation, von der grenzenlosen menschlichen Vervollkommnungsfähigkeit" durch die Realität dieser Gesellschaft widerlegt werden und unabgegolten bleiben, treibt sie ebenso zum ohnmächtigen Protest und zur Flucht in die Utopie wie die Erfahrung, daß „der hochtönendsten Phrase überall die erbärmlichste Wirklichkeit entspricht" (Engels). Ihre Utopie schöpferischer menschlicher Selbstverwirklichung und Freiheit ist jedoch weniger „die Ahnung und der phantastische Ausdruck einer neuen Welt" (Engels) als vielmehr Zeugnis der Trauer um eine geschichtlich unwiederbringlich vergangene Welt. Die romantische Ironie sollte gleich einer „Herkuleskeule" (Friedrich Schlegel) soziale Mißstände zerschmettern; doch ihre Nadelstiche vermochten dann den deutschen Bürger nicht einmal aus seinem Schlummer aufzustören.

Die Widersprüche der Frühromantik können allerdings „nicht unter dem Gesichtspunkt der modernen Arbeiterbewegung und des modernen Sozialismus" (Lenin)be- und verurteilt werden. Es gilt, die geschichtliche Adäquatheit derjenigen humanistischen Momente zu erkennen, die von den Frühromantikern mit ihrer Kritik an den Erscheinungen der kapitalistischen Gesellschaft entwickelt wurden; es gilt aber auch zu zeigen, wo ihre Anklage in der bloßen Klage endet, d. h. wo die Grenzen dieser Weltanschauung liegen.

Die Ambivalenz frühromantischer Weltanschauung, ihre Krisenhaftigkeit, entsprungen der geschichtlichen Perspektivlosigkeit ihrer kleinbürgerlichen Trägerschicht unter dem modernen Industriekapitalismus, verleiht ihr auch heute noch ideologische Anziehungskraft und politisch-weltanschauliche Aktualität für das bürgerliche Denken. In der Unentschiedenheit zwischen noch deklariertem emanzipatorischem Anspruch und dessen übersteigert illusionärer theoretischer Lösung liegen Anknüpfungsmöglichkeiten für die verschiedensten Varianten bürgerlicher Ideologie.

Die gegenwärtige bürgerliche Ideologiegeschichtsschreibung ist insgesamt zu einem sehr detaillierten Bild frühromantischen

Denkens gelangt. Allerdings werden jeweils einzelne Züge verabsolutiert. In der Vorliebe für bestimmte Tendenzen der frühromantischen Weltanschauung spiegelt sich ein Differenzierungsprozeß innerhalb der heutigen bürgerlichen Ideologie selbst wider. Mehr aber noch zeigt sich ein allen diesen rückgreifenden Theoremen gemeinsames Moment – die Abstraktion vom spezifisch historischen Charakter und den geschichtlichen Voraussetzungen der Frühromantik. Diese müssen umso mehr Gegenstand der Analyse sein, als immer noch im Namen der Frühromantik utopische Ideale kritisch sowohl gegen die Wirklichkeit des Monopolkapitalismus als auch des real existierenden Sozialismus beschworen werden. Wenn sich auch die Literaturwissenschaft auf diese Position begibt, gerät sie in den Bannkreis eines einfachen typologischen Vorgehens und kommt bestenfalls zur Behandlung eines Katalogs geschichtsloser ewiger Probleme. Die Widersprüchlichkeit der sozialen Prozesse im Sozialismus, auf die wir uns in zunehmendem Maße besinnen, je weiter sie fortgeschritten und ihre Grundlagen gesichert und gefestigt sind, ist nicht durch die Übernahme historisch entstandener und begründeter Ideale, Problemstellungen und -lösungen zu bezwingen. „Erst als dialektisch aufgehobene Bewußtseinstatsache, in der sich in kritischer Bewältigung Vergangenes dem Gegenwärtigen anverwandelt und zur praktischen Meisterung der Zukunft ermächtigt, [...] wird Geschichtliches produktiv" (Claus Träger).

Einleitung

Kaum ein Gegenstand der Ideologiegeschichtsschreibung ist so zum Feld üppig wuchernder Legenden geworden wie die deutsche Romantik.

Als Ideologie in einer Epoche entscheidenden gesellschaftlichen Umbruchs entfaltete sie die Hoffnungen, Ideale und die krisenhafte Zwiespältigkeit einer großen geschichtlichen Zäsur, die gekennzeichnet ist durch den Übergang vom Manufaktur- zum Industriekapitalismus[1]* und die mit dem politischen Sieg der französischen Bourgeoisie sich international durchsetzenden kapitalistischen Produktionsverhältnisse. „In Deutschland begann die Romantik als eine publizistisch-politische Bewegung mit dem Bestreben, die Folgerung der leidenschaftlich bejahten Französischen Revolution für die Umgestaltung der deutschen Welt und der politischen Welt überhaupt zu ziehen. Diese erste Station währt bis zu dem letzten Jahre des 18. Jahrhunderts."[2] Jedoch: „[...] am 27. Juli fiel Robespierre, und die Bourgeois-Orgie begann"[3]. Mit diesem lapidaren Satz charakterisiert Engels den gesetzmäßigen, aber für die frühromantische Weltanschauung verhängnisvollen Wendepunkt im Verlauf der bürgerlichen Revolution in Frankreich, da die praktische geschichtliche Bewegung von den Idealen abzufallen begann, unter denen sie angetreten war. „Es war für die Zeitgenossen sehr schwer und fast unmöglich, in diesem Abfall der Revolution die Permanenz ihrer wesentlichen Errungenschaften wahrzunehmen."[4] Am 9. Thermidor (27. Juli) 1794 wurde die Herrschaft der revolutionären kleinbürgerlichen und demokratischen

* Als Lesehilfe wurden die Ziffern, die auf Sachanmerkungen hinweisen, durch einen Stern gekennzeichnet.

Kräfte durch die politische Herrschaft der Großbourgeoisie abgelöst und mit der „Schreckensherrschaft" der Jakobiner auch manche Hoffnung auf eine grundsätzliche Veränderung der sozialen Verhältnisse zu Grabe getragen. Die Großbourgeoisie sah i h r e Ziele und Ergebnisse der Revolution nach außen und innen gesichert und hatte es nicht mehr nötig, auf die Vorstellungen und Wünsche ihrer kleinbürgerlichen und plebejischen Bündnispartner, die mit revolutionärer Konsequenz diese Ziele durchgesetzt hatten, Rücksicht zu nehmen. Die politische Macht war im Sieg über die vereinten feudalen Klassenkräfte Europas erobert worden. Im Alltag des ökonomischen Wettbewerbs, mit der in England schon etwa ab 1760 eingeleiteten und nun auch auf dem europäischen Kontinent beginnenden Industriellen Revolution setzte die gewaltige Revolutionierung der Produktivkräfte und der Produktionsverhältnisse ein, in der sich nicht nur die hohe Produktivität, sondern auch die Antagonismen der neuen Gesellschaft allen sichtbar entfalteten. „Während in Frankreich der Orkan der Revolution das Land ausfegte, ging in England eine stillere, aber darum nicht minder gewaltige Umwälzung vor sich. Der Dampf und die neue Werkzeugmaschinerie verwandelten die Manufaktur in die moderne große Industrie und revolutionierten damit die ganze Grundlage der bürgerlichen Gesellschaft. Der schläfrige Entwicklungsgang der Manufakturzeit verwandelte sich in eine wahre Sturm- und Drangperiode der Produktion. Mit stets wachsender Schnelligkeit vollzog sich die Scheidung der Gesellschaft in große Kapitalisten und besitzlose Proletarier, zwischen denen, statt des frühern stabilen Mittelstandes, jetzt eine unstete Masse von Handwerkern und Kleinhändlern eine schwankende Existenz führte, der fluktuierendste Teil der Bevölkerung. Noch war die neue Produktionsweise erst im Anfang ihres aufsteigenden Asts; noch war sie die normale, die unter den Umständen einzig mögliche Produktionsweise. Aber schon damals erzeugte sie schreiende soziale Mißstände: Zusammendrängung einer heimatlosen Bevölkerung in den schlechtesten Wohnstätten großer Städte – Lösung aller hergebrachten Bande des Herkommens, der patriarchalischen Unterordnung, der Familie – Überarbeit besonders der Weiber und Kinder in schreckenerregendem Maß – massenhafte Demoralisation der plötzlich in ganz neue Verhältnisse geworfnen arbeitenden Klasse."[5]

Der nun offenbar werdende Charakter der bürgerlichen Revolution als einer nur „partiellen", nur teilweisen Emanzipation[6], die sich nicht als die ersehnte Befreiung des Menschen, sondern als die Herstellung der Rechte des kapitalistischen Privateigentums erwies, hatte weitreichende Folgen für die weitere Entwicklung der bürgerlichen Ideologie und für deren Spaltung in verschiedene Richtungen. Die Blütenträume sozialer Utopien erstarben unter dem Sturm der entfesselten Konkurrenz. Die Realität der mit der neuen gesellschaftlichen Ordnung gebotenen geschichtlichen Alternative erschien der deutschen Frühromantik ebensowenig akzeptabel wie der ihr verhaßte Despotismus des feudalen Staates.

Der kapitalistischen Gesellschaftsordnung erstanden in den Vertretern der deutschen Frühromantik ihre ersten Kritiker, die die eben aufbrechenden Widersprüche zum ersten Mal umfassend kritisch reflektierten. Die generelle Kritik an einer damals fortschrittlichen Gesellschaftsordnung bestimmt die weltanschauliche Haltung der deutschen Romantik, treibt sie in einen komplizierten, widersprüchlichen und krisenhaften ideologischen Prozeß, der durch ihren doppelten Affront gegen die alte feudale und die neue bürgerliche Gesellschaft bedingt ist.

Noch immer ist der geschichtliche Standort der deutschen Romantik schwer zu bestimmen. Das liegt zu einem großen Teil an den ihr historisches Bild überdeckenden zahlreichen und unterschiedlichen Aktualisierungen, die ihr im Laufe einer langen und widersprüchlichen Wirkungsgeschichte widerfuhren. Diese wiederum waren möglich, weil die Romantik selbst „eine Bewegung der manifesten Widersprüche"[7] war. Diese richtige Feststellung allerdings reicht nicht aus, sie historisch zu *erklären*.

In der weltanschaulichen Stellungnahme der deutschen Frühromantik zu den Grundproblemen ihrer Epoche spiegeln sich die Widersprüche dieser Epoche in greller Schärfe, stehen einander unvermittelt und unversöhnbar gegenüber, und das um so mehr, als sich in Deutschland die kapitalistischen Produktionsverhältnisse nur in der Basis durchsetzten, auf ökonomischem Gebiet, nicht aber mit dem Errichten der politischen

Macht der Bourgeoisie einhergingen. Durch die Kompromisse, die die Bourgeoisie deshalb ständig mit dem noch feudalen Staatsapparat einzugehen gezwungen war, vollzog sich der Übergang zum Kapitalismus in Deutschland in einer besonders widersprüchlichen, verkrüppelten, gedrückten und bedrückenden Form.

Der Entwicklungsprozeß der romantischen Weltanschauung – von ihren stark der Aufklärung verpflichteten Anfängen über ihre eigenständige Ausprägung in einem spezifischen, ästhetisch fundierten subjektiven Idealismus (wie die Aufnahme pantheistisch-naturphilosophischer Traditionen etwa bei Novalis) bis zum „Salto mortale in den Abgrund der göttlichen Barmherzigkeit“[8] – ist der ständig erneuerte, von ihrem historischen und sozialen Standpunkt aus jedoch jedesmal tragisch scheiternde Versuch, diese Widersprüche theoretisch zu bewältigen, um die verlorene Einheit der Individuen mit ihrer sozialen und natürlichen Umwelt wenigstens gedanklich wiederherzustellen.

Seit der Romantik als dem kritischen Gewissen der vollbrachten bürgerlichen Revolution ist die bürgerliche Ideologie in diesem Punkt nicht mehr zur Ruhe gekommen. Das naiv ungebrochene Verhältnis zur eigenen gesellschaftlichen Entwicklung war seitdem gestört. Die Romantik übermittelte das Bewußtsein von der Widersprüchlichkeit eines sozialen Fortschritts, der zwar zuvor nicht gekannte Ausmaße annahm, aber den Sprung in die neue Qualität der geschichtlichen Bewegung sowie jeden weiteren Schritt voran mit ungeheuren Opfern erkaufte, der – bei aller Entwicklung insgesamt – mit einer grenzenlosen Gleichgültigkeit gegen die einzelne Produktivkraft Mensch verbunden war, mit ausbeuterischer „Rationalität“ im Interesse der Kapitalanhäufung, die „jede Hebung der Produktivität restlos für die Aneignung von relativem Mehrwert“ verwertete, „während gleichzeitig die Gewinnung von absolutem Mehrwert ebenfalls forciert“ wurde. „Niemals“, so urteilt Jürgen Kuczynski, „[...] verkamen Menschen in so brutal-barbarischem Elend [...] wie damals zur Zeit der Industriellen Revolution, insbesondere in der Zeit zwischen 1800 und 1832.“[9]

Die Geschichte der Steigerung der Produktion unter kapitalistischen Produktionsverhältnissen – ein höchst revolutionärer und progressiver Prozeß – ist zugleich die Geschichte der Not der Produzenten, ihrer Knechtung unter eine hochentwickelte Teilung der Arbeit, ihrer „Expropriation", die „in die Annalen der Menschheit eingeschrieben ist mit Zügen von Blut und Feuer"[10].

„War denn England", schreibt Lenin über das klassische Land des modernen Kapitalismus, wo die Folgen dieser Revolutionierung aller Grundlagen der Gesellschaft unter den Bedingungen entwickelter kapitalistischer Produktionsverhältnisse am raschesten zu beobachten waren, „in der ersten Hälfte des 19. Jahrhunderts, als die englische Bourgeoisie so erfolgreich den Grundstein zu ihrer jetzigen Kolonialmacht legte, nicht ein Land unglaublicher Verarmung und Erniedrigung, des Hungersterbens der Arbeitermassen, des Alkoholismus und ungeheuerlichen Elends und Schmutzes in den Armenvierteln der Städte?"[11] Und der junge Engels konstatiert in seiner *Lage der arbeitenden Klasse in England:* „Überall barbarische Gleichgültigkeit, egoistische Härte auf der einen und namenloses Elend auf der andern Seite, überall sozialer Krieg, das Haus jedes einzelnen im Belagerungszustand, überall gegenseitige Plünderung unter dem Schutz des Gesetzes, und das alles so unverschämt, so offenherzig, daß man vor den Konsequenzen unseres gesellschaftlichen Zustandes, wie sie hier unverhüllt auftreten, erschrickt und sich über nichts wundert als darüber, daß das ganze tolle Treiben überhaupt noch zusammenhält."[12]

In der romantischen Kritik am Kapitalismus gegen Ende des 18. Jahrhunderts – beim Übergang zum Industriekapitalismus – sind diese späteren Konsequenzen erahnt und in einzelnen, aber wesentlichen Erscheinungen bereits scharfsichtig erfaßt. Die nicht mehr zu verbergende Widersprüchlichkeit des gesellschaftlichen Fortschritts erscheint in der romantischen Weltanschauung als allgemeine Erkenntnis über die Divergenz zwischen dem bis dahin von der bürgerlichen Ideologie verteidigten Ideal einer von den Gesetzen der Vernunft bestimmten gesellschaftlichen Ordnung und dem darin erhobenen Anspruch auf rationale Gestaltung und Beherrschung der Beziehungen in Natur und Gesellschaft durch den Menschen einerseits sowie der tatsächlichen Undurchschaubarkeit, dem Chaos, der Anarchie und dem Egoismus dieser nun zur Wirklichkeit gewordenen Gesellschaft andererseits. Das Wissen um die von dieser Realität nicht abgegoltenen humanistischen Ideale der bürgerlichen Emanzipationsideologie gab die deutsche Romantik als kritischen Impuls an ihre ideologischen Nachfahren weiter.

In weltanschaulicher Hinsicht stößt dieser Widerspruch zwischen vorgegebenem ideologischen Anspruch und bourgeoiser Realität die deutsche Frühromantik in den für sie nicht zu durchbrechenden Kreis, weiterhin nach einer möglichen und gültigen historischen Alternative zu suchen, die konkreten historischen Erscheinungsformen geschichtlicher Wirklichkeit jedoch, die sie kannte – den Despotismus der untergehenden Feudalgesellschaft und den durch ein System sachlicher Abhängigkeiten ausgeübten Despotismus des Kapitalismus der freien Konkurrenz – als knechtende Einschränkung für die erstrebte freie Entfaltung der Individuen verwerfen zu müssen. Das führte theoretisch zur Ablehnung der Wirklichkeit überhaupt und damit zum subjektiven Idealismus. Jegliche Determination geschichtlichen Handelns wurde geleugnet, der Freiheitsbegriff zu subjektiver Willkür verflacht und die Welt, die objektive Realität, im Anschluß an die Philosophie Fichtes und durch deren subjektivistische Überschreitung als Setzung und Schöpfung des Menschen deklariert. Das ästhetische Bewußtsein, verkörpert im Dichter, der schöpferisch eine Welt nach seinen eigenen Gesetzen aus sich hervorbringt, ist nun allein das Feld historischer Aktion, ebenso wie der produzierende Dichter Modellfall geschichtlichen Handelns ist. Ein Moment der künstlerischen Produktion wird verabsolutiert, auf die Geschichte extrapoliert und zum Verhalten des Subjekts der äußeren Welt gegenüber erweitert. Das Ausweichen in eine scheinbar entpolitisierte und geschichtslose Sphäre hat seinen konkreten geschichtlichen und politischen Bezugspunkt: Kunst als Spezialfall der praktischen und erkennenden Aneignung der Welt und als Spezialfall der Arbeit, die geschichtliche Selbsterzeugung des Menschen ist, bildet – wenn Kunst unabhängiger Freiraum absolut autonomer schöpferischer Tätigkeit sein soll –, ein idealisiertes Gegenmodell zu einer Realität, die das Freisetzen dieser schöpferischen Fähigkeiten der Individuen verweigert und sogar Kunst und Künstler zur Ware erniedrigt. Die romantische Auffassung der Kunst als repräsentativ für freies, nicht durch äußere einengende Faktoren determiniertes geschichtliches Handeln, das allein den selbstgesetzten Zielen und den selbstbestimmten Bedingungen des Handelnden folgt, fungierte als kritisch-utopischer Vorgriff auf geschichtliche Verhältnisse mit solchen Voraussetzungen produktiver Vergegenständlichung, die eine Realisierung der „freien Individualität" ermöglichen. Kunst, vom bürgerlichen Emanzipationsdenken des 18. Jahrhunderts als Möglichkeit freier Selbstverwirklichung und als Mittel zur Humanisierung des Menschengeschlechts erkannt, verlor diesen Charakter zunehmend, seitdem die politische Herrschaft der Bourgeoisie sich konstituiert hatte und damit alle Gebiete der Gesellschaft dem allgemeinen Tausch- und Nützlichkeitsverhältnis unterworfen waren. Die romantische Auffassung der Kunst als esoterische Enklave inmitten einer verabscheuten Wirklichkeit brachte letztlich eine Poesie hervor, „die über sich selbst den Hals bricht"[13], aber sie erlaubte ihren Vertretern auch, eine kritische Haltung zu den Zeitumständen und damit eine gewisse geschichtliche Distanz zu finden.

Die deutsche Frühromantik unternahm verschiedene Anläufe, um eine harmonische Lösung des Widerspruchs von Ideal und Wirklichkeit zu finden; dabei gelangte sie von utopisch-humanistischen bis zu restaurativ-reaktionären Antworten. In der Vielzahl der Anknüpfungsmöglichkeiten, die sie dadurch bot, ist zum einen die sich ständig erneuernde Aktualität der gesamten deutschen Romantik begründet, zum anderen wird dadurch ihre geschichtliche Analyse sehr erschwert.

Insbesondere zwei Extreme in ihrer Beurteilung verdrängten immer wieder die Frage nach der geschichtlichen Stellung der deutschen Frühromantik, nach ihrer konkreten Position in den ideologischen und den Klassenauseinandersetzungen ihrer Zeit. Dabei galt das besondere Interesse nicht sosehr ihren speziell künstlerischen Leistungen, deren Wert weniger umstritten war, sondern den in ihren ästhetischen Auffassungen enthaltenen philosophisch-weltanschaulichen Implikationen.

Als die meisten ihrer Vertreter nach 1815, „als durch die Heilige Allianz ein weltenweites Kartell der feudalistischen Großmonarchien zusammengewoben war, und zwar im Zeichen eines Pazifismus, der den Gefängnisfrieden der Völker zu sichern hatte"[14], endgültig im Lager der Reaktion standen, war es vor allem dieses Bild der Romantik, das der nachfolgenden bürgerlichen Ideologie vor Augen blieb. So verfiel die deutsche Romantik zunächst den „exterminatorischen Feldzügen"[15] der nachklassisch-demokratischen bürgerlichen Philosophie- und Literaturgeschichtsschreibung, die im Gefolge der philosophischen Kritik Hegels an der Romantik deren p o l i t i - s c h e Konsequenzen attackierten.

So bekämpfte Heine die Reste jener späten Romantik, die „nur aus einem Haufen von Würmern bestand", brauchbar allein für den „heiligen Fischer zu Rom", „um damit Seelen zu ködern"[16]. Das Junge Deutschland und die Junghegelianer übten Kritik am romantischen „Getreibe und Gewalle der Gemüthswirtschaft"[17], wie Ruge das nannte. Es störte sie die praktische Hilflosigkeit des romantischen Genies, das das Prinzip der Freiheit nur als Prinzip subjektivistischer Willkür und damit als „Kriegserklärung gegen den freien", aber „gesetzlichen Geist" (wie ihn z. B. Hegel faßt) zu deklarieren wußte. Sie verübelten eine Freiheit, „welche bis zum Exceß Welt und Geschichte in ihren Phantasien verflüchtigt"[18]. Der nachklassisch-demokratischen bürgerlichen Ideologiehistorie erschien die deutsche Romantik in der Literatur – soweit sie sie überhaupt beachtete – als „Flegeljahre der Phantasie"[19]; ihre Philosophie wurde als „monologisches Schwelgen des Subjects" etikettiert, das politisch „auf dem Mistbeet der alten Zeit" landete.[20]

Die deutsche Romantik fiel hier einem Verdikt anheim oder doch zumindest einem einseitig kritischen Urteil, das zwar seine rationalen Momente hat, das aber zwischen den einzelnen Phasen romantischen Denkens und ihren unterschiedlichen historischen Funktionen nicht mehr differenzierte. Zu unmittelbar waren Männer wie Heine oder die Vertreter des Jungen Deutschland und des Junghegelianismus mit den ideologischen Konsequenzen der romantischen Weltanschauung, die besonders kraß in deren letzter Entwicklungsphase ans Licht traten, konfrontiert. Das spekulative „Streben nach dem Absoluten", die ästhetische Behandlung der Welt, d. h. ihre nur bewußtseinsmäßige Überwindung, die „den Menschen theoretisch so sehr über alles Detail der Schlechtigkeit weg[hob], daß sie ihn sogar praktisch aus Toleranz und Liberalität grausam machen" konnte (Friedrich Schlegel), war rückschauend von den Romantikern selbst treffend als unschädlich gegen die Wirklichkeit beurteilt worden: Es sei „nicht so gefährlich mit Gedankenwelten ein dynamisches Spiel zu treiben, als mit Menschen; und minder schädlich alle Begriffe auf den Kopf zu stellen, als die Völker; und es hat sich auch in dieser Epoche die alte Gutmütigkeit, oder das Gemütliche des deutschen Charakters, selbst in jenen spekulativen Verirrungen und Spielen der Fantasie nicht ganz verleugnet".[21]

Diese gefährliche „Gemütlichkeit" – schon im philosophisch-weltanschaulichen Grundmodell der Frühromantik angelegt – als politische Haltung wurde in der Spätromantik extrem ausgebildet und übte nachhaltige ideologische Wirkungen auf breite Teile des Bürgertums in den dreißiger und vierziger Jahren des 19. Jahrhunderts aus. Die ideologischen Wegbereiter der Revolution von 1848, die mit ihrem Rekurs auf Fichte für eine praktische Philosophie der Tat und für die in Deutschland längst fällige bürgerliche Umwälzung plädierten, übersahen die sozialkritischen Aspekte des schon von Hegel rigoros exekutierten subjektiven Idealismus romantischer Prägung ebenso wie ihre eigene geistige Nähe zu ihm, wenn auch etwa Heine später eingestand, daß die vernichtende Härte seines Urteils über die Romantik seinem schlechten Gewissen über die Tatsache entsprang, daß er sich ihr geistig verpflichtet fühlte.[22]*

Heine und die Junghegelianer erahnten allerdings richtig den Zusammenhang zwischen einem philosophischen Subjektivismus, der die Wirklichkeit verwirft, und dem Übergang zu politisch restaurativen Idealen, weil dieser jeden theoretischen Ansatz verstellt, die Widersprüche der verfemten Wirklichkeit als historisch produktive zu begreifen. So erkannten sie im extremen subjektiven Idealismus der deutschen Frühromantik nicht den verzweifelten Versuch, am „Selbstgesetz der Vernunft" (Friedrich Schlegel) festzuhalten, sondern bekämpften seine direkte Folgeerscheinung – die Weltflucht. Sie wandten sich erbittert gegen alles, was sich weltanschaulich mit dieser philosophischen Haltung verband oder aus ihr resultierte: vornehmlich gegen die unhistorische Verklärung bestimmter Züge des Mittelalters mit ihren letztlich reaktionären Konsequenzen und gegen die Wende zur positiven Religion.

Diese einseitigen, durch ein aktuelles politisches Anliegen bedingten Urteile bürgerlich-demokratischer Ideologen um 1848 bestimmten oder beeinflußten die Einstellung der meisten späteren progressiven Denker zur Romantik bis in die erste Hälfte unseres Jahrhunderts. Dies um so mehr, da sich die deutsche Geistesgeschichte der Romantik bemächtigte. Sie ergänzte die einseitigen Urteile progressiver bürgerlicher Ideologen durch eine reaktionäre Apologie bestimmter philosophischer und politischer Grundzüge der Romantik. Auf diese besann sich die bürgerliche Ideologie, als sie mit dem Übergang zum imperialistischen Stadium des Kapitalismus neuerdings in die Lage versetzt war, allgemein weltanschauliche Probleme diskutieren und akzeptable Alternativen zur Weltanschauung der Arbeiterklasse bieten zu müssen. Der Zwang etwa, aus der weltanschaulichen Defensivhaltung des Positivismus herauszukommen – hervorgerufen durch die Krisenerscheinungen, die mit dem Anbruch der imperialistischen Epoche alle sozialen Bereiche durchdrangen –, erweckte in der bürgerlichen Ideologie besonders das Interesse für jene Richtungen ihrer eigenen Geschichte, in denen Momente der kritischen Reflexion der bürgerlichen Ordnung eine Rolle spielten, ohne daß deren Vertreter aus dem Kreislauf bürgerlichen Denkens ausgebrochen wären. Die weltanschauliche Stellungnahme der deutschen Geistesgeschichte konnte sich angesichts des objektiven geschichtlichen Perspektivverlusts der bürgerlichen Gesellschaft und angesichts der wissenschaftlichen Beantwortung sozialer Grundfragen in der Weltanschauung der Arbeiterklasse nicht mehr durch Wissenschaftlichkeit legitimieren. Erschreckt von der wachsenden Anonymität der das gesellschaftliche Leben bestimmenden und beherrschenden Mächte (verkörpert im Monopol als dem planenden Akteur des Produktionsprozesses und damit aller, weil davon abhängigen Lebenssphären) und von der „Rationalität" monopolkapitalistischer Mehrwertproduktion, die sich rücksichtsloser denn je alle gesellschaftlichen Prozesse unterordnete, flüchtete sie in den Irrationalismus, der die von der bürgerlichen Philosophie der Emanzipationsphase entwickelte Idee einer objektiven Weltvernunft, d. h. der idealistisch gefaßten Gesetzmäßigkeit der Geschichte preisgab. Sie zog sich in einen – oft religiös dekorierten – subjektiven Idealismus zurück, der gegen die alltäglich erfahrenen, aber von ihrem Standpunkt aus begrifflich nicht zu bewältigenden sachlichen Abhängigkeiten und die Undurchschaubarkeit gesellschaftlicher Prozesse und Beziehungen eine individuelle schöpferische Freiheit zu deklarieren suchte. Das dadurch erzeugte wunderliche Gemisch von spontanem Protest und resignativer Apologie, in dem sich kritischer Vorbehalt sowohl gegen die herrschenden Schichten der Bourgeoisie wie gegen die politischen Kämpfe der Arbeiterklasse und das theoretische Unverständnis für die objektiven geschichtlichen Wurzeln der Widersprüche der bürgerlichen Gesellschaft ausdrücken[23], und der grundsätzliche Zweifel an der „Rationalität", der Vernünftigkeit der eigenen Gesellschaftsordnung bestimmten die literaturgeschichtliche Einordnung der deutschen Romantik durch die Geistesgeschichte. Sie wurde Kronzeugin für einen enthistorisierten „Irrationalismus", dessen Traditionslinie als „Präromantik" willkürlich bis weit in die Aufklärung zurück verlängert wurde. Die durch die Geschichte ihrer Gesellschaftsordnung irritierte Geistesgeschichte war nicht mehr in der Lage, das Phänomen „Romantik" historisch zu erklären. Die geschichtliche Spezifik der deutschen Romantik verschwand hinter dem abstrakten Gegensatz von „Irrationalismus" und „Rationalismus" als zwei im geschichtlichen Prozeß – der als Kampf von Bewußtseinshaltungen gefaßt wurde – sich ewig wiederholender und entgegenstehender geistiger Prinzipien. Eine Kluft zwischen Aufklärung und Klassik einerseits und Romantik andererseits entstand durch diese ahistorische Betrachtungsweise, die gerade das von einer geschichtlichen Interpretation zu klärende Phänomen des zeitlichen Nebeneinanderbestehens von Klassik und Romantik in Deutschland ignorierte.

Die lebhafte Apologie bestimmter philosophischer Momente der deutschen Romantik fand seit dem Beginn des 20. Jahrhunderts gerade in der vorher streng verworfenen Ideensubstanz ihre weltanschauliche Nahrung. Seit dieser Zeit, vor allem mit der späteren Geistesgeschichte, wurde die Geschichte der Romantikrezeption zur Geschichte ihrer apologetischen Verzerrungen, an der sich die Geschichte der späten bürgerlichen Ideologie mit ihren weltanschaulichen Bedürfnissen und Nöten selbst darstellen ließe. Es ist die Geschichte der ideologischen Okkupation der deutschen Romantik „in der wunderlichen Weise der bürgerlichen Halbschlächtigkeit" – vollzogen durch ein Bürgertum, „das all seine politischen Ideale längst auf dem Tandelmarkt vertrödelt" hatte.[24] Im Verlaufe dieser Rezeptionsgeschichte, die ihren Höhepunkt in der mit der faschistischen Ideologie verbundenen reaktionären Geistesgeschichte erreichte, wurde auch die deutsche Romantik zum „gaukelnden Irrlicht", „das über Gräbern huscht"[25].

Das allerdings war möglich, weil die Romantik als Weltanschauung schon in ihrer frühen Phase durch Widersprüchlichkeit gekennzeichnet war, die die unterschiedlichsten Anknüpfungsmöglichkeiten zuließ: Je nachdem, welches ihrer weltanschaulichen Bestandteile jeweils unterschlagen oder verabsolutiert wurde, konnte sie in der Folgezeit von verschiedenen Strömungen der bürgerlichen Ideologie aufgenommen und wenigstens mit dem Schein der halben Wahrheit für sich beansprucht werden.

Für eine historische Interpretation der Romantik wäre es wesentlich, jenem Ansatz nachzudenken, den Marx in einem Brief an Engels gibt, der eine der kargen Äußerungen der Klassiker des Marxismus-Leninismus zu diesem Gegenstand enthält: „Es geht in der Menschengeschichte wie in der Paläontologie. Sachen, die vor der Nase liegen, werden prinzipiell, durch a certain judicial blindness, selbst von den bedeutendsten Köpfen nicht gesehn. Später, wenn die Zeit angebrochen, wundert man sich, daß das Nichtgesehne allüberall noch seine Spuren zeigt. Die erste Reaktion gegen die französische Revolution und das damit verbundne Aufklärertum war natürlich alles mittelaltrig, romantisch zu sehn, und selbst Leute wie Grimm sind nicht frei davon. Die 2. Reaktion ist – und sie entspricht der sozialistischen Richtung, obgleich jene Gelehrten keine Ahnung haben, daß sie damit zusammenhängen – über das Mittelalter hinaus in die Urzeit jeden Volks zu sehn. Da sind sie dann überrascht, im Ältesten das Neuste zu finden [...]"[26]

In dieser Bemerkung ist ein Zusammenhang angedeutet, der in den übrigen wenigen Stellungnahmen von Marx und Engels zur Romantik nicht enthalten ist: Die romantische Kritik am entfalteten Kapitalismus, die sich u. a. im utopischen Rückgriff auf das Mittelalter artikulierte, das als idealisierter Gegenentwurf zugleich sozial-kritischer Maßstab wurde, der über die Mängel der Gegenwart Aufschluß erteilte, eröffnet einen Weg, der über die Aufnahme sozialistischer Beobachtungen und Erkenntnisse zu Richtungen des utopischen Sozialismus führt.[27*]

Es ist in der marxistischen Literatur darauf hingewiesen worden, daß – international gesehen – ohne solche Vorläufer wie die Romantik, deren kritische Leistung eine ihrer wesentlichen historischen Funktionen ausmacht, die Analyse der bürgerlichen Gesellschaft durch Marx einer wichtigen Grundlage entbehrt hätte.[28]

Das Urteil der progressiven bürgerlichen Ideologiegeschichtsschreibung vor und kurz nach 1848 sowie die Aufnahme der Romantik durch die deutsche Geistesgeschichte speziell seit der Wende zum 20. Jahrhundert, die von entgegengesetzten weltanschaulichen Positionen aus nachhaltig bis in unsere Zeit zu ihrer Verdammung beitrugen, erschöpfen in keiner Weise die Verarbeitung romantischen Ideengutes, sondern stellen nur die äußersten Pole dar, innerhalb derer sich die Rezeption der deutschen Romantik bewegt.

Die deutsche Romantik – ihrem Charakter nach die erste bürgerliche Ideologie, die wesentlich von einer kritischen Haltung ihrer eigenen Gesellschaftsordnung gegenüber geprägt ist und die zu krisenhaften Zügen ihres Denkens deshalb gelangt, weil die kritisierten, aber noch unentwickelten Widersprüche des Kapitalismus keine reale Perspektive und keine reale geschichtliche Kraft für ihre Überwindung boten – ist bis heute Grenzscheide zwischen den verschiedensten weltanschaulichen Richtungen der bürgerlichen Ideologie. Nach wie vor ist sie Gegenstand vor allem der Literaturgeschichtsschreibung. Das ist bedingt durch deren breitere ideologische Wirksamkeit sowie durch die Tatsache, daß insbesondere die Romantik – hierin ganz Erbin des 18. Jahrhunderts – Philosophie und Literatur miteinander verschmolz. So kommt es, daß eine speziell philosophiegeschichtliche Aneignung der Romantik noch weitgehend aussteht, sowohl in der bürgerlichen als auch in der marxistisch-leninistischen Philosophiegeschichtsschreibung.

Die Zahl der Publikationen zur Romantik in der gegenwärtigen bürgerlichen deutschsprachigen Literaturgeschichtsschreibung ist so groß, daß man von einer Romantik-„Renaissance" sprechen kann und an die Situation erinnert wird, die 1926 Julius Petersen veranlaßte, in seiner *Wesensbestimmung der deutschen Romantik* die Romantikforschung mit der germanistischen Literaturgeschichtsschreibung überhaupt zu identifizieren.[29]

Die Tatsache, daß sich bis dahin vor allem die konservativen Richtungen bürgerlicher Ideologiehistorie der deutschen Romantik angenommen und als legitime Hüter ihrer Tradition betrachtet hatten, führte nach 1945 zu einer weltanschaulichen Zurückhaltung in der Romantikinterpretation, die in positivistischer Manier deren ideologischen Gehalt zu ignorieren bemüht war oder den Blick darauf durch einen „Lattenzaun" isolierter Details versperrte. Nach dem Fiasko des reaktionären Flügels der Geistesgeschichte, der sich durch seine Liaison mit der faschistischen Ideologie kompromittiert hatte, wurde die bürgerliche Literaturhistoriographie insgesamt in der Stellungnahme zu ideologischen Grundproblemen der Romantik äußerst vorsichtig. Subjektiv ehrliche liberale Romantikforscher wie z. B. Fritz Strich, dessen im Vorwort zur vierten und fünften Auflage seines Buches *Deutsche Klassik und Romantik* formulierte Selbstbesinnung hier stellvertretend stehen mag, warnten nun vor einem Mangel an kritischer Einschätzung der deutschen Romantik. Die Erfahrung des Faschismus, dem er die illusionäre Alternative der bürgerlichen Schweizer Demokratie entgegenstellt, führte bei ihm zu einer Wandlung in seiner Haltung, die wiederum ins andere Extrem umschlug: Er sah die Romantik jetzt als „die Abdankung der europäischen Vernunft", wodurch es ihm allerdings nicht gelang, aus dem Zirkel der geistesgeschichtlichen Methode auszubrechen.[30] Unter politisch liberalen Vorzeichen erscheint hier wiederum die alte geistesgeschichtliche Konstruktion eines verabsolutierten Gegensatzes von Rationalismus und Irrationalismus, denen in metaphysischer Trennung Klassik und Romantik zugeordnet werden. Dadurch wird das gängige Vorurteil befestigt, nach welchem die Klassik die progressive Phase der deutschen bürgerlichen Entwicklung repräsentiert, die Romantik hingegen ihre reaktionäre Etappe. Auch Fritz Strich beklagt zu Beginn der sechziger Jahre den Verlust an allgemein weltanschaulich-ideologischer Aussage in der bürgerlichen Literaturwissenschaft: Es sei die Tendenz zu erkennen, „die Erscheinungen der Literatur zu isolieren und sich auf die Interpretation des einzelnen Werkes zu beschränken. Diese Methode hat ganz gewiß ihr gutes Recht. Aber sie darf sich nicht verabsolutieren, und der große Zusammenhang, in dem die Erscheinungen stehen, darf der Erkenntnis nicht verloren gehen“[31].

Mit diesem Phänomen aber, dem Verzicht auf Herstellung eines weltanschaulichen Grundzusammenhangs, in dessen Rahmen die detaillierte Interpretation erfolgen kann, reagierte die bürgerliche Literaturwissenschaft auf kompromittierende historische Erfahrungen mit dem eigenen Fach. Zugleich spiegelte es die Unsicherheit der eigenen Position, die keine klare Alternative für die weitere Entwicklung der bürgerlichen Gesellschaft bot. Am speziellen Gegenstand der Romantik erweist sich nur die allgemeine ideologische und methodologische Problematik der bürgerlichen Literaturwissenschaft in den sechziger Jahren. Als Rückschlag auf die Blamage der Geistesgeschichte entstand ein Trend zum Positivismus, wie er sich beispielsweise in der unter dem Einfluß des New Criticism[32] aufgekommenen „werkimmanenten“ Interpretation manifestierte. Es dominierten „die hochspezialisierten Detailuntersuchungen, die im allgemeinen kaum noch einen Bezug zu den gesellschaftlich-historischen Verhältnissen aufweisen“[33]. „Nichts beleuchtet“, so vermerkte Ursula Roisch noch 1968 zu diesem Prozeß, „die Situation der bürgerlichen Romantikforschung, sich in einer Sackgasse zu befinden, deutlicher als der Verzicht auf eine umfassende, in sich geschlossene literaturhistorische Darstellung eines für die Entwicklung der deutschen Nationalliteratur entscheidenden Kapitels.“[34] Das hatte seine Ursachen nicht allein in der Situation der bürgerlichen Literaturwissenschaft, die von den weltanschaulichen Problemen der Romantik noch zu sehr berührt war, sondern auch in den Schwierigkeiten des Gegenstandes. Denn auch von marxistischer Seite stand eine solche Analyse noch aus.

In der positivistischen Phase gab es einzelne Versuche, auf die weltanschaulichen Probleme der Romantik einzugehen, die allerdings von klerikalen, lebensphilosophischen oder existentialistischen Richtungen beeinflußt waren. Im allgemeinen aber begab sich die bürgerliche Literaturwissenschaft in bezug auf die deutsche Romantik eingestandenermaßen dieses Anliegens. Die Untersuchung wurde auf Form- und Gattungsprobleme eingeschränkt. Der enggefaßte stil- und motivgeschichtliche Rahmen war bestimmend. Die Philologie triumphierte scheinbar über die Ideologie und entdeckte sich im Verzicht auf weltanschauliche Interpretation selbst als Variante der Ideologie, die sie zu umgehen meinte. Denn auch die jahrelang sorglich bewahrte positivistische Haltung ging, wo sie weltanschauliche Stellungnahme durchblicken ließ, letztlich auf Positionen der Geistesgeschichte zurück.[35]*

Diese Situation hat sich seit dem Ende der sechziger Jahre grundlegend geändert. In Polemik gegen eine „mythisierende Wiederbelebung" der Romantik und gegen positivistische, ästhetisierende und konservative Interpretationen war die westdeutsche Germanistik zunehmend bemüht, entgegen traditioneller konservativer Aktualisierung die „andere Romantik" zu entdecken.[36] Zwar gibt es auch eine Fortsetzung jener Tradition in der Literatur- und Ideologiegeschichtsschreibung, die sich auf die konservativen Ideen der deutschen Romantik, z. B. auf deren irrationalistische Momente, ihren späten reaktionären Mystizismus und ihr religiöses Denken beruft.[37]* Diese Richtung in der Romantikforschung hat gegenüber den antimonopolistischen „linken" Tendenzen jedoch wenig Gewicht. Das gegenwärtig zu beobachtende Vordringen konservativer Ideologien in der Bundesrepublik[38] ist in der Romantikforschung noch nicht wirksam geworden.

Unter dem Einfluß einer in der westdeutschen bürgerlichen Germanistik seit dem Ende der sechziger Jahre sich vollziehenden methodologisch-weltanschaulichen Selbstbesinnung[39]*, die – indem sie die „Konzeption einer handlungsorientierten Wissenschaft, der es auf die Vermittlung politischen Bewußtseins und gesellschaftlicher Praxis ankommt"[40], entwirft und das „Lernziel" der Literaturwissenschaft „in praktischer, auf die Bewältigung gesellschaftlicher Erfahrungen der Gegenwart orientierender Absicht"[41] sieht – die gesellschaftliche Aufgabe der Literatur und der Literaturwissenschaft und ihre aktive „Rolle als eine geschichtsbildende Kraft"[42] in den Mittelpunkt stellt, vollzog sich eine Umwertung auch der Romantik. Der philosophische Ausgangspunkt dieser veränderten Einstellung zur eigenen Fachdisziplin war die von „links“ kritisierte „Kritische Theorie“, der besonders die jungen Fachvertreter politische Esoterik und Unwirksamkeit vorwarfen, so wie eine ins Sozialkritische gewendete Hermeneutik, die die literarischen Texte auf ihre praktische gesellschaftliche Wirkung befragt wissen wollte. Ihr politischer Ausgangspunkt war der Protest junger bürgerlicher Intellektueller gegen den Abbau der Demokratie, der eine Folge zunehmender Entfaltung der sozialen Widersprüche ist und der das öffentliche Leben in der Bundesrepublik (wie in den entwickelten kapitalistischen Ländern überhaupt) kennzeichnet. Im Gefolge einer kritischen Auseinandersetzung mit der Politik der herrschenden Monopolbourgeoisie, die im Namen kultureller Traditionen politischen und ökonomischen Zwang ausübt, begaben sich Vertreter einer demokratisch gesinnten bürgerlichen Intelligenz auf die Suche nach progressiven und humanistischen Traditionen der Literaturentwicklung, um sich ihrer als Instrument der Gesellschaftskritik und -veränderung, gegen kulturelle und politische Unterdrückung und Manipulation zu versichern.

Arbeiten etwa von Werner Weiland[43], Hannelore Link[44], Johannes Mahr[45], Franz Norbert Mennemeier[46], Eberhard Huge[47], Marianne Thalmann[48*], Rolf-Peter Janz[49] sind von diesen Bestrebungen, denen sie in der konkreten Forschung beachtliche Ergebnisse verdanken, geprägt. Einige bekennen sich explizit zu einer „demokratisch engagierten Romantikforschung“[50*]; sie richtet sich sowohl gegen eng ästhetische Interpretationen, die die politischen Ansätze und den „demokratischen Standpunkt“ der Frühromantik um die Mitte der neunziger Jahre des 18. Jahrhunderts ignorierten[51*], als auch gegen religiös-konservative Deutungen.[52*] Sie haben sämtlich zu der Erkenntnis beigetragen, daß die ästhetischen Reflexionen etwa Novalis' und Friedrich Schlegels „nicht nur politische Implikate haben, sondern daß Überlegungen zur aktuellen Geschichte in Frankreich und Deutschland in der Tat für ihre ästhetische Theorie konstitutiv sind“[53]. Sie halfen, das literaturwissenschaftliche Bild der Romantik von „dem Etikett einer Flucht in mittelalterliche oder ästhetisierende Ideologien“, dem „automatisch der schlechte Geruch einer Weltangst anhaftete"[54*], zu befreien.

Der Versuch jedoch, weltanschauliche Positionen der deutschen Frühromantik als kritische Instanz gegen soziale Erscheinungen des gegenwärtigen monopolkapitalistischen Systems zu mobilisieren[55*], führte oft zu einer unkritischen und unhistorischen Aufwertung politischer und ästhetischer Anschauungen der Romantik – zugleich verbunden mit einer Abwertung der Klassik[56*] – und zur Identifikation mit deren utopischem Gedankengut: Das von der Romantik entwickelte ästhetisch-weltanschauliche Modell wurde als idealer Gegenentwurf zur Misere heutiger bourgeoiser Realität betrachtet, die romantische These von der realitätsbildenden und -verändernden Macht der Poesie in ihrer Wirkung für die Gegenwart überschätzt. Die unter gesellschaftskritischem Blickwinkel wiederentdeckte „Aktualität" der Romantik wurde nicht historisch relativiert und damit der erklärte methodologische Ausgangspunkt der Analyse, daß das ästhetische Denken der Romantik „stets ins Geschichtliche verwickelt blieb"[57], nicht realisiert. So blieb der geschichtliche Ansatz des frühromantischen Denkens unbestimmt. Das liegt zu einem großen Teil an den noch idealistisch befangenen methodologischen Voraussetzungen dieser liberalen bürgerlichen Romantikforschung, wenn sie allein oder allzu unmittelbar auf die „befreiende Sprengkraft" der „ästhetischen Vernunft" vertraut, die „im Spiel der Einbildungskraft kritische Erkenntnis über und emanzipatorische Kraft gegen die Gesellschaft"[58] hervorbringen soll, und wenn sie von den Produzenten des materiellen Lebensprozesses der Gesellschaft und deren revolutionären Möglichkeiten abstrahiert. Die damit verbundenen Illusionen über die reale Macht der Literatur und deren Rolle bei der Befreiung der großen unterdrückten Mehrheit unter den Bedingungen des Monopolkapitalismus erschwerten die geschichtliche Einordnung der von der Romantik entwickelten wertvollen Elemente der Kapitalismuskritik.

Diese Art der Aufwertung der Romantik hat ihre Vorgeschichte in der „Ehrenrettung" der deutschen Romantik durch Thomas Mann, der als bürgerlicher Humanist in der Rede *Von deutscher Republik* (1923), in seinem Tagebuch *Pariser Rechenschaft* (1926) und in dem Aufsatz *Die Stellung Freuds in der modernen Geistesgeschichte* (1929) gegen die geistige Okkupation der Romantik durch die Ideologen des heraufkommenden Faschismus (speziell Baeumlers) und gegen ihre banale Verfälschung die mißbrauchte Romantik selbst als kritische Zeugin zitierte und rechtfertigte. Indem er sie jedoch „als die revolutionärste und radikalste Bewegung des deutschen Geistes" pries und Novalis' übersteigerten Idealismus, den „in freier Erhebung über sich selbst" bestehenden „Adel des Geistes" (Novalis) gegen faschistischen Ungeist ins Feld führte als eine schon reale geschichtliche Kraft, teilte er die Illusionen über die Macht alles Geistigen in den objektiv-realen gesellschaftlichen Prozessen. Mit dieser Identifikation akzeptierte Thomas Mann die Voraussetzungen der idealistischen Romantik selbst.

Dagegen zeigte Alfred Kurella 1938 in einer heute noch gültigen kritischen Stellungnahme zum Sonderheft *Deutsche Romantik* der französischen linken Literaturzeitschrift *Cahiers du Sud,* das einer Apologie der Romantik gleichkam, was die deutsche Romantik n i c h t leisten kann.[59]

Die marxistisch-leninistische Ideologiegeschichtsschreibung findet ihre methodologisch-weltanschauliche Grundlage vor allem in den Auseinandersetzungen von Marx, Engels und Lenin mit der ökonomischen Romantik, wie sie etwa durch Sismondi repräsentiert wird, wobei zu beachten ist, daß Lenins Kritik an Sismondi besonders polemisch gehalten ist, weil sie dessen ideologischen Nachwirkungen in utopisch-reaktionären Vorstellungen der Volkstümler gilt.[60*]

Marx und Engels haben sich nur gelegentlich und am Rande zur Romantik geäußert. Sie konzentrierten sich vor allem auf das noch unmittelbar wirksame progressive Erbe der bürgerlichen Philosophie. Die Romantik hatten sie nur noch in ihren späten und reaktionären Ausprägungen vor Augen.[61] Sie war in ihre Kritik der deutschen Ideologie insoweit einbezogen, als sie deren allgemeine Merkmale teilte. So betrifft vieles an der Kritik des junghegelianischen subjektiven Tatidealismus auch die deutsche Frühromantik. Beide entwarfen ein ähnliches philosophisches Modell.[62*]

Auf der von den Klassikern des Marxismus-Leninismus entwickelten theoretisch-methodologischen Basis, die Mehring schon speziell auf die Analyse der Romantik angewandt hatte, ist von marxistisch-leninistischen Literaturhistorikern der DDR seit den sechziger Jahren – von Werner Krauss, Claus Träger, Hans-Dietrich Dahnke, Dietrich Löffler, Hans-Georg Werner – ein differenziertes Romantikbild erarbeitet worden. Damit traten sie der Verketzerung der Romantik durch Lukács entgegen, die in der marxistisch-leninistischen Ideologiegeschichtsschreibung auch nach dem Beginn der Auseinandersetzungen mit ihm noch lange nachwirkte. Lukács hatte die deutsche Romantik in Reaktion auf die Glorifizierung ihrer reaktionären Züge durch die späte Geistesgeschichte unter den abstrakten Gegensatz von Fortschritt und Reaktion gepreßt. Damit wurde die konkret historische Fragestellung in bezug auf die Romantik ebenso verdrängt wie durch die geistesgeschichtliche Typologie eines alternierenden Rhythmus von Rationalismus und Irrationalismus.

Die zeitbedingte Berechtigung dieser Position hat Werner Krauss nachgewiesen, indem er Lukács selbst historisierte: „Georg Lukács hat in seinen gleich nach Kriegsende erschienenen Schriften die deutsche Romantik als Reaktionsbewegung en bloc verurteilt. Darin kam der Standpunkt jener vor uns liegenden Jahre vorzüglich zum Ausdruck. Es mußte überhaupt erst einmal der Ariadnefaden in der deutschen Literaturentwicklung gefunden werden. Vielleicht konnte nur ein grob antithetisches Verfahren, eine Schwarz-Weiß-Malerei, dem Bedürfnis der ersten Stunden gerecht werden.“[63]

Das Verdienst Lukács' besteht darin, einen Ansatz zur soziologischen Erklärung der Romantik (als einer kleinbürgerlichen Bewegung, wenn auch dieser kleinbürgerliche Charakter der Romantik geschichtlich nicht spezifiziert wurde) gefunden und einige ihrer wesentlichen Züge treffend beurteilt zu haben. Seine theoretischen Prämissen ließen ihn das Moment des Krankhaften und des Scheiterns in der frühromantischen Weltanschauung überbetonen.

Werner Krauss und Claus Träger haben in ihren Arbeiten immer wieder die Verbundenheit der Romantik mit dem progressiven bürgerlichen Denken des 18. Jahrhunderts betont. Ihnen ging es vor allem darum, die politischen Auffassungen der deutschen Romantik in ihrem Zusammenhang mit der französischen Aufklärung als der entwickeltsten Form vorrevolutionärer Emanzipationsideologie darzustellen und die von einer undialektischen Betrachtungsweise aufgerissene Kluft zwischen beiden zu schließen. Das Interesse eines Teils unserer potentiellen politischen Bündnispartner vor allem in der BRD an der Romantik sowie ihre apologetische Wiederbelebung durch revisionistische Richtungen oder Vertreter der Kritischen Theorie und der traditionellen Hermeneutik läßt die historische Rekonstruktion der Romantik auch unter bündnispolitischem Gesichtspunkt wie unter dem der ideologischen Auseinandersetzung wichtig erscheinen. Der letztgenannte Aspekt wird um so mehr Bedeutung erlangen, als in den nächsten Jahren eine erneute „Aktualisierung" der Romantik von konservativer Seite her zu erwarten ist.

Die Verwirklichung der politischen Ziele der Arbeiterklasse verlangt, die unterschiedlichsten sozialen Kräfte in den antiimperialistischen Kampf einzubeziehen. „Wir müssen jene Elemente unter den Schwankenden ausnutzen," schrieb Lenin, „die durch die Bestialität des Imperialismus zu uns getrieben werden."[64] Das politische Bündnis mit allen demokratischen Kräften kann allerdings nicht bedeuten, sich auf ideologischem Gebiet „zum allgemeindemokratischen Standpunkt hinabzubeugen"[65]. Es kann aber auch nicht bedeuten, die im Denken der bürgerlichen Vergangenheit – auch wenn es so widersprüchlich ist wie die deutsche Romantik – enthaltenen kritischen Elemente und „konkret-historischen Momente eines humanistischen Protestes"[66] der Gegenseite zur freibeuterischen Nutzung zu überlassen.

In der konkret historischen Aneignung des Ideengutes der Vergangenheit und der kritischen Bestimmung seines geschichtlichen und gegenwärtigen Platzes hat die marxistisch-leninistische Philosophie- und Literaturgeschichtsschreibung große Vorläufer auch in den Wortführern der Erbe-Debatte der dreißiger Jahre in Deutschland und der zwanziger Jahre in der Sowjetunion, deren konkrete ideologiegeschichtliche Resultate und allgemein methodologische Leistungen noch aufzuarbeiten sind.

Die politische Notwendigkeit, gegen den Faschismus eine Volksfront zu bilden und mit den antifaschistischen Kräften aller Klassen und Schichten ein Bündnis einzugehen, spiegelte sich philosophisch-theoretisch in der Überprüfung und Korrektur der eigenen Haltung zum Erbe der

Vergangenheit wider, in der Erkenntnis der Gefahr, durch Vernachlässigung der marxistischen Aufarbeitung des Erbes im weitesten Sinne dem Faschismus das überkommene Gedankengut zuzuspielen und kampflos zu überantworten. Das objektiv notwendige politische Bündnisstreben führte dabei keinesweg zu ideologischen Konzessionen, sondern zu äußerst differenzierter historischer Rekonstruktion gerade solch umstrittener Gegenstände wie des Expressionismus, der Philosophie Nietzsches und der deutschen Romantik. Das war besonders wichtig, weil der Faschismus m i t den Massen ein Regime g e g e n die Massen errichtete und „unter gefälschten Emblemen der Revolution" die morsche bürgerliche Republik in einem Umgehungsmanöver scheinbar von „links", getarnt durch eine pseudorevolutionäre Ideologie, stürzte. In der marxistischen Ideologiegeschichtsschreibung der Zeit wurde gezeigt, wie einerseits diese demagogische faschistische Ideologie noch ihre eigene reaktionäre Tradition überbot, indem sie – wie im Falle Nietzsches – sie „gerade nur zur Hälfte beerbte"; andererseits wurde die Zwiespältigkeit der Philosophie Nietzsches durchschaubar gemacht, die im Sinne einer „Kritischen Apologie" wirkte, d. h. bei scheinbarer Ablehnung des Kapitalismus und der echten Aversion gegen einzelne seiner Erscheinungsformen diesen stabilisierend.[67]

Die philosophisch-weltanschauliche Entwicklung der deutschen Frühromantik in ihrer geschichtlichen Bedingtheit und in ihrem gesetzmäßigen Zusammenhang ist noch nicht dargestellt worden. Folgende Fragen, aus denen sich eine Fülle weiterer Probleme ableitet, wären dabei zu untersuchen:

die zeitliche Parallelität von Klassik und Romantik;

die klassenspezifische Haltung der Romantik, die Bedeutung der Lukácsschen These von ihrem kleinbürgerlichen Charakter;

die Gesetzmäßigkeit des weltanschaulichen Entwicklungsprozesses der deutschen Frühromantik, ihres Umschlags vom Autonomiegedanken, begründet im ästhetischen subjektiven Idealismus, zur Idee religiöser Heteronomie des Menschen in seiner objektiven historischen und inneren geistigen Logik.

„Es wird sich also darum handeln, den Blickpunkt [. . .] bis zu dem Ansatz einer wirklich geschichtlichen Fragestellung zu verschieben."[68]

Die deutsche Frühromantik als Phänomen der Differenzierung in der bürgerlichen Ideologie am Ende des 18. Jahrhunderts

„Jeder Philosoph hat seine veranlassenden Punkte, die ihn nicht selten real beschränken, an die er sich akkomodiert usw. Da bleiben denn dunkle Stellen im System für den, welcher es isoliert, und die Philosophie nicht historisch und im Ganzen studiert. Manche verwickelte Streitfragen der modernen Philosophie sind wie die Sagen und Götter der alten Poesie. Sie kommen in jedem System wieder, aber immer verwandelt.“[69]

Diese Äußerung Friedrich Schlegels aus dem Jahre 1797 – die ihre endgültige Fassung erst mit der Überarbeitung für die Sammlung der Athenäums-Fragmente 1798 erhielt – verweist auf den Zusammenhang von Weltanschauung und der sie bedingenden objektiven zeitgeschichtlichen Problematik, dessen er sich durchaus bewußt war.

Der in dem zitierten Fragment enthaltene Hinweis legt die Frage nach der Spezifik jener zeitgenössischen historischen Konstellationen und ihrer ideellen Verarbeitung nahe, die die deutsche Frühromantik als selbständige weltanschauliche Richtung innerhalb der deutschen bürgerlichen Ideologie am Ausgang des 18. Jahrhunderts inaugurierte.

Zeitlich gesehen konstituierte sich die deutsche Romantik als philosophische und literarische Bewegung im unmittelbaren Zusammenhang mit der bürgerlichen Revolution in Frankreich, vor allem mit deren kleinbürgerlich-radikaler jakobinischer Phase. Sie reagiert in noch darzustellender spezifischer Weise auf die durch diese politische Revolution in europäischem Ausmaß eröffnete Entfaltung der modernen bürgerlichen Gesellschaft, deren ökonomische Basis zunehmend industrielles Kapital und freie Konkurrenz bilden.

Ihre Vertreter, junge bürgerliche (nicht immer der Herkunft, wohl aber der Klassenrepräsentanz ihres ideologischen Anliegens nach) Intellektuelle wie die Brüder August Wilhelm Schlegel (1767–1845) und Friedrich Schlegel (1772–1829), Friedrich Leopold von Hardenberg (Pseudonym Novalis; 1772–1801), Johann Ludwig Tieck (1773–1853) und Friedrich Schleiermacher (1768–1834; damals in Berlin lebend), gruppierten sich zunächst in Jena um die Zeitschrift *Athenaeum,* die von 1798–1800 erschien. Die der Romantik eigentümlichen weltanschaulichen Momente, die sie von den gleichzeitig existierenden Denkrichtungen unterscheiden, bilden sich jedoch schon früher heraus, so daß man romantische Weltanschauung bereits seit 1796 und 1797 datieren kann, ehe sie als Programm in der genannten Zeitschrift bewußt formuliert wird.

Nicht zufällig ist Jena der Ort, an dem die deutsche Frühromantik als selbständige weltanschauliche Richtung entstand.

Im Dezember 1795 begründet August Wilhelm Schlegel seinen Entschluß, sich vorerst in Jena niederzulassen, in einem Brief an Schiller mit folgender Charakteristik dieser Stadt: „Schwerlich würde sich wohl für schriftstellerische Thätigkeit und für eine gelehrte Laufbahn überhaupt jetzt ein günstigerer Ort finden lassen als Jena: und da ich mich dieser entschieden gewidmet, und jetzt durch kein Amt oder Anwartschaft darauf irgendwo festgehalten werde, so kann ich meinen Aufenthalt ganz nach solchen Rücksichten wählen. [. . .] Wie sehr ich mich auf eine Wallfahrt in diesen Theil von Sachsen freue, der schon seit beträchtlicher Zeit, und seit kurzem mehr wie jemahls zuvor ein Mittelpunkt Deutscher Bildung ist, kann ich Ihnen nicht sagen.“[70] Jena war ein Zentrum des wissenschaftlichen, insbes. des philosophischen Lebens im protestantischen Deutschland, wo sich nahezu alle bedeutenden Denker der Zeit versammelt hatten oder doch vorübergehend ansässig und wirksam waren. Die Blüte der Jenenser Universität am Ende des 18. Jahrhunderts veranlaßte Max Wundt, die „Jenaer Philosophie“ mit der „Philosophie schlechtweg“ zu identifizieren, deren Geschichte auf diesem Höhepunkt „die Geschichte der Philosophie überhaupt“ repräsentiere.[71] „An der Scheide des Jahrhunderts“, so schrieb auch Gervinus[72*], „war nach Weimar und Jena fast alles literarische Leben zusammengeströmt. Denke man sich eine kleine Stadt, wo Goethe Factotum, Herder Prediger, Schiller Theaterdirector und Dichter, Wieland und Knebel ehemals Prinzenerzieher waren, wo sich eine Unmasse von Gelehrten und Literaten der verschiedensten Farben zusammendrängte, die sich einen Ruf gemacht haben, so wird man schon aus den Namen schließen, daß der Ruhm, der Weimar als das deutsche Athen pries, nicht eben grundlose Prahlerei war [. . .]; dem geistigen Staate, der sich hier langsam und mächtig gebildet hatte, ward dann das benachbarte Jena eine wissenschaftliche Pflanzstadt, die in der engsten Verbindung blieb. Der Hauptsitz der kritischen Philosophie zog sich hierher, auch als Kant noch lebte [. . .]. Augenzeugen sagen aus, daß damals die Verschiedenheit von Menschen in Sitte, Kleidung, Cultur, vom Wilden und Cynischen bis zu widerlicher Ueberfeinerung kaum in Paris und London stärker sein konnte, als in Jena, und Schiller nannte diese Stadt damals eine Erscheinung, wie sie vielleicht auf Jahrhunderte nicht wieder kommen werde."

Goethe erkannte die politischen Möglichkeiten einer solchen Konzentration philosophischer Köpfe, wie sie im Jena dieser Zeit anzutreffen war, wenn er rückblickend 1803 in den *Tag- und Jahresheften* besorgt vermerkt: „So wie schon einige Jahre, machte der Zustand von Jena uns auch diesmal gar manche Sorge. Seit der französischen Revolution war eine Unruhe in die Menschen gekommen, dergestalt, daß sie entweder an ihrem Zustand zu ändern oder ihren Zustand wenigstens dem Ort nach zu verändern gedachten. Hierzu konnten besonders die Lehrer an Hochschulen ihrer Stellung nach am meisten verlockt werden, und da eben zu dieser Zeit dergleichen Anstalten neu errichtet und vorzüglich begünstigt wurden, so fehlte es nicht an Reiz und Einladung dorthin, wo man ein besseres Einkommen, höheren Rang, mehr Einfluß in einem weitern Kreise sich versprechen konnte. Diese großweltischen Ereignisse muß man im Auge behalten, wenn man sich im allgemeinen einen Begriff machen will von dem, was um diese Zeit in dem kleinen Kreise der Jenaischen Akademie sich ereignete."[73]

Das „Krähwinkel-Vielländer-Reich" Deutschland mit seiner politischen Ohnmacht und nationalen Zerrissenheit verwies den Emanzipationskampf des Bürgertums ins Reich der Spekulation. „Das deutsche Diesseits [. . .] schuf sich einen Diesseits-Ersatz, ein deutsches Jenseits, einen deutschen Traum-Himmel: dort erstand nationale Ohnmacht als Allmacht der Idee, dort lebte sich das nichtverwirklichte Reich aus in Farben-Paradiesen, in Stein-Wundern, im Strophen-Bau und in Klang-Türmen", und „als Folge der politischen Unfreiheit" erlangten die spekulativen Wissenschaften „einen usurpierten Wert"[74]. Die uneinheitliche politische und ökonomische Entwicklung führte zur Herausbildung einzelner entwickelterer Zentren, die als wissenschaftliche Schwerpunkte auch Hochburgen der weltanschaulich-philosophischen Auseinandersetzungen wurden. So wurden die Zentren der deutschen Aufklärung und Klassik auch die der Romantik (Jena, Berlin). Es waren vor allem Städte innerhalb einer ökonomisch oder politisch relativ entwickelten Umgebung bzw. solchen Konzentrationspunkten wirtschaftlichen Aufschwungs benachbarte Regionen (Preußen; Kursachsen, das sich durch fortschreitende Kapitalisierung der Leichtindustrie und durch Anwendung kameralistischer und frühliberaler Grundsätze im Bergbau, Hütten- und Finanzwesen stärker ökonomisch entfaltet hatte). Jena war besonders begünstigt durch das nahegelegene Weimar; die Konzentration von bürgerlichem Denken im feudalen Staatsapparat nährte die ideologische Illusion einer „Revolution durch Bildung" mit teilweise berechtigten Hoffnungen.

Die an der Jenaer Universität versammelten Philosophen gehörten zu dem damals in Deutschland fortgeschrittensten Teil der bürgerlichen Klasse, die ihren Herrschaftsanspruch auf Grund der genannten objektiven Bedingungen vorerst nur theoretisch fixieren konnte.

„Wie in Frankreich", so schrieb 1812 der inzwischen seinen progressiven Jugendideen abtrünnig gewordene Friedrich Schlegel[75], „die alles beherrschende und alles auflösende, jedem Glauben und jedem Bande der Liebe entsagende Vernunft ihre zerstörerischen Wirkungen nach außen hin gewandt und das gesamte Leben der Nation zum furchtbaren Schauspiel für die Mitwelt und Nachwelt ergriffen hat, so nahm in Deutschland, dem Charakter der Nation gemäß, bei der äußern Gebundenheit der edelsten Kräfte, die absolute Vernunft ihre Richtung ganz nach innen, statt der bürgerlichen

Revolutionen, in metaphysischem Kampfe Systeme erzeugend und wieder zerstörend." Die objektive Unmöglichkeit einer bürgerlichen Revolution in Deutschland, das Fehlen einer starken bürgerlichen Klasse auf Grund der relativen ökonomischen Zurückgebliebenheit und politischen Zersplitterung bewirkt, daß ihre bedeutenden Vertreter sämtlich nur „philosophische Zeitgenossen der Gegenwart" sind.

Durch alle Zeugnisse zieht sich die Klage über die Schranken, die die „gemeine Empirie" dem freien Denken und Handeln setzt. Das frühromantische Denken teilt mit der Weltanschauung der Aufklärung und klassischen deutschen bürgerlichen Philosophie und Literatur diese objektiven geschichtlichen Voraussetzungen wie auch das Bemühen, unter den durch das revolutionäre Geschehen in Frankreich modifizierten Determinanten die emanzipatorischen Ansprüche und Ideale der bürgerlichen Klasse theoretisch neu zu fassen und zu begründen.

Auch die weltanschauliche Entwicklung der deutschen Romantik beginnt unter dem Vorzeichen des philosophischen Idealismus dergestalt, daß „der Geist, daß der Gedanke die bewegende Kraft der Weltgeschichte sei"[76]. Ihr von der unmittelbar revolutionären Situation in Frankreich bestimmter Denkeinsatz läßt sie wie die meisten bürgerlichen Ideologen in Deutschland die Französische Revolution „in der Form des Gedankens [. . .] erfassen"[77]*. Dieser Idealismus aber war für die Frühromantiker „in praktischer Ansicht nichts anders als der Geist jener Revolution"[78], die sich in Frankreich tatsächlich vollzog.

Die politische Haltung der deutschen Frühromantik

„Jeder wackre Mensch, jeder ächte Cyniker", hatte Friedrich Schlegel um 1797 rückschauend geäußert, „fängt einmal an mit absoluter Polemik. So fing ich entschieden an, gegen meine Lage und gegen die ganze Modernität."[79] In diesem Bekenntnis zu einem eindeutig politischen Ansatz seines Denkens drückt Friedrich Schlegel die Radikalität einer geistigen Opposition aus. Sie galt zunächst den in Deutschland vorgefundenen und als kritik- und veränderungsbedürftig erkannten feudalen Zuständen – damit antifeudale politische Impulse der Sturm-und-Drang-Bewegung aufnehmend –, aber bald auch wesentlichen Zügen der sich herausbildenden kapitalistischen Produktionsverhältnisse.

Noch 1799 schrieb Novalis, als die Unzulänglichkeit der neuen gesellschaftlichen Ordnung in ihrer quälenden Widersprüchlichkeit auch für ihn gewiß geworden war, in dem berühmten, oft als Zeugnis reaktionärer Ideologie zitierten Aufsatz *Die Christenheit oder Europa*, daß in dem Kampf der „alten" mit der „neuen Welt" „die Mangelhaftigkeit und Bedürftigkeit der bisherigen Staatseinrichtungen [. . .] in furchtbaren Phänomenen offenbar geworden"[80] seien.

In der 1797 entstandenen und durch den Thronwechsel in Preußen, an den Novalis große Hoffnungen knüpfte, veranlaßten Schrift *Glauben und Liebe oder der König und die Königin* entlarvt er die „fade Monotonie" des Hoflebens und die schwer auf allen Untertanen lastende feudalabsolutistische Staatsmaschinerie: „Kein Staat ist mehr als Fabrik verwaltet worden, als Preußen, seit Friedrich Wilhelm des Ersten Tode. So nötig vielleicht eine solche maschinistische Administration zur physischen Gesundheit, Stärkung und Gewandtheit des Staats sein mag, so geht doch der Staat, wenn er bloß auf diese Art behandelt wird, im wesentlichen darüber zu Grunde. Das Prinzip des alten berühmten Systems ist, jeden durch Eigennutz an den Staat zu binden. Die klugen Politiker hatten das Ideal eines Staats vor sich, wo das Interesse des Staats eigennützig, wie das Interesse der Untertanen, so künstlich jedoch mit demselben verknüpft wäre, daß beide einander wechselseitig beförderten. An diese politische Quadratur des Zirkels ist sehr viel Mühe gewandt worden: aber der rohe Eigennutz scheint durchaus unermeßlich, antisystematisch zu sein. Er hat sich durchaus nicht beschränken lassen, was doch die Natur jeder Staatseinrichtung notwendig erfordert. Indes ist durch diese förmliche Aufnahme des gemeinen Egoismus, als Prinzip, ein ungeheurer Schade geschehn und der Keim der Revolution unserer Tage liegt nirgends, als hier."[81] Mit der moralisch intendierten Kritik am „rohen Eigennutz" hat Novalis schon Momente im Blickfeld, die der Herrschaftspraxis ausbeutender Klassen sowohl im Feudalabsolutismus wie in der bürgerlichen Ordnung gleichermaßen eignen.

Der von Friedrich Schlegel gebrauchte abstrakte und vage Begriff der „Modernität“ zeigt, wie die frühromantische Polemik die Komplexität der Widersprüche des sich zersetzenden alten und des sich durchsetzenden neuen Gesellschaftssystems zu erfassen sucht – eine Komplexität, die gerade in Deutschland in der Mischung von historisch längst überlebten und historisch produktiven, darum nicht minder als schmerzhaft empfundenen Widersprüchen noch lange bestehen sollte.

Die Französische Revolution als das „Ereignis, das die moderne Gesellschaft bis in ihre tiefste Grundlage erschüttert hat“ und nach Engels' Worten „wie ein Donnerschlag in dieses Chaos, das Deutschland hieß“[82], einschlug, weckte mit einem Schlage die politischen Hoffnungen besonders der jungen bürgerlichen Intelligenz. Die Französische Revolution schien auch für Deutschland die Perspektive zu eröffnen, die alle Klassen und Schichten bedrückende hierarchische Struktur des feudalen Staates umzuwandeln, wenn nicht gar zu stürzen. Dieser Hoffnung gibt Novalis in einem Brief an seinen Freund Friedrich Schlegel im August 1794 begeistert Ausdruck: „Ich wünschte freilich jetzt sehnlich die Politik eher zur Welt – die liegt mir jetzt näher am Herzen. Könnt ich mit Dir jetzt reden über meine Lieblingsgedanken bei Tag und Nacht – Du würdest mir und manchem nützlich sein – sintemalen jetzt die Zeit der Anwendung vor der Tür ist [. . .].“ Und zuversichtlich fährt er fort: „Heutzutage muß man mit dem Titel Traum doch nicht zu verschwenderisch sein – Es realisieren sich Dinge, die vor zehn Jahren noch ins philosophische Narrenhaus verwiesen wurden. [. . .] Mich interessiert jetzt zehnfach jeder übergewöhnliche Mensch – denn eh die Zeit der Gleichheit kommt, brauchen wir noch übernatürliche Kräfte. Du glaubst nicht, lieber Junge, wie ganz ich jetzt in meinen Ideen lebe. Es sind die Tage des Brautstandes – noch frei und ungebunden und doch schon bestimmt aus freier Wahl – Ich sehne mich ungeduldig nach Brautnacht, Ehe und Nachkommenschaft. Wollte der Himmel, meine Brautnacht wäre für Despotismus und Gefängnisse eine Bartolomäisnacht, dann wollt ich glückliche Ehestandstage feiern. Das Herz drückt mich – daß nicht jetzt schon die Ketten fallen wie die Mauern von Jericho. So leicht der Sprung, so stark die Schwungkraft – und so stark der weibischte Kleinmut. Starbrillen sind nötig – zum Starstechen ist die Zeit noch nicht. Aber immer ein Zirkel – zum Freidenken gehört Freiheit, zur Freiheit Freidenken – zum Zerhauen ist der Knoten – langsames Nisteln hilft nichts."[83]

In der Haltung zur Französischen Revolution als dem entscheidenden Epochenereignis, in der Stellungnahme vor allem zu ihren verschiedenen Phasen und in den daraus resultierenden weltanschaulichen Schlußfolgerungen in bezug auf die für Deutschland wesentlichen sozialen Probleme und ihre möglichen Lösungen kulminieren die politischen Auffassungen und scheiden sich die ideologischen Fraktionen.

Zwar sind in den neueren bürgerlichen, vor allem westdeutschen Forschungen der letzten Jahre die progressiven Momente im politischen Denken der deutschen Frühromantik oftmals aktualisierend überbetont worden, was einer unhistorischen Beziehung zum Gegenstand zugeschrieben werden muß. Dennoch ist es längst an der Zeit, endgültig ein Vorurteil zu begraben, dessen Spuren sich in der marxistisch-leninistischen Ideologiegeschichtsschreibung hartnäckig gehalten haben. Becher formulierte es unter Lukács' Einfluß in seiner während der Emigration verfaßten, die faschistische Ideologie und deren Tradition entlarvenden Programmschrift *Deutsche Lehre* polemisch zugespitzt: „Die Aufgeschlossenheit dem weltgeschichtlichen Ereignis der französischen Revolution gegenüber ist eines der hervorragendsten Merkmale, welches die Klassik von der Romantik unterscheidet."[84] Gerade in ihrem politischen Bekenntnis zur Französischen Revolution gehen die Verteter der deutschen Frühromantik jedoch ohne Zweifel über viele ihrer Zeitgenossen hinaus und erreichen – zumindest was ihre verbalen Aussagen betrifft – zunächst den radikal demokratischen Standpunkt Fichtes und Forsters.

Nicht von Anfang an hatte die Revolution dieses Interesse bei ihnen zu erwecken vermocht. Sie engagierten sich erst in dem Maße, wie sich im Verlauf der Revolution zunehmend demokratische Gruppierungen mit immer breiterer Massenbasis durchsetzen, bis sie in der mit plebejischen Schichten verbündeten kleinbürgerlichen Jakobinerdiktatur ihren politischen Gipfel erreicht. Sie wandten sich ihr also in dem Maße zu, wie sich andere bürgerliche Zeitgenossen von ihr abwandten. Wie Fichte hatte sich auch Friedrich Schlegel erst im Laufe des Jahres 1793 für die Französische Revolution begeistert[85], während er noch 1791 seinem Bruder August Wilhelm ziemlich distanziert mitteilt: „Die ganze Sache intereßirt mich vornehmlich mittelbar nehmlich als Vehikel des Gesprächs mit sehr vielen Leuten."[86]

Die Frühromantiker schrecken – im Gegensatz zur Mehrheit der deutschen Intellektuellen – auch nicht zurück, als der revolutionäre Terror zur Sicherung der bürgerlichen Errungenschaften einsetzt und die Französische Revolution unter der Jakobinerdiktatur „mit ehernen Sandalen einherzuschreiten"[87] beginnt. Zahlreiche persönliche Dokumente in Briefwechseln und Tagebüchern bezeugen das.[88]* Nicht an den Mitteln, erst an den Ergebnissen der Revolution werden sie zweifelnd verzweifeln.

„Unter den Menschen, die mit der Zeit fortgehn," heißt es in Friedrich Schlegels Athenäums-Fragmenten, „gibt es manche, welche, wie die fortlaufenden Kommentare, bei den schwierigen Stellen nicht still stehn wollen. [...] Dafür ist das Zeitalter noch nicht reif, sagen sie immer. Soll es deswegen unterbleiben? – Was noch nicht sein kann, muß wenigstens immer im Werden bleiben."[89] Noch ist hier nichts vom „kleinmeisterlich Schwankenden" des späteren, von kleinbürgerlicher Resignation bestimmten geschichtsphilosophischen Pessimismus zu spüren. Ungebrochen steht Friedrich Schlegel der „gärenden Riesenkraft"[90] des Zeitalters gegenüber; und gerade er möchte nicht das Schicksal mancher „verdienter Schriftsteller" teilen, „die mit jugendlichem Eifer die Bildung ihres Volkes betrieben haben, sie aber da fixieren" wollten, „wo die Kraft sie selbst verließ". Selbstbewußt heißt es in den Athenäums-Fragmenten: „Dies ist umsonst: wer einmal töricht, oder edel, sich bestrebt hat, in den Gang des menschlichen Geistes mit einzugreifen, muß mit fort, oder er ist nicht besser dran als ein Hund im Bratenwender, der die Pfoten nicht vorwärts setzen will."[91] Der Gang des menschlichen Geistes aber ist für ihn identisch mit dem Fortschreiten und Fortschritt der realen Geschichte, der er zu diesem Zeitpunkt noch nicht mit esoterischer Furchtsamkeit begegnet. Robespierre gilt ihm als der „Gipfel der französischen Revoluzion“[92]. Auch der vorsichtigere Novalis kann „jener großen eisernen Maske“[93] Robespierre seinen Respekt nicht versagen.

Bemerkenswert ist auch, daß sie an diesem politischen Bekenntnis viel länger – bis 1797 – festhalten als die meisten übrigen Zeitgenossen.[94]* Es ist bedeutsam, daß Friedrich Schlegel im Jahre 1796 in seinem Forster-Aufsatz eine öffentliche Ehrenrettung des geschmähten Jakobiners unternimmt, die ihn in der deutschen „Gelehrtenrepublik“ politisch exponiert. Der darin am Beispiel Forsters entwickelte und demonstrierte Begriff des „gesellschaftlichen“, d. h. des bürgerlich-demokratischen, politisch engagierten Schriftstellers bestimmt den politischen Auftrag des bürgerlichen Schriftstellers deutlicher als der Goethes vom „klassischen Nationalautor“. Parallel dazu ist der berühmte Aufsatz *Versuch über den Begriff des Republikanismus* (entstanden ebenfalls 1796) zu betrachten. In dieser kritischen Stellungnahme zu Kants Schrift *Zum ewigen Frieden* von 1794 geht Friedrich Schlegel über Kant hinaus, indem er dessen Republikanismusbegriff demokratischer und universeller faßt. Die Idee des Bösen, von der her Kant sein progressives Ideal begrenzte, verwirft er als abstrakt und leer und schreitet zur theoretischen Begründung des Rechtes auf Insurrektion, d. h. der möglichen Anwendung revolutionärer Gewalt fort.[95]

In dieser Anerkennung des Rechtes auf revolutionäre Gewalt als Antwort auf die knechtende Gewalt der Herrschenden zeigen sich unverkennbar die Spuren der frühen politischen Schriften Fichtes und seiner Naturrechtsauffassung.[96]* Mit ihr schließt sich Friedrich Schlegel dem politisch radikalen Standpunkt eines Rousseau und Condorcet an.

Schon in seiner frühen *Abhandlung über den Ursprung und die Grundlagen der Ungleichheit unter den Menschen* von 1754 hatte Rousseau den Gedanken vom Gesellschaftsvertrag formuliert, der die ursprüngliche Gleichheit aller Menschen im Naturzustand sowie die Unveräußerlichkeit der Volkssouveränität zum Ausgangspunkt hat, d. h. dieser Vertrag schließt das Recht des Volkes ein, die dem Regierenden aus Gründen der Arbeitsteilung übertragene Macht im Falle des Mißbrauchs auch mittels Gewalt wieder an sich zu nehmen.[97] Im *Gesellschaftsvertrag* hatte Rousseau diesen Gedanken weiterentwickelt und an der Konsequenz festgehalten, daß die Regierung nur der Diener des Volkes sei, den es jederzeit absetzen könne, wie es ihn eingesetzt habe[98] – ein Gedanke, den Condorcet in seiner 1794 verfaßten Schrift *Entwurf einer historischen Darstellung der Fortschritte des menschlichen Geistes* unter ausdrücklicher Berufung auf Rousseau als den edelsten Gewährsmann dieser Auffassung programmatisch aufnimmt.[99] Alle Menschen haben – nach Condorcet – schon durch ihre Natur als Menschen gleiche Rechte. Die Wahrung dieser Menschenrechte gilt ihm als „einziger Zweck der Vereinigung der Menschen zu politischen Gesellschaften"[100]. Wird dieses Recht verletzt, muß die Verfassung geändert und dieses Recht wiederhergestellt werden, auch mit revolutionären Mitteln.

Mit Condorcet, dem in einem der Athenäums-Fragmente ein würdiges Denkmal errichtet ist[101*], teilt Friedrich Schlegel dessen Geschichtsoptimismus, nach welchem der menschlichen Fähigkeit zur Vervollkommnung keine Grenzen gesetzt sind außer denen, die „in der Verfassung unserer Intelligenz" selbst liegen[102], d. h. keine sozialen, sondern allenfalls biologische Grenzen. Im Gedanken der unendlichen Perfektibilität und des darin begründeten geschichtlichen Fortschritts hatte Condorcet Rousseaus kleinbürgerlich kritischen Standpunkt verlassen und damit auch dessen Skepsis gegenüber der Entwicklung der neuesten Wissenschaft, Philosophie und Technik. Rousseaus Mißtrauen gegen die Wissenschaft und ihre Folgen für die moralische Entwicklung der Menschen wies er entschieden zurück und erklärte, daß auch die Aufklärung zur Verbesserung der Sitten beigetragen habe.[103] Doch verfiel Condorcet dabei ebensowenig wie Rousseau einem platten Fortschrittsoptimismus. Im Gegenteil: die Überzeugung von der Kontinuität des geschichtlichen Fortschritts war auch bei ihm begleitet von dem Wissen um dessen Problematik, d. h. um dessen antagonistischen Charakter, was ihm sein schweres persönliches Geschick – Opfer einer Revolution zu werden, die er bejahte – bewußt ertragen und überwinden half. Die Anerkennung der Widersprüchlichkeit als „eine notwendige Krise auf dem Stufengang" zur „schlechthinnigen Vervollkommnung"[104] war bei ihm höchst dialektisch in der Idee eines ständig fortschreitenden objektiven Geschichtsprozesses beschlossen. Dieses dialektische Begreifen des historischen Fortschritts in seinem antagonistischen Charakter ist eine der großen theoretischen Leistungen sowohl Rousseaus[105] wie auch Condorcets. Auch die großen Vertreter der klassischen deutschen bürgerlichen Philosophie und Literatur – Kant, Schiller, Hegel – sollten diese Einsicht erreichen. Sie erkannten die antagonistische Widersprüchlichkeit der geschichtlichen Entwicklung geradezu als ein Instrument des Fortschritts in der „Kultur".

Daß die Frühromantiker allzubald dieser Widersprüchlichkeit des geschichtlichen Fortschritts in Klassengesellschaften mit weltanschaulicher Hilflosigkeit gegenüberstanden, liegt an der objektiven Klassenposition, die sie repräsentierten: die des Kleinbürgertums unter den erschwerenden nationalen Bedingungen in Deutschland.

Dialektisches Denken kann m. E. eine Klasse oder soziale Schicht nur entwickeln, solange es eine reale historische Perspektive für sie gibt. Diese historische Perspektive hatte das Kleinbürgertum als selbständige soziale Schicht im modernen Industriekapitalismus, der ökonomisch gerade auf dem massenhaften Ruin der kleinen Warenproduzenten basiert, nicht mehr. Das bedingte die Rücknahme vieler im Denken der bürgerlichen Aufklärung und Klassik schon ausgeprägter dialektischer Momente in der Weltanschauung der Romantik. Diese ihre objektive Klassenrepräsentanz berührt zudem die Grundfrage nach dem Wesen romantischer Weltanschauung: die Frage nach der Ursache für deren Umschlag in eine letztlich restaurative Ideologie, als die wir sie am Ende eines langen Entwicklungsprozesses finden.

Für eine kurze Zeit indes, eben für die Zeit der Revolutionsbejahung und seiner demokratisch-republikanischen Ideale, schwingt sich Friedrich Schlegel auf die theoretische Höhe Condorcets. Im Gegensatz zu Rousseau und ihn in dieser Hinsicht überschreitend, gab es für Condorcet unter dem bestimmenden Gesichtspunkt des ständigen, wenn auch widersprüchlichen Fortschritts keine „goldene Zeit" der Vergangenheit, die es wiederzuerwecken galt. Ein Athenäums-Fragment spiegelt diesen Gedanken wider: „Das Trugbild einer gewesenen goldenen Zeit ist eins der größten Hindernisse gegen die Annäherung der goldnen Zeit die noch kommen soll. Ist die goldne Zeit gewesen, so war sie nicht recht golden. Gold kann nicht rosten, oder verwittern: es geht aus allen Vermischungen und Zersetzungen unzerstörbar echt wieder hervor. Will die goldne Zeit nicht ewig fortgehend beharren, so mag sie lieber gar nicht anheben, so taugt sie nur zu Elegien über ihren Verlust."[106]

Für Novalis spielte die Rousseausche These von einem in der Vergangenheit liegenden goldenen Zeitalter – die er allerdings nicht Rousseau allein verdankt – später als Folie seines utopischen Gegenentwurfs zur zeitgenössischen Wirklichkeit und seiner Kritik an ihr eine große Rolle. Novalis' positives politisches Ideal ist, verglichen mit Friedrich Schlegels demokratischem Republikanismus, von Anfang an zurückhaltender. Er äußert sich weit gemäßigter, mehr den realen Möglichkeiten in Deutschland entsprechend: Der Weg der bürgerlichen Emanzipation führte hier über eine konstitutionelle Monarchie und Reformen allenfalls zu einer begrenzten politischen Machtbeteiligung für das Bürgertum. Er huldigt dem Ideal einer aufgeklärten Monarchie, in der der König als Repräsentant des ganzen Volkes dieses durch sittliche Bildung nach und nach zu seiner moralischen Höhe erhebt, so daß „alle Bürger thronfähig werden" und die nur sittliche Hierarchie sich fortschreitend in einer – allerdings auch nur sittlichen – demokratischen Gleichheit aufhebt.[107*]

Novalis ist bestrebt, zwischen den historischen Bedingungen in Frankreich und denen in Deutschland zu differenzieren und damit auch zwischen den für ihre Veränderung möglichen oder notwendigen Mitteln. Zwei einander widerstreitende Gedanken bestimmen dabei seine politische Haltung: einmal das Bewußtsein von der Notwendigkeit sozialer Veränderungen, zum anderen aber die Furcht, daß diese Umwälzung als „permanente Krisis" ihren Akteuren entgleiten und durch sinnlose Zerstörung des Alten auch den Boden beseitigen könnte, auf dem das Neue aufbauen müsse. „So nötig es vielleicht ist, daß in gewissen Perioden alles in Fluß gebracht wird, um neue, notwendige Mischungen hervorzubringen, und eine neue, reinere

Krystallisation zu veranlassen, so unentbehrlich ist es jedoch ebenfalls diese Krisis zu mildern und die totale Zerfließung zu behindern, damit ein Stock übrig bleibe, ein Kern, an den die neue Masse anschließe, und in neuen schönen Formen sich um ihn her bilde."[108] Der letztgenannte Gesichtspunkt treibt Novalis zu der Frage, ob man Demokratie und Aristokratie, Republik und Monarchie einander so starr als sich ausschließende Staatsformen entgegensetzen könne. Das ist durchaus nicht nur als Zeugnis eines gewissen Konservatismus zu betrachten, sondern verrät zugleich einen nüchternen Blick für die konkreten geschichtlichen Möglichkeiten in Deutschland, die sich im Übergang zu einer im ökonomischen Interesse der industriellen Bourgeoisie funktionierenden konstitutionellen Monarchie realisieren sollten.

Novalis' Haltung zur Französischen Revolution ist widersprüchlich und nicht so eindeutig wie die anfängliche begeisterte Zustimmung Friedrich Schlegels. Für Frankreich scheint ihm die Überlebtheit der Monarchie erwiesen und ihr revolutionärer Sturz moralisch gerechtfertigt, da dort der König schon lange vor seinem Ende nicht mehr dem sittlichen Ideal eines Monarchen entsprach: „Von der öffentlichen Gesinnung hängt das Betragen des Staats ab. Veredlung dieser Gesinnung ist die einzige Basis der echten Staatsreform. Der König und die Königin können und müssen als solche das Prinzip der öffentlichen Gesinnung sein. Dort gibt es keine Monarchie mehr, wo der König und die Intelligenz des Staats nicht mehr identisch sind. Daher war der König von Frankreich schon lange vor der Revolution dethronisiert, und so die meisten Fürsten Europas."[109] Das aber scheint Novalis nicht ohne weiteres auf deutsche Bedingungen übertragbar. So entsteht bei ihm das Bemühen, die Vorzüge der Republik mit denen des Königtums in einer aufgeklärten sittlichen Monarchie zu vereinigen. Die Mischung beider Staatsformen erhebt er zum Ideal der Zukunft. Der reinen Demokratie mißtraut er, weil sie der Lenkung durch einen sittlich überlegenen Menschen entbehre. Dennoch schrieb der ihm befreundete Kreisamtmann Just zu Recht an Novalis über *Glauben und Liebe:* „Wenn Franzosen hereinkämen, möchten Sie Ihren Kopf festhalten! Doch wenn sich nach diesem Aushängeschild ein Monarch in

Ihnen einen eingefleischten Monarchisten kaufen wollte und Sie dann nach dem Kaufe näher besähe, würde er sich trefflich betrogen finden."[110] Und Novalis selbst äußert in seinem Tagebuch von 1797, nach dem Tode seiner Braut, in einer Situation, da alle persönlichen Hoffnungen für ihn zusammengebrochen waren: „Der Republikanismus ist wieder recht lebendig in mir erwacht."[111]

Zwei Fragen gibt es bei der Betrachtung und Darstellung der politischen Haltung der deutschen Frühromantik zu beantworten, die sowohl die Gemeinsamkeiten mit der zeitgenössischen bürgerlichen Ideologie in Deutschland betreffen als auch die Spezifik, die sie von dieser abhebt:

Warum verbleibt die politische Revolutionsbegeisterung auf dem Boden der philosophisch-ästhetischen Theorie?

Wie ist der Umschlag zu erklären, den die Weltanschauung der deutschen Frühromantik im Prozeß ihrer Herausbildung und Konsolidierung erfährt und der den Weg der Romantik schließlich im Lager der Metternichschen Reaktion enden läßt?

Die enthusiastische, nicht nur rhetorische Bejahung der Prinzipien der Französischen Revolution und ihres Verlaufs einschließlich der jakobinischen Phase hatte den Einsatz der Frühromantik als einer selbständigen Denkrichtung innerhalb des geistigen Lebens in Deutschland am Ende des 18. Jahrhunderts bestimmt. Sie ist eines der wesentlichen Merkmale frühromantischer Weltanschauung, die sie zunächst von jener „Keuschheit in politischen Urteilen" positiv unterscheidet, wie sie beispielsweise die Repräsentanten der klassischen bürgerlichen Literatur, Goethe und Schiller, zuweilen praktizieren und sich gegenseitig bescheinigen.[112] „Die anfänglich so dichten Reihen der gebildeten revolutionären Mitläufer" – so kommentieren Walter Markov und Albert Soboul diese Haltung – „hatten sich in Deutschland wie in anderen Ländern größtenteils schon nach dem Tuileriensturm, den Septembrisaden und der Hinrichtung des Königs arg gelichtet. Es waren nicht mehr viele, denen erst der Sturz der Gironde und der ‚Große Terror' den Rest geben, und noch weniger, die [. . .] auch diesen Prüfungen standhalten werden."[113] Diese Probe angesichts der Radikalisierung der Revolution in ihren Mitteln und Zielen haben die Frühromantiker – das sei noch einmal hervorgehoben – im wesentlichen bestanden.

Das bewußte politische Engagement für die Zeitereignisse erkennen die Frühromantiker als das entscheidende vereinigende Element ihres Kreises: „Die schnellste Progression ist jetzt Charakter der Zeit und sie eigentlich das geistige Band unserer Schule."[114] Aber das politische Bekenntnis unterliegt auch bei ihnen allen Einschränkungen, die sich aus den schon angedeuteten objektiven Bedingungen der allgemeinen gesellschaftlichen Situation in Deutschland ergeben. Ihr Jakobinismus ist – im Vergleich zum praktisch-politischen deutschen Jakobinismus – sehr abstrakt und äußert sich, ideell vermittelt, in ästhetisch-philosophischen Konzeptionen oder im Streben nach der Wiedererweckung vergangener Kulturepochen – zumal sie nicht, wie etwa Joseph Görres, im Umkreis eines praktisch wirkenden Jakobinismus lebten. Allerdings blieben auch die politisch tätigen deutschen Jakobiner eine isolierte Erscheinung. Ihre Unternehmungen (z. B. in Württemberg), die sich auf die erhoffte Unterstützung durch die französischen Armeen gründeten, waren utopisch und zum Scheitern verurteilt, denn in Deutschland fehlten die objektiven Bedingungen für den politischen Weg der bürgerlichen Revolution; und die eroberungslustigen Kreise der französischen Großbourgeoisie hatten eher ein Interesse an abhängigen, zersplitterten deutschen Fürstentümern, als an der Existenz einer selbständigen deutschen Republik.

Das bekannte Athenäums-Fragment 216 Friedrich Schlegels enthüllt den Zusammenhang zwischen den revolutionären Ereignissen in Frankreich und der durch sie ausgelösten geistigen Revolution in Deutschland. Es zeigt aber zugleich, wie die einseitige Akzentuierung und die übertriebene Wertschätzung des nur theoretischen Reflexes die richtige Erkenntnis eben dieses Zusammenhangs begrenzt.

In einem Atemzuge werden die Französische Revolution, Fichtes *Wissenschaftslehre* (nach Aussage ihres Autors die theoretische Gestaltung der Revolution) und Goethes *Wilhelm Meister* (das von den Problemen der Epochenwende initiierte Bildungs- und Lebensprogramm des deutschen Bürgertums) als „die drei größten Tendenzen des Zeitalters" genannt und gewürdigt. Aber sofort schließt sich in apodiktischer Weise der einschränkende Zusatz an: „Wer an dieser Zusammenstellung Anstoß nimmt, wem keine Revolution wichtig erscheinen kann, die nicht laut und materiell ist, der hat sich noch nicht auf den hohen, weiten Standpunkt der Geschichte der Menschheit erhoben."[115]

Damit wird der Standpunkt der nationalen Besonderheit, ein Ergebnis der zweihundertjährigen, von politischer Ohnmacht gekennzeichneten Geschichte des deutschen Bürgertums, zum menschheitsrepräsentativen Standpunkt ideologisch überhöht. Ein Anspruch wird verabsolutiert, der nur für jene historisch kurze Zeitspanne rechtmäßig behauptet werden konnte, in der der geschichtliche Fortschritt auf Grund der in Deutschland fehlenden revolutionären Möglichkeiten ins Reich des Gedankens transponiert wurde. Hier entfaltete er sich zunächst viel radikaler und ohne die Einschränkungen, die eine e n t w i c k e l t e bourgeoise Praxis notwendig in die philosophische Reflexion einbringt. Die Tatsache, nur theoretisch auf der Höhe der Zeit zu sein und nur über bestimmte weltanschaulich-ideologische Vermittlungen an den revolutionären Prozessen teilnehmen und sie befördern zu können, ist jedoch nur ein Grund unter anderen für die eigentümliche Ambivalenz der frühromantischen Ideologie und für die charakteristische Verabsolutierung ihres Anspruchs, die in letzter Konsequenz ihre humanistischen Ansätze entwerten oder zumindest fragwürdig machen wird.

Die Frühromantiker treten als eine Schule von Kritikern gegen „das alte, offizielle Deutschland, das verschimmelte Philisterland"[116] an. Sie, die „Jacobiner der Poesie"[117], können in diesem „sprichwörtlichen Land der Knechtsseligkeit" (Mehring) nicht Könige und Fürsten, wohl aber rückständige Erscheinungen in bestimmten Bereichen des Überbaus, in Ideologie und Literatur, unter ihre „kritische Guillotine"[118] nehmen. Nicht zufällig vergleichen sie sich immer wieder mit den Jakobinern und der Bergpartei. „Glauben Sie", schrieb August Wilhelm Schlegel an Frau van Nuys, „wir machen uns keine Feinde, sondern wir haben sie schon – die Feinde jedes Fortschritts hassen uns, weil wir eine beträchtliche Strecke voraus sind und weil das, was sie getan haben, durch das unsrige vernichtet wird. Wenn man uns unterdrücken könnte, so würde man es von Herzen gern tun. Stellen Sie sich vor, daß die ganze deutsche Literatur in einem revolutionären Zustand ist, und daß wir, mein Bruder, Tieck, Schelling und einige andere zusammen die Bergpartei machen."[119] Erinnert sei in diesem Zusammenhang nur an das tapfere Eintreten der Frühromantiker für Fichte, den die kursächsische Reaktion im Jahre 1799 in einem exemplarischen Verfahren mit dem Vorwurf des Atheismus zu Fall brachte.[120]*

Sicher opponiert die frühe Romantik als „geharnischter Mann auf den Knien"[121] (wie Goethe später einmal die einsame und subjektivistische Revolte seines Götz charakterisiert hat), indem sie sich mit bloßer Kritik und publizistischem Kampf unter nationalen Bedingungen bescheiden muß, die nicht einmal ein großes Publikum garantierten. Aber in Deutschland hatte die Kritik erst leisten müssen, was die philosophischen Theorien im entwickelteren Westeuropa auf der Grundlage einer fortgeschrittenen gesellschaftlichen Praxis bereits mehr als hundert Jahre zuvor erreicht hatten, nämlich den ideologischen Boden zu säubern und den Ausgangspunkt für eine politische Betätigung zu schaffen. Darum versteht auch das geschichtlich handelnde Subjekt frühromantischer Prägung seine historische Aufgabe und die Bestätigung und Betätigung seiner Aktivität zunächst als Kritik: „Solange es also noch so in der Welt steht, ist die Kritik ein unentbehrliches Organ der großen Revolution, und die glücklichen Zeiten, wo man sich ganz einer positiven Wirksamkeit wird hingeben können müssen wir erst schaffen."[122]

Diese Kritik trieben die Frühromantiker allerdings bis an die mögliche Grenze. Im Jahre 1811 resümiert Karl Varnhagen von Ense die Leistungen der Brüder Schlegel folgendermaßen: „Sie sind unstreitig ein paar ächte Revolutionsmänner. Die damals in Deutschland mögliche Umwälzung haben sie versucht, und, gestehn wir es nur, zum Theil bewirkt. Ihr Witz, ihre Gelehrsamkeit, ihr Tiefsinn folgte ganz dieser Richtung, die in Frankreich so furchtbar auf die S t a a t s v e r h ä l t n i s s e wirkte und in Deutschland die gesamte L i t e r a t u r (Hervorhebung – G. H.) erschütterte. Mit welchem Erstaunen sah man ihr gewaltsames Verfahren mit Schriftstellern und Werken, die eines königlichen Ansehns genossen. Ihr kühner Muth bot jeder verjährten Anmaßung Trotz, ihre umgestaltende Kraft drang in alle Zweige menschlichen Bildens und Forschens; man glaubte sie hinlänglich mit dem Aufräumen dichterischer Aftererzeugnisse beschäftigt, allein diese Feinde genügten ihnen nicht, sie erklärten jeder hohen Gemeinheit den Krieg, und ihre gerüsteten Schaaren drangen auf allen Seiten vor, die Naturwissenschaft, die Alterthumskunde, die Geschichtsforschung, die Weltweisheit, der Glaube, die Sittenart, alles erfuhr den Einfluß ihrer gewaltigen Thätigkeit [. . .]"[123]

Dieses Zeugnis eines nahen Zeitgenossen vermittelt ein zusammenfassendes Bild von der Wirkung der beginnenden Romantik. Interessant daran ist vor allem, wie hier die Rolle der Romantik im geistigen Leben Deutschlands zu jener Zeit und ihre Beziehungen zu den zeitgeschichtlichen Ereignissen erfaßt sind, die die Romantik als eine philosophisch-ästhetische Bewegung junger oppositioneller Intellektueller inaugurierte. Allerdings werden auch die Grenzen skizziert, innerhalb derer diese Opposition verbleiben mußte. Die Harmlosigkeit einer n u r theoretischen „Revolution", der ihre p r a k t i s c h e Seite amputiert war, konstatierte Friedrich Schlegel nachträglich mit einem gewissen Zynismus, der die politisch progressiven Intentionen früherer Jahre zu leugnen suchte: Über die deutsche Philosophie wird gesagt, daß ihr „innerer Geist" zwar kein anderer sei, „als eben jener Vernunftsschwindel, welcher sich als die allgemeine Krankheit des achtzehnten Jahrhunderts offenbart hat", und daß sie „den auflösenden Grundsätzen des Zeitalters nicht ungünstig" gewesen sei, aber dennoch habe sie „nie den unmittelbaren praktischen Schaden" angerichtet. „Vielmehr verbreitete sich bei der durchaus nicht politischen Wendung der deutschen Geistesbildung und Denkart eine gewisse Gleichgültigkeit gegen alles Äußere, eine Vielseitigkeit der Ansicht, an der schon das sehr gefährlich war, daß man sich dabei so leicht in alles finden und alles gefallen lassen konnte, wenn man nur die Freiheit behielt, es sich auf seine eigene Weise zu gestalten [. . .] Es konnte in Deutschland nie aus der Vernunftschwärmerei jene leidenschaftliche Zerstörungssucht entstehen, wie in Frankreich, sondern höchstens nur die Auflösung, welche ohnedies in den Verhältnissen des Zeitalters lag, auch in der Denkart immer allgemeiner verbreitet und beschleunigt werden. Wissenschaftliche Schwelgerei ward das unterscheidend Eigentümliche der deutschen Geistesbildung; wobei es nicht an einer sittlichen Stimmung und an Gemüt fehlt, wohl aber an Kraft und Einheit [. . .]"[124]

Tatendurstig hatten die jungen Frühromantiker ihren Weg angetreten. Für das Wohl der Allgemeinheit praktisch zu wirken, war ihr erklärtes soziales Anliegen gewesen; und nichts lag ihnen ursprünglich ferner als jener schwärmerisch weltabgewandte Zug, der später zum Inbegriff romantischer Welthaltung werden sollte. Die Briefe des jungen Friedrich Schlegel an seinen Bruder August Wilhelm künden von diesem Drang nach praktischer Tätigkeit. Die Vorstellung von einer gesellschaftlich nützlichen Arbeit verbanden die Frühromantiker vor allem mit der einer politischen Wirksamkeit, die ihnen auf das Leben anderer Menschen in günstiger Weise Einfluß zu nehmen erlaubte. Nicht die Abgeschiedenheit der literarischen Produktion war ihr Ziel. „So ein Charakter, wie der meinige," bekennt Novalis in einem frühen Brief vom 9. Februar 1793 an seinen Vater, „bildet sich nur im Strom der Welt. Einem engen Kreise kann ich nicht meine Bildung danken. Vaterland und Welt muß auf mich wirken. [. . .] Die Einsamkeit darf mich nicht mehr schmeichelnd einwiegen. [. . .] Dann fang ich erst an, meine Kräfte zu üben und männlich zu werden."[125] In einem späteren Brief des Novalis an seinen Bruder Erasmus, den er beständig warnt vor den „Buhlereien mit der Phantasie und Empfindung [. . .], die die natürliche Kraft der Seele lähmen", und auf „das tätige Leben", auf „ein ganzes Leben voll Tätigkeit", „eine gewisse feste Bestimmung zu Etwas [. . .] und Beschränkung auf e i n e Stelle"[126] zu orientieren sucht, finden wir die erstaunlichen Worte: „[. . .] mein Wesen besteht aus Augenblicken. Will ich diese nicht ergreifen mit männlicher Hand, so bleibt mir nichts übrig als eine unerträgliche Vegetation. [. . .] Du wirst mich in vielen Dingen verändert finden. Ich bin jetzt viel gründlicher und lebensklüger als vorhin. Ich freue mich sehr auf Michaelis und noch mehr auf mein Examen. Der Philisterstand ist herrlich. Die überspannten, jugendlichen

Ideen sinken dann von selbst in die Grenzen einer bestimmten Wirksamkeit und Tätigkeit herab."[127]

Der Hymnus auf den Philisterstand überrascht, wenn man die bissige Kritik der Frühromantiker gerade am deutschen Philister bedenkt. Aber er bezeugt die Suche nach einem Weg, in selbstgewählter sinnvoller Beschränkung innerhalb der gegebenen sozialen Möglichkeiten dem eigenen Dasein eine praktische, tätige Richtung zu geben. Die äußeren Schranken des gesellschaftlichen Lebens jedoch, an die die Frühromantiker allzubald stießen, ließen diesen Versuch rasch fragwürdig werden und für die Mehrzahl von ihnen scheitern. Allzu gering waren die Möglichkeiten eines jungen Intellektuellen am Ende des 18. Jahrhunderts in Deutschland. „Mit Geld ist's überall gut sein, selbst Fahnenjunker, aber ohne Geld, da ist's ein armselig Ding zu leben."[128] Diese lakonisch-resignierten Worte, mit denen der durch seine Abstammung aus einem alten Adelsgeschlecht noch privilegierte junge Novalis seinen Plan begräbt, in den Soldatenstand zu treten, drücken eine so frühe wie nachhaltige soziale Erfahrung aus.

Aber es ist nicht allein eine private, wenn auch sozial repräsentative Situation, sondern mehr noch ein bestimmter sozialer Standpunkt, der in den sich formenden weltanschaulichen Positionen der deutschen Frühromantiker reflektiert wird.

Friedrich Schlegel klagt in einem Brief an Novalis über die „Stickluft der Plattheit", die ihre Umgebung beherrscht.[129] 1799 formuliert er in einem seiner *Philosophischen Fragmente:* „In Deutschland existiert eine unsichtbare Kirche der Plattheit, die aber leider nur allzu sichtbar wird."[130] Novalis empfiehlt dagegen, „mitten unter kümmerlichen Moosmenschen" eine „poetische Welt um sich her" und eine „Geisterfamilie" zu bilden, „so daß keine niedern Bedürfnisse und Sorgen sie anziehn und zu Boden drücken können".[131]

Die Flucht in die Innerlichkeit beginnt. „Meine Phantasie wächst, wie meine Hoffnung sinkt –", schreibt Novalis schon 1797, „wenn diese ganz versunken ist und nichts zurückließ als einen Grenzstein, so wird meine Phantasie hoch genug sein, um mich hinaufzuheben, wo ich das finde, was hier verlorenging." In Kunst und Wissenschaft, so meint er, „blühn mir allein die Hoffnungen auf, die ich hier verliere – die hiesigen Rückschritte sind dort Fortschritte – das verwundende Schwert wird dort zum beseelenden Zauberstabe, und die Asche der irdischen Rosen ist das Mutterland der himmlischen".[132] Religiöse Trostideologie kündigt sich schon an. Wenn es in der empirischen Welt zu toll einhergeht, sieht Novalis keinen anderen Ausweg, als sich selbst eine eigene ideelle Welt zu schaffen, „wo alles hübsch nach spekulativem Schlendrian geht"[133].

Im Entwicklungsprozeß der frühromantischen Weltanschauung wird sich das Schicksal der deutschen bürgerlichen Aufklärung vollenden, die – nach einem Wort Mehrings –, „immer darnach ringend, das wirkliche Leben über das betrachtende zu erheben", „immer wieder dazu gezwungen" war, „das wirkliche dem betrachtenden Leben unterzuordnen"[134].

Nicht im verbalen politischen Bekenntnis allein, sondern in der positiven Antwort erst, die die deutsche Frühromantik auf die Epochenprobleme gibt, zeigt sich, was ihre politische Opposition charakterisiert, was für die Frühromantik insgesamt typisch ist und sie in spezifischer Weise von der klassischen bürgerlichen deutschen Philosophie und Literatur unterscheidet. Die Spezifik dieser positiven Antwort ist durch folgende Voraussetzungen bedingt:

Erstens: Ihre allgemeine, d. h. auch die anderen Richtungen bürgerlicher Ideologie bestimmende, objektive Determinante ist der Mangel an „wirklichen, leidenschaftlichen, praktischen Parteikämpfen in Deutschland"[135], der alle sozialen Bewegungen vorwiegend in literarischen und theoretischen ihren Ausdruck finden läßt. Die historische Tatsache, daß die ideologische Opposition in Deutschland nicht von großen Volksbewegungen begleitet oder gar getragen wurde, übt hier ihren gründlichsten Einfluß aus. Die bürgerliche Intelligenz nimmt zuerst den Kampf um die Emanzipation ihrer Klasse auf. In den meisten Fällen wurden ihre Vertreter als Beamte im absolutistischen Staat erstes wirksames Instrument bürgerlicher Opposition.[136] Lenin konstatierte später eine ähnliche Entwicklung im zaristischen Rußland, aus der sich auch Parallelen für das Entstehen ganz bestimmter Ideologien ergaben (wie z. B. der Volkstümlerrichtung, die viele gemeinsame oder doch ähnliche Züge mit der Romantik aufweist):

„[...] die Bürokratie war das erste politische Werkzeug der Bourgeoisie gegen die Feudalen, überhaupt gegen die Repräsentanten der ‚altadligen‘ Ordnung; mit ihr betraten zum erstenmal nicht blaublütige Grundbesitzer die Arena der politischen Herrschaft, sondern Angehörige nichtprivilegierter Stände, das ‚Kleinbürgertum‘ [...]“[137].

Die Vertreter der bürgerlichen Intelligenz bestimmten am Ende des 18. Jahrhunderts das geistige Leben in Deutschland. In der Intelligenz, der „Gelehrtenrepublik“, wiederholten sich noch einmal die sozialen Differenzierungen, die das deutsche Bürgertum dieser Zeit überhaupt charakterisieren, und die Parteikämpfe innerhalb seiner einzelnen Schichten und Gruppierungen werden ebenfalls vor allem in Form literarischer Fehden ausgetragen.

Unter dem Vorzeichen solcher objektiven geschichtlichen Bedingungen schien auch den Frühromantikern, daß die Französische Revolution „erst durch die Deutschen eine allgemeine werden“ könne.[138] Die revolutionären Ereignisse in Frankreich vermittelten ihnen die Überzeugung und die Erkenntnis, daß auch in Deutschland soziale Veränderungen notwendig seien. Bei dem Versuch jedoch, diese Erkenntnis praktisch umzusetzen, stießen sie auf historische Schranken, die ihr Handeln und Denken in entscheidendem Maße begrenzen sollten.

Durch das „dumpfe Stilleben“[139] und die politischen „Zwergdimensionen“[140] in Deutschland, durch die „Ohnmacht, Gedrücktheit und Misere der deutschen Bürger, deren kleinliche Interessen nie fähig waren, sich zu gemeinschaftlichen, nationalen Interessen einer Klasse zu entwickeln“ und durch die damit einhergehende „krämerhafte Praxis“ des bürgerlichen Lebens[141] war also die bürgerliche Opposition in ihrer Gesamtheit eingeengt.

Zweitens: So sehr diese Tatsachen auch das romantische Denken prägten, erklären sie die Spezifik romantischer Verarbeitung des revolutionären Geschichtsprozesses in Europa am Ende des 18. Jahrhunderts nicht ausreichend.

M. E. hat die Spezifik romantischer Weltanschauung mit ihrem Umschwenken von radikal demokratischen zu politisch restaurativen Idealen und der in diesem scheinbaren Bruch zutage tretenden Widersprüchlichkeit eine ihrer wesentlichen

Ursachen darin, daß hier die Klasseninteressen bestimmter k l e i n b ü r g e r l i c h e r Schichten artikuliert werden.

Aber auch diese ideologische Klassenrepräsentanz, auf die schon Lukács hingewiesen hat, ist historisch genauer zu betrachten und einzuordnen.

International gesehen war mit der Französischen Revolution das Kleinbürgertum als eine selbständige und in sich wiederum äußerst differenzierte Schicht innerhalb des Bürgertums an einer Wende seiner historischen Entwicklung angelangt. Es sah sich auf einer neuen Position, „in der es den Höhepunkt seiner Entwicklung und unmittelbar darauf auch seinen Niedergang mit der deutlich werdenden Perspektive seiner praktischen Vernichtung“[142] erlebte. Es bestimmte nicht mehr die Art und Weise der materiellen Produktion. Den Höhepunkt seiner Entwicklung fand das Kleinbürgertum in der Rolle als politischer Bündnispartner einer revolutionären Bourgeoisie wie der französischen, einer Rolle, die es mit der Jakobinerdiktatur verwirklichte, welche „durch ihre gewaltigen Hammerschläge die feudalen Ruinen wie vom französischen Boden“ wegzauberte und damit für die „ängstlich-rücksichtsvolle Bourgeoisie“ eine Arbeit erledigte, mit der diese „in Dezennien nicht [. . .] fertig geworden“ wäre.[143] Im gleichen geschichtlichen Augenblick jedoch, da das Kleinbürgertum durch seine energische Mitwirkung die politische Herrschaft der Bourgeoisie als Klasse sichern half, schuf es mit den politischen Voraussetzungen des modernen Industriekapitalismus der freien Konkurrenz auch die Bedingungen seines eigenen ökonomischen Untergangs, versetzte es der Schicht der kleinen Warenproduzenten den ökonomischen und politischen Todesstoß. Schon 1845 – in seiner Einleitung zur *Lage der arbeitenden Klasse in England* – stellt Engels die polarisierende Wirkung des industriellen Kapitals auf die Struktur der Gesellschaft dar: Die frühere bunte und differenzierte ständische Gliederung der Gesellschaft verschwindet, alle Zwischenklassen, d. h. die Mittelschichten, gehen unter, und die moderne bürgerliche Gesellschaft teil sich in zwei große Klassen – nämlich Bourgeoisie und Proletariat.[144]

„Noch“, so beschreibt Jürgen Kuczynski diesen Umschlagpunkt in der geschichtlichen Entwicklung des Kleinbürgertums, kann dieses „ein Genie wie Sismondi zum Vertreter seiner

Ideen haben – hat es doch eben erst ein halbes Dutzend Revolutionäre hervorgebracht, wie sie die Welt noch nicht gekannt hat und vor dem Oktober 1917 nicht wieder kennen wird: Robespierre, St. Just [...] Noch kann das Kleinbürgertum, indem es seine Interessen, ausschließlich seine Interessen vertritt, ein Bild von der Gesellschaft zeichnen, das tiefste Tiefen enthüllt. Noch kann das Kleinbürgertum in der Anklage gegen den Kapitalismus die Nation vertreten. Und damit vollbringt es seine größte kritische Leistung. Aber die Geschichte hat dem Kleinbürgertum nicht die führende Rolle in eine neue Gesellschaft zugewiesen [...]"[145] „Die ganze materielle und geistige Zwiespältigkeit der Rolle und Haltung des Kleinbürgertums"[146] resultiert aus seiner „Zwischenstellung zwischen der Klasse der größeren Kapitalisten, Kaufleute und Industriellen, der eigentlichen Bourgeoisie, und dem Proletariat oder der Arbeiterklasse", aus seinem „ewigen Hin- und Hergerissensein zwischen der Hoffnung, in die Reihen der wohlhabenderen Klasse aufzusteigen, und der Furcht, auf das Niveau von Proletariern oder gar Paupers hinabgedrückt zu werden; zwischen der Hoffnung, seine Interessen durch Eroberung eines Anteils an der Leitung der Staatsgeschäfte zu fördern, und der Furcht, durch ungelegene Opposition den Zorn einer Regierung zu erregen, von der seine Existenz völlig abhängt, da sie die Macht hat, ihm die besten Kunden zu entziehen". Diese Zwiespältigkeit entspringt aus der „Geringfügigkeit seines Besitzes, dessen Unsicherheit im umgekehrten Verhältnis steht zur Größe".[147]

Unter diesem Damoklesschwert der ständig drohenden Proletarisierung sollten die kleinbürgerlichen Schichten in ihrer politischen Haltung künftig noch stärker schwanken. „Von allen Klassen", so fassen Marx und Engels diese Entwicklung im *Kommunistischen Manifest* zusammen, „welche heutzutage der Bourgeoisie gegenüberstehen, ist nur das Proletariat eine wirklich revolutionäre Klasse. Die übrigen Klassen verkommen und gehen unter mit der großen Industrie, das Proletariat ist ihr eigenes Produkt. Die Mittelstände, der kleine Industrielle, der kleine Kaufmann, der Handwerker, der Bauer, sie alle bekämpfen die Bourgeoisie, um ihre Existenz als Mittelstände vor dem Untergang zu sichern. Sie sind also nicht revolutionär, sondern konservativ. Noch mehr, sie sind reaktionär, denn sie suchen das Rad der Geschichte zurückzudrehen. Sind sie revolutionär, so sind sie es im Hinblick auf den ihnen bevorstehenden Übergang ins Proletariat, so verteidigen sie nicht ihre gegenwärtigen, sondern ihre zukünftigen Interessen, so verlassen sie ihren eigenen Standpunkt, um sich auf den des Proletariats zu stellen."[148]

Für eine Entwicklung solcher kleinbürgerlicher Ideologeme aber war es geschichtlich noch viel zu früh, zumal in Deutschland, wo „keine ausgebildeten Klassenverhältnisse" vorlagen und wo die dadurch bedingte „Abwesenheit der scharfen Klassengegensätze"[149]* zwar eine utopische Kritik an den keimenden Widersprüchen moderner kapitalistischer Produktionsverhältnisse erlaubte, jedoch gleichzeitig den realen geschichtlichen Weg ihrer Lösung verbarg.

In England wird die Romantik als Interessenvertreterin kleinbürgerlicher Schichten mit den sozialen Auswirkungen der Industriellen Revolution auf den Plan gerufen, und sie nähert sich mit der Proletarisierung dieser Schichten tatsächlich zunehmend revolutionär-demokratischen Positionen (so widersprüchlich diese auch sein mochten), wie etwa die Entwicklung Shelleys verdeutlicht.

In Frankreich erfolgt – nachdem die politischen Möglichkeiten des Kleinbürgertums mit dem Sturz der Jakobiner vorerst enden und mit der Herrschaft der Großbourgeoisie die Kritik am und die Desillusionierung durch den nun ungezügelten Kapitalismus der freien Konkurrenz einsetzt – die Aufspaltung der kritischen Richtungen zunächst in eine konservativ-romantische und eine utopisch-sozialistische, die auf unterschiedliche Weise die Enttäuschung über die Errungenschaften der Revolution reflektieren.

In Deutschland stand den Verfallserscheinungen des Feudalismus kein organisiertes und geschlossenes Bürgertum gegenüber, so daß sich der Übergang zu neuen Produktionsverhältnissen unter der Last eines reaktionären staatlichen Überbaus vollziehen mußte. Diese Situation einer „kapitalistischen Gesellschaft, die sich den Staat noch nicht formell unterworfen hat, die die wirkliche Regierung einer monarchisch-bürokratisch-junkerlichen erblichen Kaste überlassen und sich damit begnügen muß, daß im ganzen und großen doch ihre eignen

Interessen schließlich entscheiden"[150], sollte in Deutschland noch fast das gesamte 19. Jahrhundert überdauern.

Hier stand also die Frage der politischen Machteroberung durch das Bürgertum gar nicht, und folglich konnte es auch kein revolutionäres Kleinbürgertum als Bündnispartner einer starken Bourgeoisie geben. Der „verkrüppelte Entwicklungsgang der deutschen Bürgerklasse"[151] als jener gesellschaftlichen Kraft, die zu dieser Zeit Träger des sozialen Fortschritts war, wirkte sich lähmend auf alle übrigen Klassen und alle Lebenssphären der Gesellschaft aus, die gemeinsam dem enormen Druck einer völlig verselbständigten feudalen Administration unterlagen. „Der Zersplitterung der Interessen (der deutschen Bürger – G. H.) ensprach die Zersplitterung der politischen Organisation, die kleinen Fürstentümer und die freien Reichsstädte. Wo sollte p o l i t i s c h e Konzentration in einem Lande herkommen, dem alle ö k o n o m i s c h e n Bedingungen derselben fehlten? Die Ohnmacht jeder einzelnen Lebenssphäre (man kann weder von Ständen noch von Klassen sprechen, sondern höchstens von gewesenen Ständen und ungebornen Klassen) erlaubte keiner einzigen, die ausschließliche Herrschaft zu erobern. Die notwendige Folge davon war, daß während der Epoche der absoluten Monarchie, die hier in ihrer allerverkrüppeltsten, halb patriarchalischen Form vorkam, die besondre Sphäre, welcher durch die Teilung der Arbeit die Verwaltung der öffentlichen Interessen zufiel, eine abnorme Unabhängigkeit erhielt, die in der modernen Bürokratie noch weiter getrieben wurde. Der Staat konstituierte sich so zu einer scheinbar selbständigen Macht [. . .]"[152] Keine Klasse existierte, die sich zur Interessenvertreterin der ganzen Nation hätte emporschwingen können.[153] Engels' berühmtes Wort über das „Wiederemporkriechen des Bürgertums"[154] betrifft nicht nur die politische Entwicklung, sondern im gleichen Maße die der ökonomischen Basis. Noch war Deutschland gegenüber Westeuropa zu „industrieller Trägheit"[155] verurteilt. Über den „Zustand Deutschlands 1789", also zur Zeit des Ausbruchs der großen politischen Revolution in Frankreich, vermerkt Engels in den *Varia über Deutschland:* „Ackerbau – Bauernverhältnisse. Leibeigenschaft, Prügel, Abgaben. Industrie – reine Hungerleiderei, wesentlich Handarbeit, aber in England schon der Anfang der großen Industrie und die deutsche, schon ehe sie voll entwickelt, dem Tod geweiht. Handel – passiv."[156] Engels spricht von tiefer ökonomischer Erniedrigung.

Die historische Entwicklung in Deutschland war um Jahrzehnte zurückgeblieben. „Während in England seit dem siebzehnten, in Frankreich seit dem achtzehnten Jahrhundert sich eine reiche und mächtige Bourgeoisie bildete, kann in Deutschland erst seit dem Anfang des neunzehnten Jahrhunderts von einer Bourgeoisie die Rede sein. Bis dahin existierten allerdings einzelne reiche Reeder in den Hansestädten, einige reiche Bankiers im Inlande, aber keine Klasse von großen Kapitalisten, und am allerwenigsten von industriellen Kapitalisten."[157] Obwohl in den letzten zwei Jahrzehnten des 18. Jahrhunderts durchaus ein Aufschwung der Produktivkräfte zu verzeichnen ist[158], sind doch die kapitalistischen Elemente in der ökonomischen Basis äußerst schwach. So fungierten z. B. die Manufakturen nicht als eindeutig fortschrittlicher ökonomischer Faktor, da sie auf außerökonomischem Zwang beruhten und Arbeitskräfte beschäftigten, die entweder aus Zwangsanstalten stammten oder willkürlich durch staatliche Verordnungen zur Arbeit gepreßt wurden. Sie arbeiteten lediglich mit billigerer Technik, wodurch sie das Handwerk ruinierten. So überlagerten sich auch auf diesem Gebiet die Widersprüche der alten und der neuen Gesellschaftsordnung.[159]

Bis in die vierziger Jahre des 19. Jahrhunderts sollte gerade das deutsche Kleinbürgertum in ökonomischer Hinsicht eine reaktionäre Rolle spielen. Die Zünfte widersetzten sich der Einführung von Maschinen und der freien Lohnarbeit. Die Wirtschaftsgeschichte Deutschlands während dieser Jahrzehnte ist reich an Beispielen, die demonstrieren, wie sich das Handwerk mit dem feudalen Staatsapparat zu verbünden sucht, um Erlasse und Verordnungen gegen die industrielle Entwicklung zu erwirken.

In einem Brief an Marx vom 15. Dezember 1882 nennt Engels „die allgemeine Wiedereinführung der Leibeigenschaft" als „einen der Gründe, warum in Deutschland keine Industrie im 17. und 18. Jahrhundert aufkommen konnte"[160] – im Gegensatz etwa zu England; hier konnte die Industrie schon sehr früh vor dem Zwang der städtischen Zunftgesetze auf das Land ausweichen, wo sie freie Arbeitskräfte vorfand. Auch nach den preußischen Reformen hielt sich dieser Halbfeudalismus auf politischem Gebiet und z. T. in den Arbeitsverhältnissen auf dem Lande. Das hatte negative Rückwirkungen auf die Entwicklung der Industrie, die den nötigen Nachschub an freien und freizügigen Lohnarbeitern entbehren mußte. Das Handelskapital und der Kaufmann spielten gegenüber dem industriellen Kapital noch eine ungebührlich große Rolle.

„In diesem feudalen Schlamm, der die Produktivkräfte zu ersticken drohte und die Beziehungen der Menschen in der Produktion, die Produktionsverhältnisse, erstarren ließ, gab es einige Inseln, Oasen schüchterner Blüte des Neuen, das, ständig bedroht von der grausam schweren Last des Alten, in allen Richtungen gehemmt, schließlich durch die Erdstöße in Frankreich in seiner mühevollen Lage ein wenig erleichtert, auf immer neuen Wegen in immer neuen Wendungen sich durch das Alte emporschlängelnd heranwuchs. [...] umständlich, langsam, auf elender Straße, bei schnellerem Tempo stets von schwersten Gefahren bedroht, bewegte sich der Kapitalismus in Deutschland auf seinem Wege vom schwachen Keim zur mickrigen Knospe."[161]

Der Staat diente nicht dem Bürgertum, sondern war in der Hand der Junker, die dem Bürgertum von Zeit zu Zeit im eigenen ökonomischen Interesse widerwillig einige Zugeständnisse machten. Das deutsche Bürgertum führte seinen Klassenkampf auch späterhin vor allem in ökonomischen Formen, indem es sich durch die Gründung von Handels- und Fabrikkammern sowie Industrieverbänden zur Wahrung bestimmter wirtschaftlicher Zielsetzungen zu organisieren suchte.[162] Es emanzipierte sich nur ökonomisch, nicht politisch.[163] „Jede politische Niederlage der Bourgeoisie zog einen Sieg auf dem Gebiete der Handelsgesetzgebung nach sich."[164] Aber jeder ökonomische Vorteil mußte allerdings auch mit einer politischen Niederlage erkauft werden.

Dieses Niveau der bürgerlichen Entwicklung in Deutschland bestimmte auch die Möglichkeiten und den Charakter der anderen sozialen Schichten, die in ihrer historischen Entfaltung ebenso begrenzt und eingeengt waren.

Dennoch hatten die revolutionären Ereignisse in Frankreich

die kleinbürgerlichen, plebejischen und bäuerlichen Schichten auch in Deutschland in Bewegung versetzt, wenngleich es sich um spontane und zersplitterte Aktionen handelte.[165] Aber die Opposition stand einem verknöcherten oligarchischen Stadtpatriziat gegenüber. Das Bürgertum als Klasse war nicht in der Lage, bei diesen Unternehmungen die politische Führungsrolle zu übernehmen. Nur in einigen Ausnahmefällen beteiligten sich Vertreter des fortgeschritteneren Handelsbürgertums maßgeblich an den sporadisch aufflammenden plebejischen Erhebungen.

Die deutschen Frühromantiker näherten sich in ihrer Existenzweise der damaligen objektiven Lage des Kleinbürgertums. Dessen zwiespältige soziale Position, entsprungen der geschichtlichen Perspektivlosigkeit als Klasse, setzte sich für sie in das individuelle Erlebnis der Verlorenheit, der Einsamkeit und Sinnlosigkeit ihres Daseins um – in das Gefühl, der „Kain des Weltalls"[166] zu sein. Die Besonderheit ihrer sozialen Position sollte die sich ausprägenden subjektivistischen und esoterischen Züge ihrer Weltanschauung forcieren.

Die Angehörigen der bisherigen bürgerlichen Intelligenz hatten in der Regel ihre festen Anstellungen und Funktionen in den Institutionen des feudal-absolutistischen Staatsapparates oder Bildungswesens. Sie wirkten als z. T. hohe Beamte oder als Universitätslehrer in den Zentren bürgerlicher Ideologiebildung und waren so mit festgelegten beruflichen Aufgaben in das Leben der Gesellschaft integriert.

Im Gegensatz dazu lebten die Romantiker als erste „freie" Schriftsteller unter den Bedingungen der kapitalistischen Warenproduktion an der Peripherie der Gesellschaft. Ihre „poetische Revolution" praktizierten sie in der Enklave eines verkrusteten „Zirkelwesens"[167], in ästhetischen Konventikeln. Josef Körner spricht treffend von der „romantischen Gilde"[168].

Immer wieder gescheiterte Versuche, eine reguläre Anstellung zu finden (vgl. z. B. Friedrich Schlegels vergebliche Bemühungen um eine Stelle als Universitätslehrer in Jena und später in Köln), brachten sie in drückendste finanzielle Schwierigkeiten, die als letzten Ausweg vor dem Schuldgefängnis immer nur die Bettelei bei reichen Mäzenen, d. h. Angehörigen der herrschenden Feudalklasse, offenließ. Eine Ausnahme von dieser für die Frühromantiker bezeichnenden Situation bildet nur Novalis.[169]* Das ließ sie, die sich in ihrer Arbeits- und Existenzweise als Intellektuelle dem Kleinbürgertum näherten[170] – Arbeit als Einzelperson oder in sehr kleinen Kollektiven, als Kleinproduzent ohne ökonomische und darum auch ohne politische Selbständigkeit zwischen den Klassen stehend –, in besonderem Maße dessen Beschränkungen fühlen. Das Gepräge der deutschen Kleinbürgerexistenz dieser Zeit war vor allem bestimmt durch die entwürdigende Abhängigkeit von adligen Mäzenen und Winkeldespoten.

Die drückenden Bedingungen ihrer durch äußerste Isolation gekennzeichneten sozialen Lage schärften zwar ihren Blick für die Widersprüche und Mängel der mit dem Übergang zu einer neuen Gesellschaftsformation verbundenen gesellschaftlichen Prozesse und Erscheinungen, erschwerten ihnen zugleich jedoch das Verständnis für deren Wesen. Das unterwarf ihre Ideologie insbesondere jenen Stimmungen, die weite kleinbürgerliche Kreise angesichts des Epochenumbruches damals erfaßten, und die jene Schwankungen widerspiegelten, denen das Kleinbürgertum in seiner wirklichen geschichtlichen Bewegung ständig unterliegt: den raschen Übergang auf radikale Positionen zu Beginn der Revolution, die enttäuschte Rückkehr zum Kompromiß mit den alten reaktionären Mächten an deren Ende.[171]* Die anderen Vertreter der bürgerlichen Intelligenz in Deutschland am Ende des 18. Jahrhunderts waren durch ihre berufliche Integration in das gesellschaftliche Leben und das damit realisierte stetige Bestreben nach *konkreter* Wirksamkeit in einem bestimmten, genau abgesteckten Kreis besser mit den anstehenden Problemen und deren möglichen Lösungswegen vertraut als die Frühromantiker.

Ihre eigentümliche soziale Stellung ließ sie in besonderem Maße heroischen Illusionen über Wesen und Resultate der bürgerlichen Revolution verfallen und verschloß ihnen so eine adäquate nüchtern reale Einschätzung der historischen Geschehnisse ihrer Zeit. Daraus erklärt sich die Haltlosigkeit ihres Enthusiasmus, das Taumeln in der Zerrissenheit zwischen Ideal und Wirklichkeit, das Schwanken zwischen revolutionärer Losung und schließlichem Rückfall in ein opportunistisches Sich-Arrangieren mit den überlebten geschichtlichen Kräften.

Sie mußten den Charakter der Revolution als einer bürgerlichen Revolution verkennen, und als daraus die neue Gesellschaft mit all ihrer Widersprüchlichkeit ans Licht trat, waren sie notwendigerweise unfähig, den damit verbundenen geschichtlichen Fortschritt zu erfassen.

In übertragenem Sinne gilt für die Romantik jene historische Charakteristik Sickingens und Huttens, in der Marx die Ursachen für deren notwendigen Untergang analysierte: „als Repräsentant[en] einer untergehenden Klasse" machten sie „sich einerseits zu Organen der modernen Ideen", andrerseits vertraten sie „in der Tat aber ein reaktionäres Klasseninteresse"[172].

Das große Verdienst der Frühromantiker liegt in der feinfühligen, durch die Besonderheiten ihrer sozialen Position geschärften Beobachtung der neuen gesellschaftlichen Widersprüche. Es wird zu zeigen sein, wie sie sich „zu veralteten Formen des Gegensatzes zurückflüchten, um ihn in seiner akuten Form loszuwerden"[173]. Ihre Kritik allerdings mußte sich um so mehr nach „rechts" verschieben, je unreifer die ökonomische Basis des Kapitalismus in Deutschland noch war, d. h. je unentwickelter die kritisch konstatierten Widersprüche waren und je weniger die Kräfte abgesehen werden konnten, die diese Widersprüche in einem langen historischen Kampf einst beseitigen würden.[174]

Die Frühromantiker entdeckten eine Divergenz zwischen Ideal und Wirklichkeit in und nach der Revolution, zwischen Vernunftanspruch und seiner Realisierung in der Praxis. Diesen Widerspruch erkannte die marxistisch-leninistische Theorie als charakteristisch für die bürgerliche Revolution und die in ihrem Gefolge sich durchsetzende Klassenherrschaft; für die Frühromantiker als kleinbürgerliche Ideologen war er jedoch nicht durchschaubar und von ihrem abstrakt „idealen" Standpunkt aus auch nicht verwindbar. Ihnen schien, daß auch die neue bürgerliche Gesellschaft keine reale Alternative bot, jedenfalls keine akzeptable für sie, die die „heroischen Illusionen" ernst nahmen. Das stürzte sie in einen weltanschaulichen Zwiespalt zwischen Resignation in bezug auf die Wirklichkeit und übersteigerter utopischer Hoffnung auf die geschichtliche Macht geistiger und künstlerischer – also schöpferischer – Fähigkeiten des Menschen; durch illusionäre Alternativen suchten sie ihn zu lösen.

„Die klugen Anführer der Franzosen", schrieb Novalis mit Blick auf die von den Frühromantikern konstatierte, aber in ihrer Notwendigkeit nicht begreifbare Widersprüchlichkeit der politischen Revolution in Frankreich, „haben dadurch einen Meisterstreich gemacht, daß sie ihrem Kriege das Ansehen eines Meynungskrieges zu geben gewußt haben. Nur in Spekulationsstuben und in sehr einzelnen Orten und Individuen ist er es gewesen – nur accessorie, nicht von Haus aus."[175] Und Friedrich Schlegel vermerkt spöttisch in einem seiner *Philosophischen Fragmente* von 1798: „Die Revoluzion war die (antireligiöse) Religion der Franzosen. Durch Worte hat sie Wunder gewirkt; auch hat sie ihre Mythologie. –"[176]

Die geschichtliche Erfahrung, daß das verwirklichte „Reich der Vernunft" nicht die „menschliche Emanzipation" vollzieht, trieb die Frühromantik in die Innerlichkeit, zur Abstraktion von der historischen Realität und zu dem illusorischen philosophischen Bemühen, den schmerzlich empfundenen Antagonismus dieser Realität zu bezwingen, indem sie ihn in der freien, schöpferischen Bewegung der künstlerischen Phantasie aufheben wollten.

In dieser Tendenz übertreffen sie utopische und zugleich politisch resignative Ansätze ähnlicher Art im klassischen bürgerlichen deutschen Denken der Zeit.

Die deutsche Frühromantik als eine Variante bürgerlicher Ideologie

Die Französische Revolution erschütterte den Standpunkt des Vernunftanspruches, den die bürgerliche Ideologie bis hin zu Fichte als selbstverständlich eingenommen hatte, indem sie das bürgerliche Denken mit dem Problem „der Herausarbeitung von Möglichkeiten und Bedingungen der Realisierung der Vernunft"[177] konfrontierte. Diese schwer zu bewältigende theoretische Aufgabe mußte zum Grundproblem „des weiteren Fortschritts der klassischen bürgerlichen deutschen Philosophie werden, je mehr das Vertrauen in die Endgültigkeit der von der Französischen Revolution hervorgebrachten gesellschaftlichen Veränderung und ihrer Auswirkungen auf das ganze Europa, gemessen am Anspruch der Vernunft, durch die Tatsachen erschüttert wurde."[178]

„Als nun die französische Revolution diese Vernunftgesellschaft und diesen Vernunftstaat verwirklicht hatte, stellten sich daher die neuen Einrichtungen, so rationell sie auch waren gegenüber den frühern Zuständen, keineswegs als absolut vernünftige heraus. Der Vernunftstaat war vollständig in die Brüche gegangen. Der Rousseausche Gesellschaftsvertrag hatte seine Verwirklichung gefunden in der Schreckenszeit (der Jakobinerdiktatur – G. H.), aus der das an seiner eignen politischen Befähigung irre gewordne Bürgertum sich geflüchtet hatte zuerst in die Korruption des Direktoriums und schließlich unter den Schutz des napoleonischen Despotismus. Der verheißene ewige Friede war umgeschlagen in einen endlosen Eroberungskrieg. Die Vernunftgesellschaft war nicht besser gefahren. Der Gegensatz von reich und arm, statt sich aufzulösen im allgemeinen Wohlergehn, war verschärft worden durch die Beseitigung der ihn überbrückenden zünftigen und andern Privilegien und der ihn mildernden kirchlichen Wohltätigkeitsanstalten; der Aufschwung der Industrie auf kapitalistischer Grundlage erhob Armut und Elend der arbeitenden Massen zu einer Lebensbedingung der Gesellschaft. Die Zahl der Verbrechen nahm zu von Jahr zu Jahr. [. . .] Der Handel entwickelte sich mehr und mehr zur Prellerei. Die ‚Brüderlichkeit' der revolutionären Devise verwirklichte sich in den Schikanen und dem Neid des Konkurrenzkampfs. An die Stelle der gewaltsamen Unterdrückung trat die Korruption, an die Stelle des Degens, als des ersten gesellschaftlichen Machthebels, das Geld."[179]

Die Ergebnisse der Revolution, die durch sie hergestellten neuen gesellschaftlichen Beziehungen sollten nach dem Anspruch der vorrevolutionären bürgerlichen Ideologen „vernünftige" sein; sie entsprachen jedoch keineswegs diesem Maßstab der Vernunft. Vielmehr enthüllten sie die „Halbheit" und den „Widerspruch", die nach Marx „in dem W e s e n und der K a t e g o r i e der politischen Emanzipation"[180], d. h. der bürgerlichen Revolution, die nur eine andere Ausbeuterklasse an die politische Herrschaft bringt, liegen.

Zwei Hauptwege eröffneten sich nun dem bürgerlichen Denken: der erste war die Entthronung der heroischen Illusionen der Aufklärung, um die idealische Unbestimmtheit der politischen Gedanken zu überwinden.[181] Am Anspruch der Vernunft als Anspruch auf eine vernünftige und bessere soziale Ordnung konnte nur dann sinnvoll festgehalten werden, wenn er nicht nur subjektiv deklariert, sondern „wenn die Vernunft als eine des historischen Prozesses selbst eingeführt wurde"[182]. Diesen Weg, den der wissenschaftlichen Erkenntnis der objektiven Gesetzmäßigkeiten der Geschichte, schlug die klassische bürgerliche Philosophie ein und gelangte auf ihm auch zur richtigen Bewertung der Epoche als dem Übergang von der feudalen zur kapitalistischen Gesellschaft. Ihre geschlossenste Ausprägung fand diese Philosophie im objektiven Idealismus Hegels, der den Geschichtsprozeß als Ausdruck dieser objektiven Vernunft, d. h. als gesetzmäßig faßt.

Der zweite Weg führte dahin, den Vernunftanspruch illusionär zu übersteigern, ihn von seiner Vermittlung mit der Realität zu trennen, d. h. zur „Abkehr vom bösen Zeitgeist" durch Verinnerlichung. Darin bestand zunächst die romantische Reaktion auf die Resultate der Französischen Revolution.

Die Frage also, deren Lösung insbesondere die unmittelbar nachrevolutionäre Philosophie anging, wie nämlich jener die Emanzipationsbewegung der bürgerlichen Klasse begleitende Anspruch auf rationale Herrschaft des Menschen über die Natur und die Gesellschaft nun zu verwirklichen sei, wird aus den genannten Gründen von den ideologischen Gruppierungen unterschiedlich beantwortet. So kommt es auf engem lokalen Raum zu einem Nebeneinander verschiedener Varianten bürgerlicher Ideologie, deren Fraktionsbildungen auf ideologischem Gebiet auch am ehesten festzustellen waren. Die Intensität der sozialen Prozesse, die akute revolutionäre Situation im benachbarten Frankreich erzeugten auch in Deutschland ein „Nebeneinander von alten Zuständen und Fortschritten im Prozeß der Kapitalisierung und Verbürgerlichung", „denen sich erste Erfahrungen in Hinsicht auf den Klassencharakter der in Frankreich entstandenen und in Deutschland partiell eingeleiteten neuen Ordnung hinzugesellten"[183], und führten zu einer Differenzierung, ja Polarisierung im Lager der bürgerlichen Ideologen selbst. Sie, die die „philisterhafte Kleinmisere" (Heine) der deutschen Zustände zu politischen Zaungästen der geschichtlichen Umwälzung verdammte, reagierten auf ihre Weise auf die von den geschichtlichen Ereignissen gestellten Epochenprobleme.

Das resignative Operieren der Frühromantiker im „Luftreich des Traums"[184] war vor allem eine kritische Reaktion auf die geschichtliche Tatsache, daß die Revolution „nach dem 9. Thermidor 1794 von dem geldgierigen Bürgertum erstickt worden war"[185]. Das bestätigte endgültig die von ihnen schon für deutsche Verhältnisse konstatierte Divergenz zwischen Ideal und Wirklichkeit. Die Entwicklung, die in Frankreich namentlich seit dem Direktorium als der Interessenvertretung der herrschenden Großbourgeoisie sichtbar wurde, begrub alle ihre hochfliegenden Hoffnungen.

„Unter der Regierung des Directoriums bricht die bürgerliche Gesellschaft – die Revolution selbst hatte sie von den feudalen Banden befreit und offiziell anerkannt, so sehr der Terrorismus sie einem antik-politischen Leben aufopfern wollte – in gewaltigen Lebensströmungen hervor. Sturm und Drang nach kommerziellen Unternehmungen, Bereicherungssucht, Taumel des neuen bürgerlichen Lebens, dessen erster Selbstgenuß noch keck, leichtsinnig, frivol, berauschend ist [. . .]".[186]

Die bürgerliche Gesellschaft aber war die von den Frühromantikern verabscheute Gesellschaft des Eigennutzes, deren Praxis den von ihnen hochgehaltenen Idealen so sehr widersprach. Was Wunder, wenn sie diesen Widerspruch dadurch hinwegzudeklamieren suchten, daß sie fortan entschlossen die Praxis überhaupt aus der philosophisch-weltanschaulichen Reflexion ausschlossen.

„Wie die absolute Objektivität der Praxis – so ist der Idealismus die einzige Rettung und Zuflucht gegen das Universum. Also hat die kritische Philosophie (der Frühromantiker – G. H.) wirklich polemische Totalität. – Das Zeitalter ist ein Universum als Objekt, als Incitament und beschränkend – das wahre Universum ist im Innern," verkündigt Friedrich Schlegel 1799.[187] „Nur in der Praxis liegt das böse Prinzip. –"[188] Und verächtlich stellt er fest: „Politik ist Empirie in der höchsten Potenz. –"[189] Denn Politik, empirisch gefaßt, zielt auf Praxis, in der sich für die Frühromantiker alle Schranken und Grenzen verkörpern, die die Individuen einengen und von ihrer Bestimmung als absolut autonome und schöpferische Wesen fernhalten. Dagegen wird für sie nun „jeder nicht politische Practiker" „ein Schwärmer und Revolutionär"[190] (bezeichnenderweise werden die beiden – positiv gemeinten – Begriffe identifiziert). Ein „Practiker" im Sinne des frühromantischen subjektiven Idealismus ist der weltschaffende und damit weltüberwindende Künstler.

Die Revolution ist von ihren Idealen abgefallen; darum erscheint sie den Frühromantikern als „die tragische Arabeske des Zeitalters"[191]. Die Undurchschaubarkeit der mit ihren Ereignissen sich entfaltenden sozialen Verhältnisse läßt sie zur „furchtbarste[n] aller Naturerscheinungen der sittlichen Welt" werden, zum „größte[n] und merkwürdigste[n] Phänomen der Staatengeschichte", zu einem „fast universelle[n] Erdbeben, eine[r] unermeßliche[n] Überschwemmung in der politischen Welt"[192].

Was die Frühromantiker einst für die richtige Konsequenz des Natur*rechts* gehalten hatten, hielten sie jetzt – je mehr sich die „dem *Schein* nach größte *Freiheit*" als das moderne, in der Ökonomie verankerte „*Sklaventum der bürgerlichen Gesellschaft*" erwies und die Anarchie als „das Gesetz der von den gliedernden *Privilegien* emanzipierten bürgerlichen Gesellschaft", als „die Grundlage des modernen *öffentlichen Zustandes*"[193] – für eine Natur*katastrophe*. Und in der Tat mußten diese Anarchie der entfesselten freien Konkurrenz, der Rausch des Profitmachens, die Undurchschaubarkeit der gesellschaftlichen Prozesse und Beziehungen, deren Hierarchie vom Schleier formeller politischer Gleichheit überzogen war, für die Individuen etwas von einer elementaren Naturgewalt an sich haben. So mußten sie auch die Frühromantiker erfahren, da sie theoretisch in diesen Verhältnissen befangen waren, die weder von der Position der bürgerlichen Klasse her noch von der des Kleinbürgertums begriffen werden konnten.

Die Entwicklung in Frankreich nach dem Direktorium veranlaßte Novalis, die von einem konservativen politischen Standpunkt aus geschriebenen *Betrachtungen über die französische Revolution* des Engländers Edmund Burke – die schon 1793 in der Übersetzung von Friedrich Gentz in Deutschland weite Verbreitung fanden – „ein revolutionäres Buch gegen die Revolution" zu nennen. Diese Äußerung kann nicht als geistreich formulierter Irrtum abgetan werden, sondern hat durchaus ihren rationellen Kern. Hatte doch gerade Burke z. B. mit seiner beißenden Kritik am französischen Besitzwahlsystem von 1791 – das die Bürger nach ihrem Eigentum in Aktiv- und Passivbürger einteilte und damit die politische Gleichheit zur ideologischen Nebelbildung mißbrauchte und zur juristischen Farce degradierte – das neue politische System scharfsinnig an seinem schwächsten Punkt getroffen. Der Bürger sei – so polemisiert Burke – angewiesen, „sich ein Recht zu erkaufen, welches ihm nach Euren vorhergehenden Versicherungen die Natur bei seiner Geburt schon geschenkt hatte, und dessen ihn, wie es hieß, keine Macht der Erde erlaubterweise berauben konnte. [...] In diesem ganzen System, welches Bevölkerung bloß nach einem Prinzip der natürlichen Gleichheit zu behandeln scheint, [. . .] kommt doch offenbar alles auf einen Unterschied an, den das Eigentum hervorbringt." Und an anderer Stelle schlußfolgert er: „Hier enden nun alle die betrügerischen Träume und Schattenbilder von Menschengleichheit und Menschenrechten. In dem grundlosen Morast dieser verworfenen Oligarchie sind sie alle verschlungen, versunken und verloren auf immer."[194*] Daß diese formale politische Gleichheit dennoch einen großen geschichtlichen Fortschritt gegenüber feudaler Unterdrückung und Abhängigkeit der Individuen darstellte, verkannten die Frühromantiker angesichts der abstrakten Form und den vielen negativen Begleiterscheinungen der neuen politischen Struktur.

Im Jahre 1800 leugnet Friedrich Schlegel, daß sein Fragment über „die drei größten Tendenzen des Zeitalters" demokratische Gesinnungen habe ausdrücken sollen. Nur daran hält er noch fest, daß die „Poesie und der Idealismus" „die Centra der deutschen Kunst und Bildung" sind.[195]

Die Frühromantiker, die von dem Prinzip ausgegangen waren, daß „nur antipolitische oder unrechtliche Menschen [. . .] nicht geduldet werden"[196] können und in aufklärerischem Optimismus empfohlen hatten, daß in der Gegenwart, „wo alles Gute von Wissenschaft und Aufklärung ausgeht, wo ihr unbedingter Wert wenigstens überwiegende, wenn auch noch nicht öffentliche Meinung ist", „es eine heilige Pflicht des Philosophen" sei, „sich wenigstens in so weit unter den Haufen zu mischen, als es die Beförderung dieses großen Zwecks erfordert, und sobald sich nur eine Möglichkeit zeigt, daß das Gute in den Staaten die Oberhand behalten könne, [. . .] auch politisch tätig sein" darf und soll[197] – diese selben Frühromantiker suchen nun „ein geistiges Gegengewicht gegen die Revolution, und den Despotismus, welchen sie durch die Zusammendrängung des höchsten weltlichen Interesses über die Geister ausübt."[198]

„Wo", so fragen sie, „sollen wir dieses Gegengewicht suchen und finden? Die Antwort ist nicht schwer; unstreitig in uns, und wer da das Zentrum der Menschheit ergriffen hat, der wird eben da zugleich auch den Mittelpunkt der modernen Bildung und die Harmonie aller bis jetzt abgesonderten und streitenden Wissenschaften und Künste gefunden haben."[199]

Diese Flucht nach innen als Ausweichen vor den sie bedrängenden Epochenfragen hatte für ihre weltanschauliche Entwicklung verhängnisvolle Folgen.

Die Frühromantiker gelangten zu einem utopischen Standpunkt, der ihnen zwar die kritische Haltung zu ihrer zeitgenössischen Wirklichkeit erleichterte, aber sie zugleich auch auf dem Boden einer abstrakten Kritik festbannte – einer Kritik, die es verschmähte, sich zu dieser Wirklichkeit herab- und in ihre Auseinandersetzungen hineinzubegeben, und die sie dadurch in der Täuschung eines nur eingebildeten Darüberseins und Darüberhinausseins hielt. Die Stärke der Frühromantiker lag im Auffinden der neuralgischen Punkte der gegebenen sozialen Verhältnisse und Prozesse, ihre Schwäche in der Alternative, die sie auf Grund ihrer kleinbürgerlichen Klassenposition boten. Damit hängen ihre abstrakte politische Radikalität samt deren Umschlagen in eine konservative Richtung zusammen und auch ihre geschichtsphilosophische Lösung für die Epochenprobleme, die weltanschaulich in einer Sackgasse enden sollte.

Sie sind sensible Kritiker der sich überlagernden und potenzierenden Widersprüche von alter feudaler und neuer bürgerlicher Gesellschaft in Deutschland. Aber indem sie die Resultate der klassischen bürgerlichen Revolution erbittert ablehnen, trifft ihre Kritik zugleich auch immer die progressiven Seiten der bürgerlichen Entwicklung.

Die Frühromantiker erfassen kritisch durchaus wesentliche Erscheinungen des damaligen gesellschaftlichen Lebens in Deutschland. So gilt ihre Kritik vornehmlich dem muffigen, prüden, beschränkten Kleinbürgertum, dem deutschen Philister, den Engels noch 1887 in einem Brief an Paul Lafargue als eine „Kanaille, wie sie gemeiner nicht anzutreffen ist“[200], bezeichnete.

„In Deutschland“, schrieben Marx und Engels im *Kommunistischen Manifest*, „bildet das vom 16. Jahrhundert her überlieferte und seit der Zeit in verschiedener Form hier immer neu wieder auftauchende Kleinbürgertum die eigentliche gesellschaftliche Grundlage der bestehenden Zustände.“[201] Aber dieses Kleinbürgertum trat in Deutschland nicht als normale historische Erscheinung auf, sondern als „Frucht einer gescheiterten Revolution, einer unterbrochenen, zurückgedrängten Entwicklung“. Die Spezifik der gesellschaftlichen Prozesse in Deutschland seit dem Dreißigjährigen Krieg und der ihm folgenden Zeit, da die anderen europäischen Nationen sich rasch entfalteten, verlieh ihm „seinen eigentümlichen, abnorm ausgebildeten Charakter der Feigheit, Borniertheit, Hilflosigkeit und Unfähigkeit zu jeder Initiative“[202]. Im deutschen Philister konzentriert sich jene Widersprüchlichkeit des Übergangs vom Feudalismus zum Kapitalismus in Deutschland, der sich ohne politische Revolution durch das Bürgertum vollzog und bereits die Anfänge der neuen Gesellschaftsordnung in verknöcherten spießbürgerlichen Formen auftreten ließ. Aber sie konzentriert sich in ihm eben nur als einer Erscheinungsform, als einem Phänomen an der Oberfläche der gesellschaftlichen Prozesse.

Die frühromantische Kritik am krämerhaften Alltag des bürgerlichen Lebens, an seiner bedrückenden Enge, entwickelt als weltanschaulichen Ausweg einen ästhetischen Subjektivismus, der sich an Fichtes Philosophie anschließt und diese subjektivistisch übersteigert.

Positives Programm der frühromantischen Opposition ist die Kunst bzw. das in Kunst verwandelte Leben – eine Einseitigkeit, durch die sie letztlich vom anderen Extrem her wieder ins Philisterhafte zurückfällt. Der ordinäre Philister wird lediglich durch den überspannten Philister ersetzt. „Philister leben nur ein Alltagsleben. Das Hauptmittel scheint ihr einziger Zweck zu sein. Sie tun das alles um des irdischen Lebens willen, wie es scheint und nach ihren eigenen Äußerungen scheinen muß. Poesie mischen sie nur zur Notdurft unter, weil sie nun einmal an eine gewisse Unterbrechung ihres täglichen Laufs gewöhnt sind. In der Regel erfolgt diese Unterbrechung alle sieben Tage, und könnte ein poetisches Septanfieber heißen. Sonntags ruht die Arbeit, sie leben ein bißchen besser als gewöhnlich, und dieser Sonntagsrausch endigt sich mit einem etwas tiefern Schlaf als sonst; daher auch Montags alles noch einen rascheren Gang hat. Ihre parties de plaisier müssen konventionell, gewöhnlich, modisch sein, aber auch ihr Vergnügen verarbeiten sie, wie alles, mühsam und förmlich.

Den höchsten Grad seines poetischen Daseins erreicht der Philister bei einer Reise, Hochzeit, Kindtaufe und in der Kirche. Hier werden seine kühnsten Wünsche befriedigt und oft übertroffen. Ihre sogenannte Religion wirkt bloß wie ein Opiat: reizend, betäubend, Schmerzen aus Schwäche stillend. Ihre Früh- und Abendgebete sind ihnen, wie Frühstück und Abendbrot, notwendig. Sie können's nicht mehr lassen. Der derbe Philister stellt sich die Freuden des Himmels unter dem Bilde einer Kirmes, einer Hochzeit, einer Reise oder eines Balles vor; der sublimierte macht aus dem Himmel eine prächtige Kirche mit schöner Musik, vielem Gepränge, mit Stühlen für das gemeine Volk parterre und Kapellen und Emporkirchen für die Vornehmeren."[203]

Treffend und bissig zeichnet Novalis hier das Bild kleinbürgerlicher Verkrüppelung des Menschen, ohne doch seinerseits eine andere Alternative aufbieten zu können als die Flucht in die Glasvitrine des poetischen Gemütes. So gleicht er dem von ihm entworfenen Bild des sublimierten Philisters. In der Flucht aus dem bourgeoisen Alltag ins Reich der Kunst äußert sich nichts als „die ganze hysterische Gereiztheit einer geprellten schönen Seele“[204], die dem „kleinen Schacher“ den Kampf ansagt mit der „großen Illusion“[205]. Damit aber bleibt in der Wirklichkeit alles beim Alten, und es trifft die Frühromantiker selbst das Charakteristikum des Philisters, der „sich schließlich in die gewordene Geschichte fügt“[206].

Jetzt wird sichtbar, warum das politisch anfänglich so progressive Bekenntnis für sich betrachtet noch keinen Aufschluß über seinen Wert und seine tatsächliche Bedeutung in der ideologischen Auseinandersetzung der Zeit gibt. Erst wenn man die philosophisch-ästhetischen Ansichten der deutschen Frühromantik hinzuzieht, in denen ihr positives Programm formuliert ist, enthüllt sich eben in der E i n h e i t von politischer und philosophischer Konzeption das Charakteristische der deutschen Frühromantik gegenüber der klassischen bürgerlichen deutschen Philosophie und Literatur. Es wird sichtbar in der „einseitig ästhetischen Kultur“[207], dem ihrer Ästhetik eignenden ü b e r s t e i g e r t e n subjektiven Idealismus – das „Reich des ästhetischen Scheins“ (Mehring) verselbständigt sich und tritt an die Stelle der Wirklichkeit.

Tendenzen dazu hatte es um diese Zeit auch in der klassischen bürgerlichen deutschen Literatur – etwa in Schillers *Briefen über die ästhetische Erziehung des Menschen* – gegeben. Aber sie bilden hier nur eine Durchgangsstufe vor späterer erneuter Zuwendung zur geschichtlichen Wirklichkeit.[208*]

Auch für die deutschen Klassiker bildeten ästhetische oder philosophische Theorien ein gewisses Refugium, nicht frei von resignativen Zügen. Aber sie wußten es letztlich produktiv zu nutzen zur Schaffung einer großen Nationalliteratur oder großer philosophischer Systeme, die in gleicher Weise auf hohem ästhetischen und theoretischen Niveau die geschichtlichen Probleme ihrer Zeit gültig erfaßten.

Die deutsche Frühromantik aber antwortete auf die Schranken der objektiven Realität bald mit der völligen Loslösung von ihr. Es gab keine Vermittlung zwischen Subjekt und

Objekt mehr; das Subjekt vereinnahmte das Objekt restlos und deklarierte es als seine Schöpfung. Die „Illiberalität der Wirklichkeit" wurde im Bewußtsein übersprungen und gegen sie die poetische Imagination aufgeboten, die das, „was ihr die Wirklichkeit vorenthielt, durch Nachhilfe der Denkkraft ersetzen [muß], um so gleichsam von innen heraus und auf einem rationalen Wege ein Griechenland zu gebären"[209]. Nur die „Satisfaktion im Innern", die eine illusionäre Abgeschlossenheit und Unabhängigkeit gegenüber der äußeren Welt garantieren soll, konnte für die Frühromantiker noch den Standpunkt der Gelassenheit erzeugen, die Autonomie des geschichtlich handelnden Subjekts bewahren. Die romantische Individualität, verkörpert im Dichter, der der Wirklichkeit sein Gesetz aufprägt und sie aus seinem Kopfe erschafft, wurde zum Modellfall der Subjektivität erhoben. Die poetische Aktion ersetzte die geschichtliche, die ästhetische Revolution die politische.

Die Freiheitsauffassung, der Gedanke der schrankenlosen Autonomie des Individuums, gewonnen aus der Leugnung der objektiven Realität und ihrer Gesetze – wie er in der Ironie-Auffassung als dem Kern der frühromantischen Kunstphilosophie enthalten ist –, bezeichnet auch die Grenze der politischen Position. Der frühromantische Subjektivismus trägt den Stempel eines abstrakten Anspruches, ist Subjektausbruch ins Gegenstandslose, Selbstherrlichkeit der Subjektivität, die sich keiner Wirklichkeit mehr verpflichtet fühlt und „nicht aus ihrer gegenstandslosen Einsamkeit heraus in ein wahrhaft gesellschaftliches Verhältnis zu einem wirklichen Gegenstand tritt, weil ihr Gegenstand nur der Gegenstand ihrer Einbildung, nur ein eingebildeter Gegenstand ist [...]"[210]. Damit wird jedoch der philosophische Begriff einer Freiheit gesetzt, die das gesellschaftliche Handeln von vornherein ausklammert, die sich unverbindlich nur auf den Spielplätzen der „freien", schöpferischen Phantasie tummelt.

Gleichsam in einem philosophischen Staatsstreich entledigt sich die autonome subjektive Vernunft aller Bindungen an die objektive Realität und führt sich damit selbst ad absurdum. Sie hat, wie Friedrich Schlegel in einer frühen Hamlet-Rezension schreibt, „die Fäden verloren", wodurch sie „das Endliche mit dem Unendlichen verknüpfen kann"[211]. Damit wird sie illusionär und endet notwendig im Büßerhemd der religiösen Zerknirschung. Diese Überhöhung des Vernunftanspruches durch die extrem subjektiv-idealistische Beantwortung der Grundfrage der Philosophie in bezug auf die Subjekt-Objekt-Problematik, die Möglichkeiten des geschichtlich handelnden Subjekts, kennzeichnet die romantische Weltanschauung schon in ihrer frühen Phase als krisenhaft.

Die radikale Abwendung von der Wirklichkeit hat ihre Ursache darin, daß die Frühromantik den bürgerlichen Charakter der bürgerlichen Revolution nicht zu durchschauen vermag, und gerade das weist sie aus als eine Variante bürgerlicher Ideologie. Dieses Unvermögen schlägt sich philosophisch nieder als Eliminierung der gesellschaftlichen Praxis aus der Theorie: jene wird reduziert auf eine verabsolutierte und hypostasierte ästhetisch-künstlerische Praxis. Die philosophische These von der Poesie nicht nur als einem Element, sondern als letztem Residuum persönlicher Freiheit und geschichtlicher Aktivität reflektiert kritisch die Tatsache der dinglichen Versklavung der Individuen in der bürgerlichen Gesellschaft. Darin liegt der humanistische Ansatz frühromantischer Ideologie. Aber in der illusionären Verabsolutierung einer Seite menschlicher Produktivität und der daraus folgenden Abwendung von der Wirklichkeit ist im Keim das Scheitern dieser Ideologie mit allen Konsequenzen angelegt. Übrig bleibt ein isoliertes Ich, herausgenommen aus allen realen Bindungen, das mit dieser Beschaffenheit auch in apologetischer Weise schon bürgerliche Verhältnisse (die Produktionsverhältnisse der Atomisierung) philosophisch fixiert.

Hegel war bemüht, seine Geschichtsphilosophie unter dem Vorzeichen desselben Vernunftanspruches gerade auf der Vermittlung zwischen Subjekt und Objekt aufzubauen. Er kritisierte die subjektivistische Übersteigerung dieses Anspruchs durch die Frühromantik und die damit inaugurierte abstrakte Freiheit, die hinter der „Schranke des Selbstbewußtseins"[212] verharrt und den Weg der Vermittlung mit der Objektivität verfehlt.[213] Sie bleibt „ein Sollen, Bestreben, Sehnen", das „in dieser Einsamkeit" „zu keinem Inhalte, keiner Bestimmung" und als „etwas Leeres" „im Praktischen sowenig als im Theoretischen zu einer Realität kommt"[214], nur eben die Wirklichkeit „bequengelt"[215]. „Diese Subjektivität bleibt Sehnsucht, kommt nicht zum Substantiellen, verglimmt in sich und hält auf diesem Standpunkt fest", ist „Wehen und Linienziehen in sich selbst"[216], verendet in bloßem Ästhetizismus[217]*. Die Frühromantik verfängt sich im Widerspruch zwischen illusionären, wenn auch von der bürgerlichen Gesellschaft nicht abgegoltenen Humanitätsidealen und den aus der Überhöhung dieser Ideale notwendig folgenden reaktionären Zügen. Sie „findet nicht den Übergang von einem leeren unbestimmten Ideal in ein bestimmtes tätiges Leben", „gleich weit von der Phantasterei und der Philisterhaftigkeit", wie Schiller Goethes Wilhelm Meister charakterisiert, dem dieser Übergang gelingt.[218] Darum auch weitete sich die weltanschauliche Polemik um den *Wilhelm Meister*-Roman so exemplarisch aus.

Wilhelm Meister, der vom Theater, wo sich die bürgerliche Gesellschaft und ihre Problematik nur mit dem Schein des Lebens entfalten konnte[219], zu praktischer gesellschaftlicher Wirksamkeit kommt und schließlich am Ende seiner Laufbahn zu einem politischen Kompromiß mit dem Adel im Interesse der bürgerlichen Klasse gelangt, im Sinne der Stein-Hardenbergschen Reformen, erntet dafür den Vorwurf der Übersättigung mit platter Ökonomie und mangelnder Poesie. Novalis vermerkt über den anfangs so geschätzten Roman *Wilhelm Meisters Lehrjahre*: „Es ist im Grunde ein fatales und albernes Buch – so pretentiös und pretiös – undichterisch im höchsten Grade, was den Geist betrifft – so poetisch auch die Darstellung ist. Es ist eine Satire auf die Poesie, Religion etc. Aus Stroh und Hobelspänen ein wohlschmeckendes Gericht, ein Götterbild zusammengesetzt. Hinten wird alles Farce. Die ökonomische Natur ist die wahre – übrigbleibende [...] ‚Wilhelm Meister' ist eigentlich ein ‚Candide', gegen die Poesie gerichtet." „‚Wilhelm Meisters Lehrjahre' sind gewissermaßen durchaus prosaisch – und modern. Das Romantische geht darin zugrunde – auch die Naturpoesie, das Wunderbare. – Er handelt bloß von gewöhnlichen menschlichen Dingen [...] Er ist eine poetisierte bürgerliche und häusliche Geschichte. Das Wunderbare darin wird ausdrücklich als Poesie und Schwärmerei behandelt. Künstlerischer

Atheismus ist der Geist des Buchs. Sehr viel Ökonomie – mit prosaischem, wohlfeilem Stoff ein poetischer Effekt erreicht."[220]

Die Turmgesellschaft im *Wilhelm Meister*, die „geheime Gesellschaft des reinen Verstandes", die „zuletzt noch rechtlich und nützlich und ökonomisch wird"[221], verkörpert mit ihrem praktischen Programm aber jenen Weg reformerischen und kompromißlerischen Charakters, der die Emanzipation des deutschen Bürgertums kennzeichnen sollte.

Dieser Weg jedoch war für die Frühromantiker unannehmbar. Sie reagierten auf die Diskrepanz zwischen Ideal und Wirklichkeit, zwischen den fehlenden objektiven Möglichkeiten der politischen Emanzipation des Bürgertums in Deutschland und der Höhe und Würde ihres ideellen Anspruchs nicht mit dem Versuch einer Vermittlung zwischen beiden, sondern mit verzichtender Abkehr von der Wirklichkeit.

Die Frühromantiker verübeln am *Wilhelm Meister*-Roman den literarischen Versuch, einen jungen bürgerlichen Menschen in das soziale Leben seiner Klasse einzugliedern. Ihre Kritik daran ist nicht ohne Berechtigung, denn tatsächlich kommt „aus allen diesen Erziehungsanstalten nichts heraus [...], als bescheidne Liebenswürdigkeit". Der Held verliert allerdings mit dem Anschluß an das bürgerliche Leben die Totalität seiner Individualität und die hoffnungsvolle Kühnheit seiner Pläne. „Nach einigen leichten Krämpfen von Angst, Trotz und Reue verschwindet seine Selbständigkeit aus der Gesellschaft der Lebendigen. Er resigniert förmlich darauf, einen eignen Willen zu haben; und nun sind seine Lehrjahre wirklich vollendet [...]"[222]

Nur verkennen die Frühromantiker, daß ihr Anspruch auf freies, „poetisches" Leben, auf schöpferische Totalität der Individuen selbst utopisch ist und daß unter den gegebenen gesellschaftlichen Bedingungen einer Klassengesellschaft, deren eigene neue Widersprüche durch den Kampf mit der noch existierenden alten feudalen Ordnung zusätzlich verschärft wurden, kein anderer Weg offenstand, den bürgerlichen Individuen in Deutschland praktische Wirksamkeit zu ermöglichen.

Die Frühromantiker halten an ihrem Traum fest. Sie beantworten das im *Wilhelm Meister* gestellte Problem mit der Aussiedelung des Individuums aus der realen Geschichte ins phantastische Reich der Poesie, wo nur noch die vom Dichter geschaffenen Gesetze gelten.

Novalis' *Heinrich von Ofterdingen* entsteht bewußt als Anti-Meister und „Apotheose der Poesie", die sich das Leben ganz unterwirft. Noch 1803/04 bestimmt Friedrich Schlegel in der *Geschichte der europäischen Literatur* den Begriff des Romantischen im Gegensatz zum Klassischen „als die Vereinigung der Poesie und des Lebens, als eine Poesie, die mit dem Leben eins zu werden sucht, wo das Leben ganz poetisch, die Poesie ganz lebendig ist"[223]. Novalis hatte dafür die programmatische Formel von der Poetisierung der Welt gefunden, mit der das subjektiv-idealistische ästhetische Verhalten des Dichters zur Wirklichkeit, der seine individuelle „göttliche" Phantasie zum Schöpfer des Universums erhebt, zur Haltung der Subjektivität überhaupt erweitert wird.[224*]

Der Gedanke der Poetisierung der Welt und die Ironiekonzeption beinhalten die Empfehlung einer bloß bewußtseinsmäßigen Überwindung der Welt, die illusionäre Setzung der Wirklichkeit nach den Gesetzen des schaffenden Geistes.

Es ist dieser philosophische Subjektivismus, entsprungen kleinbürgerlicher Hilflosigkeit vor den Widersprüchen der neuen geschichtlichen Etappe, der mit der Abwendung von der Wirklichkeit und dem Unverständnis für den historischen Charakter dieser Widersprüche schließlich auch zu politisch restaurativen und konservativen Anschauungen führt. Diesen Zusammenhang deutet Goethe an, wenn er Jahrzehnte später rückschauend sagt, daß „alle im Rückschreiten und in der Auflösung begriffenen Epochen [. . .] subjektiv"[225] seien, wie die fortschreitenden objektiv, d. h. auf verändernde Vermittlung mit der Wirklichkeit gerichtet.

Die humanistischen Gedanken der klassischen bürgerlichen deutschen Literatur und Philosophie erscheinen in der frühromantischen Weltanschauung einseitig und überspitzt. Ihre theoretische Formulierung und Begründung neigt sich extrem zum Illusionären. Durch diese Übersteigerung kehren sich letztlich ihre humanistischen Momente in die Apologie der historischen Vergangenheit um. Fichtes subjektiver Idealismus hatte das Denken als selbständigen, autonomen freien Prozeß definiert – der sich noch nach *notwendigen* Gesetzen vollzieht – und die Autonomie einem gattungsmäßig gefaßten über-individuellen Subjekt zugestanden. Die Frühromantiker eliminieren alle diese Ansätze einer objektiven Dialektik zugunsten der schrankenlosen Macht und Willkür des künstlerisch produktiven Individuums. Aus Schillers Kritik an den Folgen der kapitalistischen Arbeitsteilung wird bei ihnen eine Idealisierung der feudalen Vergangenheit mit restaurativen Zügen. Und aus dem Gedanken der politischen Umwälzung wird die einseitig „ästhetische Kultur“[226]*.

Die illusionäre Übersteigerung läßt die kritisch-humanistischen Ansätze untergehen. Das ist der Grund, warum die Romantik so rasch in einer Nebenstraße des philosophiegeschichtlichen und des weltanschaulich-politischen Fortschritts endet.

„Einzelne Probleme, die bei den Klassikern als Momente einer gespannten, widerspruchsvollen, aber unendlich reichen Weltauffassung aufgeworfen sind, werden in der Kunst und Philosophie der Romantiker aus diesem großen Zusammenhang gelöst und verselbständigt. Als Vorläufer und erste Vertreter eines ganzen Jahrhunderts, das sich in den kleinaristokratischen und kleinbürgerlichen Trägern der künstlerischen Produktion und des philosophischen Denkens als unfähig erwies, aus den gewaltigen Blöcken, die die Titanen der Klassik der revolutionären Epoche entnommen hatten, ein bewohnbares Gebäude zu errichten, suchten sich die Romantiker aus dem Erbe der Klassiker einzelne Brocken und bunte Steinchen heraus. Mit ihnen bauten sie abseits vom großen Wege der Geschichte malerische Grotten, in denen das empfindsame Gemüt Schutz gegen die Unbilden einer gewittergeladenen Zeit finden sollte.“[227] Diese von Lukács' Urteil beeinflußte Charakteristik Alfred Kurellas verabsolutiert allerdings ihrerseits bestimmte Züge des romantischen Denkens.

Die „Gräcomanie" als Schwester der „Gallomanie"

Für die Frühromantiker verkörperte sich in der Französischen Revolution der „Genius Griechenlands".[228] Als Pendant zur „Gallomanie" entsteht in ihrem Kreise die „Gräcomanie", der Enthusiasmus für die griechische Antike, bezeugt vor allem durch Friedrich Schlegels Arbeiten über die griechische Literatur – in erster Linie durch den großen Aufsatz *Über das Studium der griechischen Poesie* –, die in den Jahren 1795–97 entstanden. Nicht zufällig verfaßte er zur gleichen Zeit seinen *Versuch über den Republikanismus* (1796) und den Aufsatz über Georg Forster (1797), den „edlen Unglücklichen".

Warum entbrannte nun in Deutschland um die Mitte der neunziger Jahre des 18. Jahrhunderts mit der ästhetischen Diskussion um die antike Poesie, ihre Vorzüge und ihre normative Geltung noch einmal ein Streit, der in der „Querelle des Anciens et des Modernes" der französischen Aufklärung bereits beigelegt und eine gültige Lösung gefunden zu haben schien?[229] Im Verlaufe dieser Auseinandersetzung hatten die „Modernes" gesiegt. Ihre Auffassung von der Überlegenheit der Gegenwart über die Antike hatte sich gegen den lange geltenden Standpunkt der Altertumsfreunde durchgesetzt, die die Antike als Muster der Vollkommenheit betrachteten, gegen das alle spätere Geschichte nur ein Abfall bedeuten konnte. Ausgehend von den sichtbaren technischen und wissenschaftlichen Errungenschaften ihrer Epoche entwickelten die „Modernes" den Gedanken des geschichtlichen Fortschritts, getragen von einem früh erwachten historischen Selbstbewußtsein, das sich auf objektiv günstige Resultate bürgerlicher Entwicklung unter der starken Zentralmacht Frankreichs, auf erste wirtschaftliche Erfolge und beginnenden politischen Einfluß berufen konnte.

Nur auf dem Gebiet der Kunst hatte die „Querelle" der Antike ihre Geltung als „absolute Norm" und „unerreichbares Muster" (Marx) belassen müssen.

Hieran nun knüpft die neuerliche Diskussion unter den Vertretern der deutschen bürgerlichen Intelligenz an, die in die Behandlung ästhetischer Fragen ein grundsätzliches geschichtsphilosophisches Problem einschloß. Diese Diskussion spielte sich vor allem 1795–97 in den *Horen* ab. An ihr beteiligten sich, unterschiedliche weltanschauliche Akzente setzend: Herder mit seinen Aufsätzen *Homer, ein Günstling seiner Zeit* und *Homer und Ossian,* Forster mit *Die Kunst und das Zeitalter,* Wilhelm von Humboldt mit seiner Schrift *Über das Studium des Alterthums und des Griechischen insbesondere* und Heinrich Meyer mit seinen *Ideen zu einer zukünftigen Geschichte der Kunst.* Die wichtigsten Ergebnisse dieser Auseinandersetzung sind aber zweifellos Schillers ästhetisch-philosophische Schriften zu diesem Gegenstand – *Über die ästhetische Erziehung des Menschen in einer Reihe von Briefen* (1793/94) und *Über naive und sentimentalische Dichtung* (1795) – sowie Friedrich Schlegels Aufsatz *Über das Studium der griechischen Poesie* (1795–97), weil sie die Tendenzen dieser erneuten Beschäftigung mit der Antike am deutlichsten ausdrücken.

Die Aktualisierung der Antike als Vorbild und Modell widerspiegelt ideologisch vermittelt die Tatsache, daß auch in Deutschland die alten Produktionsverhältnisse mit der neuen Stufe der Produktivkräfte in unversöhnlichen Widerspruch geraten sind. Die bürgerliche Klasse hatte sich hier zudem noch mit dem politisch mächtigen Feudalsystem auseinanderzusetzen. So ist ein Aspekt dieser Antike-Aufwertung antifeudal, er dient der polemischen Abgrenzung des bürgerlichen geistigen Selbstverständnisses von einer sozialen Ordnung, die im Zuge der Emanzipation des Bürgertums außer Kraft gesetzt und überwunden werden mußte.

Die Berufung auf eine idealisierte Vergangenheit und auf geschichtliche Verhältnisse, die als normativ ausgegeben wurden, hängt mit der objektiven geschichtlichen Entwicklung des deutschen Bürgertums zusammen: Mit diesen Idealen wandte es sich kritisch gegen die alte feudale Gesellschaft, rüstete sich ideologisch zur Auseinandersetzung mit ihr und bereitete sich mit positiven Entwürfen künftiger politischer Verhältnisse auf seine eigene geschichtliche Mission vor.

Mit erwachendem Geschichtsbewußtsein war für die Bourgeoisie als sich politisch emanzipierende Klasse das Problem der kritischen und – im Sinne ihres sozialen Anliegens – produktiven Aneignung der geistigen Vergangenheit relevant geworden. Dieses Geschichtsbewußtsein erwuchs aus der Krise der alten, bis dahin für unerschütterlich gehaltenen feudalen Gesellschaftsordnung, die die Bourgeoisie auch objektiv an die Schwelle ihrer Herrschaft führte. In ihrem sich herausbildenden Selbstbewußtsein erkannte die bürgerliche Klasse eine die neue Gesellschaftsordnung durchsetzende geschichtliche Kraft. Die Überzeugung, mit dem Gang der Geschichte im Bunde zu sein, ließ die Bourgeoisie nach ideologischen Vorläufern suchen, als deren Fortsetzer sie sich fühlen konnte und die ihr eigenes Geschichtsbewußtsein legitimierten.

Das Bewußtsein einer solchen Kontinuität bestimmte vor allem das geschichtliche Denken des 18. Jahrhunderts in Deutschland, weil es „gerade auf Grund seiner historischen Verspätung einerseits das erforderliche Bedürfnis, andererseits den entsprechenden Abstand zum Schauplatz der tatsächlichen Revolution besaß, um [...] die Wandlungen und Krisen der europäischen Gesellschaft nicht nur als Phänomen der Gegenwart, sondern auch als Erscheinung klassischer und mittelalterlicher Vergangenheit zu sehen und geschichtlich zu verallgemeinern."[230] Schiller forderte vom Universalhistoriker, „das Vergangene mit dem Gegenwärtigen zu verknüpfen" und „von der neuesten Weltlage aufwärts dem Ursprung der Dinge entgegen" zu rücken sowie „aus der ganzen Summe dieser Begebenheiten [...] diejenigen heraus zu heben, welche auf die heutige Gestalt der Welt" gewirkt haben, auf „den Zustand der jetzt lebenden Generation", so daß es „das Verhältnis eines historischen Datums zu der heutigen Weltverfassung ist [...] worauf gesehen werden muß, um Materialien für die Weltgeschichte zu sammeln".[231]

Der ideologische Rückgriff auf eine normative Überhöhung der griechischen Antike – exemplarisch ausgeprägt in der deutschen Frühromantik während der kurzen Zeit ihrer demokratisch-republikanischen Ideale – war durch den revolutionären

Umwälzungsprozeß in Frankreich wiederum stimuliert worden. Dieses Ereignis hatte auch Herder und Schiller veranlaßt, die Frage nach dem Vorbildcharakter der Antike von neuem zu überdenken. Ohne die historisch relativierende Betrachtung der Antike aufzugeben, räumten sie ihr als einem erstrebenswerten geschichtlichen Modell eine besonders bevorzugte Stellung in der Entwicklung der Menschheit auf dem Weg zu einer höheren Kultur ein.

Die Männer, die in Frankreich das Werk der Revolution vollbrachten, legten die Kostüme der römischen Antike an und identifizierten sich im Kampf um politische Freiheit, Gleichheit und Menschenrechte mit den klassischen Helden. „Aber unheroisch, wie die bürgerliche Gesellschaft ist, hatte es jedoch des Heroismus bedurft, der Aufopferung, des Schreckens, des Bürgerkriegs und der Völkerschlachten, um sie auf die Welt zu setzen. Und ihre Gladiatoren fanden in den klassisch strengen Überlieferungen der römischen Republik die Ideale und die Kunstformen, die Selbsttäuschungen, deren sie bedurften, um den bürgerlich beschränkten Inhalt ihrer Kämpfe sich selbst zu verbergen und ihre Leidenschaft auf der Höhe der großen geschichtlichen Tragödie zu halten.“[232]

Das antike Gewand war ein Teil der „heroischen Illusionen“, deren diese bürgerliche Revolution – die die politische Herrschaft einer Ausbeuterklasse durch die einer anderen ablöste – bedurft hatte, „um sich über ihren eigenen Inhalt zu betäuben“[233] und ihrer historischen Aktion die nötigen Bündnispartner in den Unterdrückten aller Schichten zu gewinnen. Ihre ökonomische Basis fanden diese „weltgeschichtlichen Rückerinnerungen“[234] in der für den Kapitalismus kennzeichnenden Herrschaft der toten, vergegenständlichten Arbeit über die lebendige, des Kapitals über den Arbeiter, des Produkts über den Produzenten, die die bürgerlichen Revolutionäre zwang, die Poesie ihrer Ideale und Ideologien aus der Vergangenheit zu beziehen.

Aber die antike Einkleidung und die „allgemeinmenschliche“ Überhöhung ihrer Ideale war mehr als nur Illusion, als Selbstbetrug und Ideologie im Sinne von falschem Bewußtsein – brach doch mit der Eroberung der politischen Herrschaft durch die Bourgeoisie für eine gewisse Zeit eine Phase der Übereinstimmung von Produktivkräften und Produktionsverhältnissen an, in der sich die Produktion frei von feudalen Fesseln entfalten konnte und mit ihr alle anderen Bereiche des gesellschaftlichen Lebens. Mit dem Kapitalismus der freien Konkurrenz, mit dem Übergang zum Industriekapitalismus, zur maschinellen Fabrikproduktion wurde eine neue Stufe der Produktivität, der geschichtlichen Selbsterzeugung des Menschen durch die Arbeit erreicht. Die Teilung der Arbeit, ihre Vergesellschaftung und Kooperation hatten eine neue Qualität erlangt, die einen ungleich höheren Grad der Effektivität und Produktivität garantierten.

Dieses Problem stand nicht nur in Frankreich auf der Tagesordnung, es lag letztlich ebenso der Wiederaufnahme einer Auseinandersetzung um die Antike in Deutschland zugrunde.

Die Frage nach den neuen Bedingungen und Möglichkeiten menschlicher Produktivität bewegte auch die bürgerlichen deutschen Ideologen. Daß sie dabei auf das Vorbild der griechischen Polisdemokratie wie auf vorwiegend ästhetische Fragestellungen rekurrierten, dokumentiert die Unentwickeltheit der bürgerlichen Verhältnisse in Deutschland. Spezifisch deutsch ist dann auch die Abstraktheit eines „allgemeinmenschlichen" Ideals und der theoretische Ausbau des „enthusiasmierenden Moments" der bürgerlichen Revolution.

Friedrich Schlegel stellt seine Beschäftigung mit der griechischen Antike programmatisch unter diesen Gesichtspunkt: „Nichts befreiet den menschlichen Geist so sicher und dennoch so sanft von Einseitigkeit der Meinung und des Geschmacks, als Beschäftigung mit dem Geiste andrer Nationen und andrer Zeitalter. Sie erhebt ihn allmählich zu einer rein-menschlichen Denkart, zu einem rein-menschlichen Gefühl, indem aus dem Conflikt der streitenden Meinungen die bleibende Wahrheit hervortritt."[235]

Das deutsche Bürgertum konnte sich nicht auf den Schutz einer starken Zentralmacht berufen, unter dem seine ökonomische Entwicklung und Heranbildung als selbständige Klasse zu beiderseitigem Nutzen hätte gedeihen können, wie das in Frankreich der Fall gewesen war.

Es hatte in Deutschland keine Blüte der absoluten Monarchie und damit keinen Aufschwung der nationalen Entwicklung gegeben. Dagegen legitimierte das Zeitalter Louis' XIV. die französischen Aufklärer, im Gedanken der Kulturepoche – als einer spezifischen Formulierung der Idee des geschichtlichen Fortschritts – die historische Überlegenheit ihrer Gegenwart, sichtbar vor allem in den Errungenschaften der Wissenschaft, Technik und Kultur, zu behaupten.[236]

Was Martin Fontius in bezug auf Winckelmanns Haltung zu dem in der „Querelle" behandelten Problem (des Verhältnisses von antiker Vergangenheit und Gegenwart) feststellte, gilt auch für die Frühromantik, die in ihrer Antikerezeption bewußt und mit eingestandenem Stolz an Winkelmann anknüpft:

„Für Deutschland war angesichts der nationalen Misere an eine Rezeption des geschichtlichen Fortschritts auch in der Form der Kulturzeitalter nicht ernstlich zu denken. Aus der Besinnung über den Abgrund, der dies lose Bündel absolutistischer Monarchien en miniature von der Höhe der Zeit trennte, mußte die Erkenntnis erwachsen, daß die Höfe das Haupthindernis einer einigen Nation darstellten. Der Gedanke des an die segnende Hand des Monarchen gebundenen Kulturzeitalters als Symbol des geschichtlichen Fortschritts stand in unversöhnlichem Gegensatz zur deutschen Wirklichkeit. Eine solche Situation konnte nur eine Geschichtsphilosophie freisetzen, von der die großen Kulturepochen der Menschheit aus einer antimonarchischen (Hervorhebung – G. H.) Grundstruktur erklärt wurden."[237] Ohne den lebendigen Untergrund eines mächtigen Nationalstaates lag die Orientierung auf die griechische Polis nahe, die athenische Demokratie.

Diese Ablehnung einer glanzlosen feudalen Vergangenheit ist aber nur ein Moment der ideologischen Berufung auf die antike Polisdemokratie. Entscheidend ist die modellhafte ökonomische und politische Organisation einer sozialen Ordnung, die noch ein „Gemeinwesen" darstellt, „das die Individuen zusammenbindet"[238] und unter einem gemeinsamen gesellschaftlichen Interesse vereint. Darin lag die historische Berechtigung der Orientierung auf die antike Polisdemokratie, unabhängig von unkritischer Unbedingtheit und idealisierender Vereinfachung.

„In den ursprünglichen Gemeinwesen, wo naturwüchsiger Kommunismus herrscht, und selbst in den antiken städtischen Gemeinwesen ist es dies Gemeinwesen selbst mit seinen Bedingungen, das als Basis der Produktion sich darstellt, wie seine Reproduktion als ihr letzter Zweck."[239] Hier wirkte noch nicht jene Zersplitterung der Interessen, jene undurchschaubare Fremdheit der gesellschaftlichen Beziehungen, wie sie die Frühromantiker besonders in Deutschland so schmerzlich erfahren mußten.

Die gesellschaftliche Produktion zielte in den antiken Städterepubliken nicht auf die Erzeugung von Reichtum, sondern auf „die Produktion von Gebrauchswerten", auf „die Reproduktion des Individuums in den bestimmten Verhältnissen zu seiner Gemeinde [. . .]"[240] Keine produktive Tätigkeit des Menschen, die Kunst eingeschlossen, war einer dem Menschen fremden oder äußerlichen gesellschaftlichen Macht unterworfen, wie sie das Kapital mit seinem Verwertungsprozeß darstellt, der alle lebendige Arbeit an sich reißt und verschlingt.

„Der Zweck dieser Arbeit (in bestimmten sozialen Gemeinschaften der vorkapitalistischen Gesellschaftsformation, wie etwa dem antiken Stadtstaat – G. H.) ist nicht Wertschöpfung – obgleich sie Surplusarbeit tun mögen, um sich fremde, i. e. Surplusprodukte, auszutauschen –; sondern ihr Zweck ist Erhaltung des Einzelnen Eigentümers und seiner Familie, wie des Gesamtgemeindewesens."[241] „Wir finden bei den Alten", ergänzt Marx die Charakteristik des antiken Gemeinwesens, „nie eine Untersuchung, welche Form des Grundeigentums etc. die produktivste, den größten Reichtum schafft. Der Reichtum erscheint nicht als Zweck der Produktion [. . .] Die Untersuchung ist immer, welche Weise des Eigentums die besten Staatsbürger schafft [. . .] So scheint die alte Anschauung, wo der Mensch, in welcher bornierten nationalen, religiösen, politischen Bestimmung auch immer als Zweck der Produktion erscheint, sehr erhaben zu sein gegen die moderne Welt, wo die Produktion als Zweck des Menschen und der Reichtum als Zweck der Produktion erscheint."[242]

Dieser Schein der Unterordnung der Produktion unter ein humanes Ziel, der seine objektive ökonomische Entsprechung in einer bornierten, noch begrenzten Wirtschaftsstruktur und einer unentwickelten Stufe der Arbeitsteilung hat und der andere Widersprüche der Produktionssphäre – etwa die Sklavenarbeit – verdeckte, ließ die progressiven und humanistischen bürgerlichen Ideologen immer wieder unter veränderten geschichtlichen Vorzeichen zum Modell der Antike zurückkehren.

Sie vertraten die Interessen einer Klasse, die erstmals in der Menschheitsgeschichte als eine p r o d u k t i v e , eine t ä t i g e Klasse zur politischen Herrschaft strebte. „Aber neben dem Gegensatz von Feudaladel und dem als Vertreterin der gesamten übrigen Gesellschaft auftretenden Bürgertum bestand der allgemeine Gegensatz von Ausbeutern und Ausgebeuteten, von reichen Müßiggängern und arbeitenden Armen. War es doch gerade dieser Umstand, der es den Vertretern der Bourgeoisie möglich machte, sich als Vertreter nicht einer besonderen Klasse, sondern der ganzen leidenden Menschheit hinzustellen.“[243] Da ihre Ideologen auf Grund der aktiven Funktion der Bourgeoisie im Produktionsprozeß die Welt und die menschliche Geschichte – wenn auch noch in idealistischer Weise – als ihr Werk, ihre Setzung, das Ergebnis ihrer Tätigkeit erkannten, konnten sie sich mit um so größerem Recht auf eine Parallele in der Geschichte berufen, wo schon einmal ähnlich günstige Bedingungen für die produktive Entfaltung der Menschen bestanden hatten.

Die antike P o e s i e – als ein Spezialfall schöpferisch tätiger Aneignung und Bewältigung der Wirklichkeit – wird zum Beispiel menschlicher Totalität und harmonischer Ausbildung unter der Voraussetzung politischer Freiheit erhoben.

Damit bildet sie zugleich ein Gegenmodell zur menschlichen Versklavung sowohl durch die persönlichen Abhängigkeiten und den politischen Druck des Feudalsystems als auch durch den Kapitalismus, der die gerade erst ermöglichte und begriffene Produktivität der Individuen in einem System sachlicher Zwänge und der Degradation aller produktiven Fähigkeiten zur Ware zu ersticken droht.

Nach Friedrich Schlegel bürgt das Vorbild der antiken Poesie für „selbsttätigen“ Genuß, gegen die „Sklaven des Nutzens“[244]. Und er vermerkt kritisch: „P r o s a ist die eigentliche Natur der Modernen"[245]. Nur bei den Griechen „war die Kunst von dem Zwange des Bedürfnisses und der Herrschaft des Verstandes immer gleich frey"[246].

Marx hat auf die Zwiespältigkeit der weltgeschichtlichen Rückbesinnung auf die Antike als kritischem Maßstab für spätere, entwickeltere soziale Beziehungen, z. B. kapitalistische Produktionsverhältnisse, aufmerksam gemacht: „In fact aber, wenn die bornierte bürgerliche Form abgestreift wird, was ist der Reichtum anders, als die im universellen Austausch erzeugte Universalität der Bedürfnisse, Fähigkeiten, Genüsse, Produktivkräfte etc. der Individuen? Die volle Entwicklung der menschlichen Herrschaft über die Naturkräfte, die der sogenannten Natur sowohl, wie seiner eignen Natur? Das absolute Herausarbeiten seiner schöpferischen Anlagen ohne andre Voraussetzung als die vorhergegangne historische Entwicklung, die diese Totalität der Entwicklung, d. h. der Entwicklung aller menschlichen Kräfte als solcher, nicht gemessen an einem v o r h e r g e g e b n e n Maßstab, zum Selbstzweck macht? wo er sich nicht reproduziert in einer Bestimmtheit, sondern seine Totalität produziert? Nicht irgend etwas Gewordnes zu bleiben sucht, sondern in der absoluten Bewegung des Werdens ist? In der bürgerlichen Ökonomie – und der Produktionsepoche, der sie entspricht, – erscheint diese völlige Herausarbeitung des menschlichen Innern als völlige Entleerung, diese universelle Vergegenständlichung als totale Entfremdung, und die Niederreißung aller bestimmten einseitigen Zwecke als Aufopferung des Selbstzwecks unter einen ganz äußren Zweck. Daher erscheint die kindische alte Welt als das Höhere. Andrerseits ist sie es in alledem, wo geschloßne Gestalt, Form und gegebne Begrenzung gesucht wird. Sie ist Befriedigung auf einem bornierten Standpunkt; während das Moderne unbefriedigt läßt, oder wo es in sich befriedigt erscheint, g e m e i n ist."[247]

Wenn sich auch elegische Töne in Friedrich Schlegels Wertung der griechischen Poesie und der Antike mischen, so deuten sie im Sinne kritischer Feststellungen an, welche neuen sozialen Komponenten er bereits in die Reflexion einbezieht, wenn er die griechische Poesie als Gegenentwurf zur Wirklichkeit seiner Zeit – die „alle Theile der Menschheit" vereinzelt und verstümmelt[248] – beschwört: „Trostlos und ungeheuer steht die Lücke vor uns: der Mensch ist zerrissen, die Kunst und das Leben sind getrennt. – Und dieses Gerippe war einst Leben! Es gab eine Zeit, es gab ein Volk, wo das himmlische Feuer der Kunst, wie die sanfte Gluth des Lebens beseelte Leiber durchdringt, das All der regen Menschheit durchströmte! –“[249]

Die griechische Poesie erscheint Friedrich Schlegel als eine einfache, natürliche, nicht durch mühsame Reflexion belastete Kunst; sie repräsentiert die vollkommenste Proportionalität und Harmonie aller menschlichen Kräfte. Harmonisch umfaßt sie „das Ganze der menschlichen Natur“[250]. Sie ist „eine allgemeine Naturgeschichte der Dichtkunst; eine vollkommne und gesetzgebende Anschauung“[251]. Ihr Gegenstand ist die „reinste Menschheit“[252].

Aber entschieden wendet sich Schlegel gegen eine platte Nachahmung der griechischen Poesie und gegen eine sentimentale „Werthersche Ansicht“[253] dieser Epoche.

Hierin stimmt er mit Schiller überein. Auch dieser hatte das Zerbrechen der Einheit zwischen Mensch und Natur, zwischen Mensch und „vermenschlichter“ Natur (der Arbeitswelt) sowie die Zerrissenheit des Menschen konstatiert und daran seine Reflexion über naive (antike) und sentimentalische (moderne) Poesie geknüpft.

Schiller hielt – gleich Friedrich Schlegel – die Zersplitterung aller menschlichen Kräfte und Anlagen in der Gegenwart für eine notwendige Durchgangsstufe auf dem Wege zu einer höheren Einheit und Harmonie, die durch tätige Bildung der Menschheit, also durch sie selbst, erreichbar sei. Er lehnte jene Ansichten ab, die mit der Verherrlichung der griechischen Poesie auch nur von ferne den Gedanken einer Rückkehr zu dieser geschichtlich früheren Stufe verbanden. Vor allem wandte er sich gegen den elegischen Charakter eines Ideals, das „die Menschheit, um nur des Streits in derselben recht bald loszuwerden, lieber zu der geistlosen Einförmigkeit des ersten Standes zurückgeführt, als jenen Streit in der geistreichen Harmonie einer völlig durchgeführten Bildung geendigt sehen“, das „die Kunst lieber gar nicht anfangen lassen, als ihre Vollendung erwarten will, kurz, [. . .] das Ziel lieber niedriger steckt und das Ideal lieber herabsetzt, um es nur desto schneller, um es nur desto sicherer zu erreichen"[254]. Was bei den Griechen Natur und somit verdienstlos gewesen sei, solle die gegenwärtige Menschheit durch Kunst und Vernunft auf einer höheren Stufe reproduzieren und damit vollenden.

Auch Friedrich Schlegel sieht in den Gebrechen seiner Zeit noch die Chance eines geschichtlichen Fortschritts. Die Griechen dürfe man nicht „als Günstlinge eines willkührlichen Glücks beneiden. Unsere Mängel selbst sind unsere Hoffnungen: denn sie entspringen eben aus der Herrschaft des Verstandes, dessen zwar langsame Vervollkommnung gar keine Schranke kennt. Und wenn er das Geschäft, dem Menschen eine beharrliche Grundlage zu sichern, und eine unwandelbare Richtung zu bestimmen, beendigt hat, so wird es nicht mehr zweifelhaft seyn, ob die Geschichte des Menschen wie ein Zirkel ewig in sich selbst zurückkehre, oder ins Unendliche zum Bessern fortschreite."[255]

Es wird sichtbar, daß die Frühromantiker zu dieser Zeit ihrer „Gräcomanie" an der Hoffnung, ja Gewißheit festhalten, daß die neue Gesellschaftsordnung gleichbedeutend mit Fortschritt sei. Noch sind die Resultate der bürgerlichen Entwicklung nicht so offenbar, als daß sie diese optimistische Überzeugung erschüttern oder gar widerlegen könnten. Die Anrufung des Antike-Ideals soll diese Entwicklung lediglich über bestimmte ideologische Vermittlungen beschleunigen helfen.

Darum steht es nicht im Widerspruch zu seinem Enthusiasmus für die griechische Antike, wenn Friedrich Schlegel in der geschichtsphilosophischen Reflexion über sie im Gedanken der grenzenlosen Vervollkommnung weiterhin den Standpunkt Condorcets bewahrt.

Die Geschichte, „der treue Bericht von dem Kriege der Menschheit und des Schicksals", werde charakterisiert durch die „nothwendige Genesis und Progression der menschlichen Bildung"[256]. Bildung als „Entwicklung der Freyheit ist die nothwendige Folge alles menschlichen Thuns und Leidens, das endliche Resultat jeder Wechselwirkung der Freyheit und der Natur"[257]. Dieser Fortschritt in der menschlichen Bildung aber zeichne sich aus durch unendliche Perfektibilität.[258]

Dagegen ist gerade „die Herrlichkeit der Alten von ihrem

tiefen Falle unzertrennlich; beyde entspringen aus der Herrschaft des Triebes. Der Verstand bleibt zurück, verkennt die Mittel, verwechselt Mittel und Zweck. Der Trieb fängt an mit Natur und endigt in Natur [. . .]“[259] Hier kehrt – nach Friedrich Schlegel – der Weg der geschichtlichen Entwicklung in einem Kreislauf immer wieder zu seinem Anfang zurück, und es gibt keinen Fortschritt wie in der Gegenwart. Vom Standpunkt seines noch unangefochtenen Vernunftideals verstrickt er sich allerdings in einen theoretischen Widerspruch: für die antike Geschichte wird ein Kreislauf, für die moderne Geschichte das Fortschreiten der Entwicklung konstatiert. Dieser Widerspruch beruht auf dem im wesentlichen noch intakten Bild von der Gegenwart.

Friedrich Schlegels Berufung auf die Antike ist von der Gewißheit getragen, daß die Freiheit im Kampf mit dem Schicksal und der Natur – den äußeren, d. h. objektiven Determinanten menschlichen Handelns – siegen wird. In diesem Kampf kommt der Selbsttätigkeit als wichtigstem Merkmal der modernen Kunst entscheidende Bedeutung zu. Mit Schiller wendet sich Schlegel gegen jenes ästhetische Vorurteil (ein Vorurteil mit politischen Implikationen), demzufolge die schöne Kunst das Geschenk einer günstigen Natur und nur dort möglich sei, wo die Wirklichkeit selbst schon edel, schön und reizend sei.[260] Schlegel zweifelt zu dieser Zeit noch nicht an den Möglichkeiten produktiver Verwirklichung der Individuen unter den neuen gesellschaftlichen Bedingungen, sondern er ist bereit, sich den Widersprüchen der Gegenwart mit den Waffen der Kunst zu stellen.

Leise klingen allerdings schon Momente des Subjektivismus an. Die Poesie, eine universelle Kunst, müsse überall gedeihen können, da ihr Organ – die Phantasie – der Freiheit nahe verwandt und weniger abhängig von äußeren Einflüssen sei als etwa die bildende Kunst.[261] Durch Schwung der Freiheit und durch echte Bildung könne sich die Poesie immer neu entfalten. Generell aber abstrahiert Friedrich Schlegel keineswegs von diesen äußeren Bedingungen, wie noch daran zu sehen sein wird, welche Bedeutung er den politischen Verhältnissen in der athenischen Demokratie für die Blüte der Poesie beimißt.

Friedrich Schlegel ist gewiß, „dass der Mensch mit der wachsenden Höhe wahrer Geistesbildung auch an Stärke und Reizbarkeit des Gefühls, also an echter ästhetischer Lebenskraft [...] eher gewinne als verliere"[262]. Noch verheißt ihm die neue, mit der Herausbildung industriekapitalistischer Produktionsverhältnisse erreichte Stufe der historischen Entwicklung eine universelle Entfaltung des Menschen, ohne daß seine einzelnen Kräfte in unversöhnlichen Gegensatz zueinander treten.

Unter diesem Aspekt erhoffter Vervollkommnung muß er es auch als ein Vorurteil abtun, daß die italienische, englische, französische oder deutsche Poesie – bei allen kritikwürdigen Mängeln – ihr goldenes Zeitalter schon gehabt habe. Goethes Schaffen ist ihm ein Beweis und Zeugnis für die großen Möglichkeiten der Poesie in der Gegenwart und in der Zukunft. Die Idee des geschichtlichen Fortschritts schließt für Friedrich Schlegel dabei manch scheinbaren oder unvermeidlichen Rückgang ein.[263]

Die Theorie wird das Instrument sein, das die moderne Kunst, die von Anfang an vom Verstand gelenkt war, wieder auf den richtigen Weg führen wird. Dazu bedarf die Theorie jedoch des Beispiels einer Kunst schlechthin – nämlich der griechischen Poesie, die zur Theorie die „vollkommene Anschauung" liefert, das „höchste ästhetische Urbild"[264]. Schlegel betont, daß die Nachahmung der griechischen Poesie nicht sklavisch erfolgen könne, sondern nur mit „höchster Selbständigkeit" möglich sei[265].

Die griechische Poesie verkörpert für Schlegel in exemplarischer Weise menschliche Freiheit als Resultat schöpferischer Selbsttätigkeit. Deshalb ist die „grosse moralische Revoluzion, durch welche die Freyheit in ihrem Kampfe mit dem Schicksal (in der Bildung) endlich ein entschiedenes Uebergewicht über die Natur bekommt"[266] bzw. eine „ästhetische Revoluzion"[267] im Reiche der Literatur, die durch die Beschäftigung mit den Errungenschaften der griechischen Poesie stimuliert bzw. ausgelöst werden kann, das sicherste Mittel ihrer Realisierung. Denn der „physischen Revoluzion", der Revolutionierung der wirklichen Verhältnisse, traut Schlegel nicht: „[...] die Anwendung auf die Geschichte kann die schlimmsten Mißverständnisse veranlassen, wenn der Blick fehlt, den eigentlichen Punkt zu treffen, den rechten Moment wahrzunehmen, das Ganze zu übersehn. Es ist immer schwer, oft unmöglich, das verworrne Gewebe der Erfahrung in seine einfachen Fäden aufzulösen, die gegenwärtige Stufe der Bildung richtig zu würdigen, die nächstkommende glücklich zu errathen."[268]

Hier wird eine geschichtliche Erfahrung der bürgerlichen Klasse vorweggenommen, die sich nach Marx immer in der Situation des Zauberlehrlings sah, ihre eigenen Beziehungen, Verhältnisse und die Folgen ihrer Handlungen nicht erkennen zu können auf Grund der tatsächlichen Mystifikation dieser Verhältnisse, und die darum immer Gefahr lief, sich vor ein anderes Resultat als das gewollte gestellt zu sehen.[269]

Nicht die großen Leistungen der griechischen Poesie allein sind es, durch die sie Friedrich Schlegel als „eine Allegorie auf die vollständige Menschheit"[270] erscheint. Vielmehr sind es die sie bedingenden gesellschaftlichen Voraussetzungen, die ihr auch für die Gegenwart noch Vorbildcharakter verleihen, ja sogar zukünftige Ziele und Hoffnungen artikulieren.

Die griechische Poesie ist nun das Maß der gesellschaftlichen Zustände jener Zeit. Von ihrer Leistung aus wird auf die soziale Wirklichkeit geschlossen, die den Athener Bürgern die Chance bot, sich als freie, gleichberechtigte Individuen uneingeschränkt und voll zu entfalten. Die Apotheose der griechischen Poesie meint den Hymnus auf die athenische Demokratie. Im Februar 1796 hatte Friedrich Schlegel an seinen Bruder August Wilhelm geschrieben: „– Ueberdem gehört ein revolutionäres Genie dazu, um den politischen Geist der Alten zu verstehen [. . .]"[271] Diese Einstellung bestimmt auch seinen Blickpunkt in bezug auf ihre künstlerischen Leistungen.

Die Blüte der griechischen Poesie bezeugt für ihn unmittelbar den Wert der gesellschaftlichen Verhältnisse in der Polisdemokratie. „Jeder Mensch ist gebohrner Künstler. Selbst die Griechen waren Künstler in Masse, das Volk war künstlerisch."[272] Dieser politische und soziale Zusammenhang ist es, den Friedrich Schlegel in der Geschichte der griechischen Literatur verfolgen will und den aufzudecken er ausdrücklich als seine Methode der Literaturgeschichtsschreibung erklärt:

„In den verborgensten Tiefen der Sitten und Staatengeschichte muss dasjenige oft erst entdeckt werden, wodurch allein ein Widerspruch, eine Lücke der Kunstgeschichte aufgelöst, ergänzt, die zerstreuten Bruchstücke geordnet, die scheinbaren Räthsel erklärt werden können: denn Kunst, Sitten und Staaten der Griechen sind so innigst verflochten, daß ihre Kenntniss sich nicht trennen läßt. Und überhaupt ist die Griechische Bildung ein Ganzes, in welchem es unmöglich ist, einen einzelnen Theil stückweise vollkommen richtig zu erkennen."

Diese methodologische Prämisse ist eine der großen Leistungen Friedrich Schlegels, die sich auch noch in seinen späten, konservativen literaturgeschichtlichen Vorlesungen bewährt. Sie wird nun mit Konsequenz durchgehalten. Seine Untersuchungen fördern zutage, daß der Höhepunkt der künstlerisch-literarischen Entwicklung mit der breiten Entfaltung politischer Freiheiten in der athenischen Demokratie zusammenfällt und daß mit deren Niedergang auch die Literatur an Größe und Wert verliert. Bei der Erkenntnis der sozialen Bedingtheit von Literatur und Kunst dringt er vor bis zu Einsichten in den Zusammenhang zwischen Privateigentum und politischer Freiheit. Die Vermögensungleichheit verhindere die politische Gleichheit, und die „Absonderung des Eigentums" widerspreche der „vollständigen Gemeinschaft"[273], die „das Wesen des Staats" ausmache. Darum gilt sein besonderes Lob der Gesetzgebung Solons, die diese Ungleichheit des Besitzes auszugleichen trachtete.

Friedrich Schlegel vertrat – im Anschluß an Winckelmann, Herder und Lessing – ein ausgesprochen politisches Anliegen, wenn er den d e m o k r a t i s c h e n Charakter griechischer Kunst und Sitten[274] dem eigenen Zeitalter kritisch entgegenhielt.

„Die politische Beurtheilung ist der höchste aller Gesichtspunkte: die untergeordneten Gesichtspunkte der moralischen, ästhetischen und intellektuellen Beurtheilung sind u n t e r s i c h g l e i c h. Die Schönheit ist ein ebenso ursprünglicher und wesentlicher Bestandtheil der menschlichen Bestimmung als die Sittlichkeit. Alle diese Bestandtheile sollen unter sich im Verhältnisse der Gesetzesgleichheit (Isonomie) stehn, und die schöne Kunst hat ein unveräusserliches Recht auf g e s e t z -

liche Selbständigkeit (Autonomie). Diesem Fundamentalgesetze muss auch die herrschende Kraft, welche das Ganze der menschlichen Bildung lenkt und ordnet, getreu bleiben: sonst vernichtet sie selbst den Grund, worauf sich das Recht ihrer Herrschaft allein stützt. Es ist die Bestimmung des politischen Vermögens, die einzelnen Kräfte des ganzen Gemüths, und die Individuen der ganzen Gattung zur Einheit zu ordnen. Die politische Kunst darf zu diesem Zwecke die Freyheit der Einzelnen beschränken, ohne jedoch jenes konstitutionelle Grundgesetz zu verletzen; aber nur unter der Bedingung, dass sie die fortschreitende Entwicklung nicht hemmt, und eine künftige vollendete Freyheit unmöglich macht. Sie muss gleichsam streben, sich selbst überflüssig zu machen."[275]

Der Mangel an solcher Art von Bildung, die „Seltenheit des Genies" in seiner Zeit ist – das glaubt Schlegel mit Bestimmtheit zu wissen – „nicht die Schuld der menschlichen Natur [...], sondern unvollkommner menschlicher Kunst, politischer Pfuscherey"[276]. Die Voraussetzung der von Schlegel postulierten Totalität der Individuen ist also deren politische Freiheit. Diese Freiheit wird, nicht ohne ahistorische Projektion bürgerlicher Vorstellungen (Freiheit der Individuen in der „freien" Konkurrenz), bestimmt „durch das Hinwegnehmen aller Schranken", nur durch den eigenen Willen und das Handeln aus „reiner Willkür und Laune", „während das Gesetz großmüthig seinem Rechte entsagt"[277].

Die positive Beziehung der bürgerlichen Ideologen zur Antike begründet Wolfgang Heise mit der ökonomischen „Gemeinsamkeit des Privateigentums und der Warenproduktion. Sie findet Analogie, Vorbild und bestätigende Autorität in den Leistungen der Griechen, die gerade Ergebnis ihrer Emanzipation, der Auflösung der blutverwandtschaftlichen und Stammesbindungen, der Etablierung des freien Privateigentümers als freien Polisbürger und der Selbstbehauptung gegenüber dem orientalischen Despotismus sind: Resultat der durch die Warenproduktion aufgelösten Gentilgesellschaft und neuen organisierten sozialen Beziehungen, die ihrerseits eine explosionsartige Entfesselung der schöpferischen geistigen und politischen Kräfte ermöglichten und erforderten."[278] Seinen Gipfelpunkt erreichte dieser historische Prozeß tatsächlich in der Polisdemokratie „als höchster Gestalt antiker politischer Freiheit und rationaler Organisation“[279].

Der Emanzipationsprozeß der Individuen in der Antike bot Parallelen zur gewaltigen Entfesselung produktiver gesellschaftlicher Kräfte durch die bürgerlich-kapitalistische Entwicklung. Die Analogie stieß dort an ihre Grenze, wo diese produktiven Kräfte als fremde, bedrohliche und sie beherrschende äußere Mächte sich gegen die Individuen kehrten. Hier mußten Illusionen aushelfen, die um so leichter möglich waren, als die bürgerlichen Ideologen ihre Vorstellungen über Gleichheit und Freiheit aus der Sphäre der Waren z i r k u l a t i o n, des A u s t a u s c h e s bezogen und von den Antagonismen der P r o d u k t i o n s sphäre weitgehend abstrahierten. Im Austauschprozeß aber interessieren die Individuen nur in ihrer abktrakten Eigenschaft als Warenbesitzer, die hier einander als scheinbar gleichberechtigte Tauschpartner von Waren gegenübertreten.[280*]

Daraus folgte notwendig eine ebenso abstrakte humanistische Konzeption von d e m Menschen, die auch in der Bewertung der Antike gewisse abstrakte und unhistorische Züge provozierte.

So konnte die positive Übereinstimmung von politischen Verhältnissen und künstlerischer Leistung idealisiert werden, ohne daß die härteste soziale Ungleichheit, die ihr Preis und ihre Grundlage war, wahrgenommen wurde oder ins Gewicht fiel:

„Die Bildung der Griechen war durchaus einfach, ihr Geist entwickelte und vollendete sich ganz frei aus eigner Natur. Bei keinem andern Volke konnten alle Kräfte und Anlagen des Menschen sich so frei, rein und bestimmt äussern und üben, und durch alle Stufen der Bildung, aufwärts und abwärts, den Kreislauf der sich selbst überlassnen Natur vollenden. Ihre Geschichte ist die Geschichte der menschlichen Natur. Die Poesie war bei ihnen einheimisch [...], ein Theil ihres Charakters selbst, ein wichtiges Werkzeug ihrer Bildung, immer ein treuer Abdruck der öffentlichen Sitten und der öffentlichen Denkart [...]“[281]

Friedrich Schlegel übersieht dabei – im Gegensatz etwa zu

Condorcet –, daß diese Entfaltung aller Kräfte und Anlagen erstens nur einer Minorität von Individuen vergönnt war, daß sie zweitens eine niedrige Stufe der geschichtlichen Entwicklung repräsentiert, daß sie also eine „bornierte Totalität" darstellt.

Marx verwies allerdings darauf, daß die „Entwicklung der Fähigkeiten der Gattung Mensch [. . .] sich zunächst auf Kosten der Mehrzahl der Menschenindividuen und ganzer Menschenklassen macht"[282]. In diesem Sinne betonte Engels die dialektische Funktion der antiken Sklaverei im Prozeß geschichtlichen Fortschritts in ihrer widersprüchlichen Rolle: „vermittelst einer gesteigerten Arbeitsteilung" ermöglichte die antike Sklaverei erst „wenigen Bevorrechteten" die Beschäftigung mit Kunst und Wissenschaften und damit die Blüte des griechischen Geisteslebens, aber als eine spezifische Stufe der Arbeitsteilung schuf sie diese Privilegien nur für die Minderheit bemittelter athenischer Bürger – auf Kosten der Masse der für sie arbeitenden Sklaven.[283]

„Jeder hat noch", bekennt Friedrich Schlegel in einem Athenäums-Fragment freimütig und nicht ohne Selbstironie, „in den Alten gefunden, was er brauchte, oder wünschte; vorzüglich sich selbst"[284]. In einer frühen Rezension zu Herders *Briefen zur Beförderung der Humanität* (die auch die Vorzüge der griechischen Antike gegenüber der modernen Zeit erörterten, wenngleich in distanzierterer Weise) verteidigt Friedrich Schlegel seinen Maßstab eines absolut Schönen, an dem die Kunst der Gegenwart zu messen möglich sein müsse und den er in der griechischen Poesie gefunden zu haben wähnt. Man habe nicht nachweisen können, daß es „einen allgemeinen Maßstab der Würdigung" nicht gebe. „Wenn noch kein tadelloser Versuch, das Feld der Poesie einzuteilen vorhanden ist, muß diese Einteilung darum überhaupt unmöglich sein? –" „Die Methode", wirft er Herder vor, „jede Blume der Kunst, ohne Würdigung, nur nach Ort, Zeit und Art zu betrachten, würde am Ende auf kein andres Resultat führen, als daß alles sein müßte, was es ist und war."[285] Schlegel fürchtet, Herders Bemühen um geschichtliche Bewertung künstlerischer Erscheinungen könne zur Verklärung der jeweils gegebenen historischen Realität führen statt zur kritischen Konfrontation mit Hilfe eines hohen Ideals. Aufrüttelnde Kritik scheint ihm aber nur aus seiner Sicht möglich zu sein, unter dem Aspekt der politisch-emanzipatorischen Funktion, die er seiner Apotheose der Antike zugedacht hat.

Im Sinne des gleichen Anliegens nimmt er auch den wegen seiner idealisierenden Ansicht der Antike kritisierten Forster in Schutz, über den er gleichsam zur Selbstrechtfertigung sagt: „Das Einzelne aber in jeder Ansicht der Griechen sollte man ihm um so weniger strenge auf die Waage legen, da es ohnehin eine allgemeine Liebhaberei der deutschen Autoren ist, die Geschichte des Altertums zu erfinden, auch solcher, die in der gesellschaftlichen Natur ihrer Schriften durchaus keine Entschuldigung finden können."[286] Eine solche Entschuldigung aber darf Forster als gesellschaftlicher, d. h. demokratisch-republikanischer Schriftsteller, der die höchsten Vorstellungen von der bessernden Wirkung der Kunst auf die menschliche Gesellschaft vertrat, nach Friedrich Schlegels Meinung durchaus für sich beanspruchen.

Die „Erfindung" der Geschichte des Altertums betraf vor allem jene jungen bürgerlichen Schriftsteller und Gelehrte, deren „heroische Illusionen" nicht durch Einsicht in den gesetzmäßigen Gang der Geschichte relativiert waren und durch den unmittelbaren, bereitwillig aufgenommenen Einfluß der Französischen Revolution und ihrer Ideale einen neuen, wenn auch kurzlebigen Aufschwung erhalten hatten.

Dieser enthusiastische, illusionäre Standpunkt war bei den deutschen Frühromantikern stärker ausgeprägt als bei den meisten zeitgenössischen bürgerlichen Ideologen.

Je deutlicher sich die Konturen und Formen der bürgerlich kapitalistischen Ordnung abzeichneten, desto mehr erlosch die Anziehungskraft des Antike-Ideals, das den Anbruch dieser neuen Gesellschaft mit seinen Hoffnungen und Utopien begleitet hatte. Seine Bedeutung schwindet zu dieser Zeit nicht nur für die Frühromantik, sondern für die gesamte bürgerliche Ideologie.[287*]

Die Abkehr vom Ideal der griechischen Antike, die bei Friedrich Schlegel erst ziemlich spät – in den Jahren 1803/04 –, bei den anderen Romantikern aber bereits 1797/98 einsetzt, signalisiert die politische Resignation und die aus dem Zusammenbruch der heroischen Illusionen resultierende beginnende Reaktion.

„Die alte Kunst selbst will nicht ganz wiederkommen, so rastlos auch die Wissenschaft alle angehäuften Schätze der Natur bearbeitet. Zwar scheint es oft: aber es fehlt immer noch etwas, nämlich grade das, was nur aus dem Leben kommt und was kein Modell geben kann [. . .]"[288] So lautet das resignative Fazit dieser Periode.

Das Antike-Ideal Schlegels unterlag selbst einer Veränderung. Hatte zunächst die Blüte der griechischen Polis in der athenischen Demokratie im Zentrum der Aufmerksamkeit gestanden, so verlagerte sich der Akzent immer mehr auf den Lobpreis des spartanischen Königtums als eines Stadtstaates mit einer aristokratischen Verfassung, während die athenische Verfassung zunehmend negativ bewertet wurde.[289] Sie wird als Auflösung des Königtums in Demokratie gleichgesetzt mit der Auflösung des Staates überhaupt, zugleich sei dieser Vorgang von der Zerstörung des einheitlichen Volksganzen begleitet gewesen. In späterer Zeit wird die positive Einschätzung der Antike gänzlich zurückgenommen und wandelt sich in ausgesprochene Abwertung und Unterschätzung.[290]

Die Realität des bürgerlichen Alltags hatte ihre idealisierte Sicht aus der Perspektive antiker Normen widerlegt. Das Ideal war durch die Wirklichkeit nicht bestätigt worden. Während die Mehrzahl der bürgerlichen konzeptiven Ideologen nun um tätige produktive Vermittlung und Auseinandersetzung mit dieser Wirklichkeit rang, durchforschten die Frühromantiker weiter die geschichtliche Vergangenheit nach einem Modell, dessen idealisierte Züge geeignet schienen, ihre Sehnsüchte zu verkörpern.

Ein solch idealisiertes Bild vom Mittelalter nahm nun Stelle und Funktion des Antikemodells in ihrem Weltbild ein. Darum ist es falsch, romantisches Antike- und Mittelalterideal einander starr entgegenzusetzen. Beide bezeichnen unterschiedliche Phasen im Entwicklungsprozeß der frühromantischen Weltanschauung. Beide aber sind der Versuch, die vom Epochenumbruch am Ende des 18. Jahrhunderts gestellten sozialen Probleme mit verschiedenen Mitteln theoretisch zu bewältigen.

Die Utopie vom Mittelalter – der Historiker als „rückwärtsgekehrter Prophet"

Der ideologische Rückgriff auf vergangene Epochen schließt stets widersprüchliche Tendenzen in sich ein, weil die Gefahr einer einseitigen und unhistorischen Betrachtungsweise besteht. Wenn die Vergangenheit als Ideal einer gegebenen Gegenwart gegenübergestellt wird, kann das in restaurativer Absicht geschehen: Das retuschierte Bild einer Epoche wird als illusionäre geschichtliche Alternative beschworen, deren Wiederherstellung unter fortgeschritteneren Bedingungen unmöglich ist oder einen entschiedenen historischen Rückschritt bedeuten würde.

Dieser Rückgriff kann aber auch dazu dienen, mittels eines revolutionären Ideals eine geschichtlich progressive Bewegung voranzutreiben, so daß sie subjektiv über ihren objektiv begrenzten Klasseninhalt hinausgelangt. In der Ideologie von Ausbeuterklassen – so auch in der bürgerlichen Ideologie – hat die Berufung auf die historische Vergangenheit eine unterschiedliche politische Funktion gehabt, wie die Geschichte der Antike- und der Mittelalterrezeption zeigt.

Die Hinwendung zum Mittelalter spielte bereits in der Aufklärung, vor allem bei Herder, Goethe und Schiller, eine Rolle. Sie erhält jedoch in der deutschen Frühromantik allmählich andere Akzente. Auch hier wirkt die in Deutschland gleichfalls fortschreitende Differenzierung des dritten Standes und deren Widerspiegelung in unterschiedlichen Richtungen der bürgerlichen Ideologie bestimmend auf die historische Rückbesinnung. War sie bei den Romantikern anfangs verbunden mit einer berechtigten kritischen Analyse sozialer Erscheinungen des sich mehr und mehr ausprägenden Industriekapitalismus, so erfolgt sie mit ihrer Ausbildung als politische Alternative zunehmend unter reaktionärem Vorzeichen und ist gezeichnet von einer religiösen Grundhaltung.

Nicht die Rückwendung zu einer vergangenen historischen Epoche ist reaktionär, sondern das – zunehmend restaurative – ideologische Interesse, das diese Epoche zum idealisierten Maßstab der neuesten zeitgeschichtlichen Entwicklung werden läßt.

Bei Herder z. B. diente der Rückgriff auf das Mittelalter zur kritischen Konfrontation der noch bewahrten Reste alter germanischer Freiheiten mit dem „Land- und Seelenjoche" des neuzeitlichen Despotismus[291]*, richtete sich also gegen den verfallenden Feudalismus in seiner Endphase. Ähnlich spiegelte Goethes literarisches Denkmal für die vergangene Größe deutscher Baukunst[292] die Erinnerung an kulturhistorische Zeugen der Vergangenheit in einem Moment wider, in dem die ideologische Emanzipationsbewegung des deutschen Bürgertums aus ihrer lokalen Zersplitterung heraustrat und nationale Ausmaße anzunehmen begann.

Die kleinbürgerlichen Romantiker hingegen legten die Ritterrüstung an, um gegen die „herzschnürende Prosa"[293] des kapitalistischen Alltags zu streiten. Nicht der Feudalismus als eine vergangene historische Realität, sondern dessen poetisch übermaltes Bild mit seinen glänzenden Zügen gab die Folie ab für ein harmonisches Gegenmodell zur neuen kapitalistischen Gesellschaft, das zugleich deren verborgene Widersprüchlichkeit kritisch bloßstellen sollte. Die gute Absicht dieser Kritik mußte um so mehr fehlschlagen, als im Gegensatz zu den Ländern Westeuropas antikapitalistische Strömungen in Deutschland „bewußt und wirksam von den hier noch so relativ starken feudalen Elementen ausgenutzt, gegen die kapitalistische Bewegung eingesetzt" werden. Sie „hemmen so, feudal eingesetzt, die Entwicklung des Kapitalismus und verlängern die Todespein, ohne jedoch den qualvollen Tod, den er so vielen bringt, zu verhindern."[294]

Bei den Frühromantikern als ideologischen Interessenvertretern kleinbürgerlicher Schichten schlug mit dem Prozeß immer stärkerer Kapitalisierung des gesellschaftlichen Lebens „der gerechte Zorn über die Philister [. . .] um in versauerte Philister-Verdrießlichkeit über die historische Woge", die sie selbst „auf den Strand warf"[295].

Restaurative Momente bestimmten nach 1815 – seit dem Sieg der europäischen Reaktion über Napoleon – vollends das romantische Weltbild.

Keiner der bürgerlichen Ideologen ihrer Zeit – das sei nochmals betont – hat so hellsichtig wie die Frühromantiker die Widersprüche der neu sich herausbildenden bürgerlichen Gesellschaft wahrgenommen; sie signalisierten den mit der Entfaltung der bürgerlichen Produktionsverhältnisse gesetzmäßig eintretenden Fakt, daß sich, „verglichen mit den prunkhaften Verheißungen der Aufklärung, [. . .] die durch den ‚Sieg der Vernunft' hergestellten gesellschaftlichen und politischen Einrichtungen als bitter enttäuschende Zerrbilder" erwiesen.[296]

Darin liegt ihre unbestreitbare Leistung. Sehr früh erkennen sie die Bedrohung der Individualität durch die kapitalistischen Produktionsverhältnisse. Das äußert sich zunächst in der abstrakten Klage über „das schwächliche Gepräge dieses [. . .] Zeitalters"[297] und seine „ewige Krankheit", „Mittelmäßigkeit" oder „Mediocrität", die – in der mythologisierenden Ausdrucksweise der Frühromantik – als „Ahriman des Zeitalters"[298] herrscht und ihm seine charakteristischen Züge verleiht. Der mediokre Geist der Zeit spiegelt sich für sie in der „gänzlichen Trennung und Vereinzelung der menschlichen Kräfte"[299]. Über diese damals verbreitete Erkenntnis einer typischen sozialen Erscheinung hinaus erreichten die Frühromantiker mit ihrer Kritik bald zielgerichtet wesentliche und für kapitalistische Produktionsverhältnisse spezifische gesellschaftliche Phänomene:

Diese Kritik gilt der Abhängigkeit der unter bürgerlichen Verhältnissen lebenden Individuen von den sachlichen Bedingungen der Produktion. „Der Z y n i k e r (d. h. der Mensch, der sich kraft seines höheren ideellen Standpunktes von der Wirklichkeit lösen kann – G. H.) dürfte eigentlich gar keine Sachen haben: denn alle Sachen, die ein Mensch hat, haben ihn doch in gewissem Sinne wieder."[300*]

Sie betrifft ebenso das Faustrecht der Nützlichkeit, Käuflichkeit, „Ökonomie", das alle menschlichen Beziehungen universell durchdringt: „Es gibt rechtliche und angenehme Leute, die den Menschen und das Leben so betrachten und besprechen, als ob von der besten Schafzucht oder vom Kaufen und Verkaufen der Güter die Rede wäre [. . .] Jeder Mensch hat seinen ökonomischen Instinkt, der gebildet werden muß, so gut wie auch die Orthographie und die Metrik gelernt zu werden verdienen. Aber es gibt ökonomische Schwärmer und Pantheisten, die nichts achten als die Notdurft und sich über nichts freuen als über ihre Nützlichkeit. Wo sie hinkommen, wird alles platt und handwerksmäßig, selbst die Religion, die Alten und die Poesie, die auf ihrer Drechselbank nichts edler ist als Flachshecheln."[301]

„Alltäglichkeit", „Ökonomie" erscheinen als „das notwendige Supplement aller nicht schlechthin universellen Naturen"[302], deren Streben nach Erwerb ihr Denken und ihre Beziehungen verarmt und sie in den Augen der Frühromantiker verächtlich macht. Sie dagegen trachten, den esoterischen Standpunkt der Erhabenheit über solchen ökonomischen Pragmatismus zu behaupten. Denn jene Nützlichkeit und platt verstandene Rechtlichkeit mißgönnen der Sittlichkeit, die für die Frühromantiker in der tätigen Selbständigkeit der Individuen besteht, die Existenz[303]. Hier ist die mit diesen Verhältnissen verbundene Einschränkung ebenso scharfsichtig beobachtet wie die unter dem Schein freierer Entfaltung der Individuen verborgene Abhängigkeit von kapitalistischen Produktionsverhältnissen.[304]* Mit der Verdammung des „platten Menschen", der zwar „alle andre[n] Menschen wie Menschen" beurteilt, „sie aber wie Sachen behandelt"[305], opponiert die Frühromantik gegen die „Austauschbarkeit aller Produkte, Tätigkeiten, Verhältnisse gegen ein Drittes, S a c h l i c h e s, was wieder gegen alles o h n e U n t e r s c h i e d ausgetauscht werden kann – also die Entwicklung der Tauschwerte (und der Geldverhältnisse)", die nach Marx „identisch mit der allgemeinen Venalität, Korruption" ist.[306] Sie wendet sich damit gegen die Subsumtion aller Verhältnisse in der bürgerlichen Gesellschaft „unter das Eine abstrakte Geld- und Schacherverhältnis"[307].

Das Geld als „materieller Ausdruck dieses Nutzens" aller Dinge, Beziehungen, Personen, als „der Repräsentant der Werte aller Dinge, Menschen und gesellschaftlichen Verhältnisse"[308], das in einem Prozeß genereller Käuflichkeit und Verkaufbarkeit alles sich anverwandelt[309]*, ist das mit unumschränkter praktischer Macht ausgestattete Symbol dieser Unterwerfung aller Personen und Sachen wie aller Verhältnisse unter die „Ökonomie“. Sarkastisch beschreiben die Frühromantiker diese Macht des Geldes in seiner allgemeinen „Verständlichkeit“ und universellen „Kommunikationsfunktion“ so: „Schon oft hatte ich die Objektivität des Goldes im stillen bewundert, ja ich darf wohl sagen angebetet. Bei den Chinesen, dachte ich, bei den Engländern, bei den Russen, auf der Insel Japan, bei den Einwohnern von Fetz und Marokko, ja sogar bei den Kosaken, Tscheremissen, Baschkiren und Mulatten, kurz überall wo es nur einige Bildung und Aufklärung gibt, ist das Silber, das Gold verständlich und durch das Gold alles übrige. Wenn nun erst jeder Künstler diese Materien in hinreichender Quantität besitzt, so darf er ja nur seine Werke in Basrelief schreiben, mit goldnen Lettern auf silbernen Tafeln. Wer würde eine so schön gedruckte Schrift, mit der groben Äußerung, sie sei unverständlich, zurückweisen wollen?“[310]

Sie erahnen die Auswirkungen einer sozialen Entwicklung, die alle Dinge und Personen in Waren verwandelt und sie nur noch unter diesem Gesichtspunkt von Belang sein läßt, was der gesellschaftlichen Bewegung in den Augen der Individuen „die Form einer Bewegung von Sachen“ verleiht, „unter deren Kontrolle sie stehen, statt sie zu kontrollieren“[311].

Als Verlust des Lebens an Farbigkeit und Individualität, an „Poesie“, reflektieren die Frühromantiker den nivellierenden Charakter eines gesellschaftlichen Prozesses, in dem sich die Individuen nur noch im wechselseitigen Verkehr als W a r e n besitzer gegenüberstehen und einer für sie undurchschaubaren, durchgängigen s a c h l i c h e n Abhängigkeit unterworfen sind, weil – wie Marx das analysierte – „die unabhängig voneinander betriebenen, aber als naturwüchsige Glieder der gesellschaftlichen Teilung der Arbeit allseitig voneinander abhängigen Privatarbeiten fortwährend auf ihr gesellschaftlich proportionelles Maß reduziert werden, weil sich in den zufälligen und stets schwankenden Austauschverhältnissen ihrer Produkte die zu deren Produktion gesellschaftlich notwendige Arbeitszeit als regelndes Naturgesetz gewaltsam durchsetzt, wie etwa das Gesetz der Schwere, wenn einem das Haus über dem Kopf zusammenpurzelt“[312].

Jener Gleichheit des Verlorenseins der Individuen inmitten undurchdringlicher sozialer Vorgänge setzen die Frühromantiker die sehnsuchtsvolle Rückerinnerung an die „Buntscheckigkeit" (Lenin) des Mittelalters mit seiner festgegründeten Hierarchie entgegen. Der objektive Zwang des allgemeinen Nützlichkeits- und Brauchbarkeitsverhältnisses entsteht mit dem Zwang zum Austausch – damit, daß die Personen durch die „stoffliche Verschiedenheit der Waren" „wechselseitig voneinander abhängig" sind, „indem keiner von ihnen den Gegenstand seines eignen Bedürfnisses und jeder von ihnen den Gegenstand des Bedürfnisses des andren in seiner Hand hält"[313], und er ergänzt „die Unabhänigkeit der Personen voneinander" „in einem System allseitiger sachlicher Abhängigkeit"[314]. Diesen Zwang erfassen die Frühromantiker durchaus zu Recht als alles umschließende sachliche Herrschaft oder Herrschaft der „Dinge", der „Ökonomie". Aber sie begegnen ihm moralisierend, mit einer Verachtung, die weltfremd anmutet und die sie „Welt" mit „Gemeinheit" und „Verwirrung kleinlicher Verhältnisse im menschlichen Leben"[315] gleichsetzen läßt. Der Kapitalismus erzeugt ein für sie bestürzend „unfantastisches Zeitalter"[316], eine „prosaische Wirklichkeit"[317], der sie sich auf jedem möglichen Wege zu entziehen wünschen. Überall erblicken sie nur die Zeichen philisterhafter Existenzen, die gleichsam wie Ameisen in verdammungswürdig einförmigem Eifer über den Erdboden dahinkriechen – stets plattem Nutzen nachstrebend, ohne „poetischen" Schwung.

Gegen die sachliche Unterjochung führen die Frühromantiker zu Recht Wert und Würde der Individuen ins Feld, die Unverwechselbarkeit und Unaustauschbarkeit der Individualität als Basis demokratischer Gleichheit und als selbstverständliches Recht jedes Menschen:

„Die Vernunft ist nur eine und in allen dieselbe: wie aber jeder Mensch seine eigne Natur hat und seine eigne Liebe, so trägt auch jeder seine eigne Poesie in sich. Die muß ihm bleiben und soll ihm bleiben, so gewiß er der ist, der er ist, so gewiß nur irgend etwas Ursprüngliches in ihm war; und keine Kritik kann und darf ihm sein eigenstes Wesen, seine innerste Kraft rauben, um ihn zu einem allgemeinen Bilde ohne Geist und ohne Sinn zu läutern [. . .]"[318] Utopisch bleibt dabei der abstrakte Protest gegen die Brechung und Vernichtung der Individualität durch äußeren Zwang.

In aufklärerischer Absicht erteilen die Frühromantiker „praktische“ Ratschläge, wie die negativen Wirkungen des sozialen Umbruchs einzudämmen seien. Die Ursache allen Übels scheint ihnen der Handel zu sein; das entsprach dem Stand der noch unentwickelten kapitalistischen Verhältnisse in Deutschland, wo zu dieser Zeit das Handels- und Wucherkapital eine entscheidende Rolle bei der Herausbildung bürgerlichen Reichtums und damit gesellschaftlicher Macht spielte.

Ähnlich wie später Fichte in seinem *Geschlossenen Handelsstaat* – er entwickelt in dieser Schrift jedoch ein vollständiges Programm staatlicher Regulierung im Interesse der kleinen Warenproduzenten – erwarten die Frühromantiker vom Staat ein Eingreifen bzw. stellen an ihn deklamatorisch die Forderung, er solle allem Kredit- und Wucherwesen wirksam begegnen.[319]

Hier wird Rousseaus kleinbürgerlich-demokratisches, asketisches Ideal einer begrenzten, selbstgenügsamen Warenproduktion und -zirkulation aufgegriffen, die einen lokal eingeschränkten Markt und eine überschaubare soziale Ordnung voraussetzt. Mit der Anarchie des kapitalistischen Austausches wird aber zugleich auch die erweiterte Reproduktion des materiellen Lebens der Gesellschaft verworfen, die gerade die ökonomische Basis der nun einsetzenden Revolutionierung der Produktivkräfte war: der erzielte Mehrwert wurde zum größten Teil der produktiven Konsumtion zugeführt, er diente dazu, die Produktion durch Ankauf neuer Maschinen und neuer technischer Anlagen auszudehnen. In Deutschland konnte zudem die zünftlerische Forderung nach staatlicher Reglementierung der Wirtschaft nur einen Appell an den reaktionären feudalen Staatsapparat und damit ein Bündnis mit den alten, politisch noch mächtigen Klassenkräften bedeuten. Ein solches Modell richtete sich in jedem Fall gegen die damals progressive Industriebourgeoisie. Die hemmenden Auswirkungen solcher tatsächlich erhobenen Forderungen für die ökonomische Entwicklung Deutschlands in der ersten Hälfte des 19. Jahrhunderts liegen auf der Hand.

Als die dem Menschen angemessenere Produktions- und Lebenssphäre wird der „Landbau" mit seiner „organischen", „animalischen", vegetabilischen" Natur dem „mechanischen", d. h. „seelenlosen" Charakter des Handels und der „Fabrication" vorgezogen.[320]

Eine der Alternativen der Frühromantiker ist der Rückzug auf die Poesie und die Geborgenheit und Überschaubarkeit privater Beziehungen. Sie möchten ein Idyll Gleichgesinnter über der sozialen Wirklichkeit organisieren: „Wie die Kaufleute im Mittelalter so sollten die Künstler jetzt zusammentreten zu einer Hanse, um sich einigermaßen gegenseitig zu schützen." Auch die Kunst bietet keine sichere Zuflucht dort, wo selbst sie zur Ware wird.

Ein elegischer Ton beherrscht ihre Beobachtungen des sozialen Geschehens und ihre Schlußfolgerungen daraus: „Es gibt keine große Welt als die Welt der Künstler. Sie leben hohes Leben. Der gute Ton steht noch zu erwarten. Er würde da sein, wo jeder sich frei und fröhlich äußerte, und den Wert der andern ganz fühlte und begriffe."[321] Der Künstler scheint von dem allgemeinen Stigma der Plattheit noch verschont, wenn auch bedroht. Er kann seine Individualität, Würde und schöpferische Selbständigkeit nur bewahren, indem er aus der Welt heraustritt, auf sie verzichtet und in esoterischer Abgeschiedenheit lebt.[322] Letztlich aber weisen die Frühromantiker der Individualität nur noch in der illusionären Selbstverwirklichung der Religion ein Refugium zu.[323]

Die von ihnen empfundene Rücksichtslosigkeit der bürgerlichen Produktionsverhältnisse, ihre „totale Gleichgültigkeit" (Engels) gegen die einzelnen treibt die Frühromantiker zur Flucht in die Kunst, in die private Zurückgezogenheit eines gleichsam „verinnerlichten" Daseins und schließlich zum Ausweichen in eine historisch frühere Epoche, die alle nun vermißten Vorzüge noch in sich zu vereinen scheint – das feudale Mittelalter.

Weltanschauliche Grundhaltung der Frühromantiker und der Rückgriff auf diese geschichtliche Vergangenheit haben einen gemeinsamen, sozial bedingten theoretischen Zusammenhang. Der Subjektivismus der frühromantischen Weltanschauung führt folgerichtig zu letzten Endes politisch restaurativen Idealen, weil er jeden theoretischen Ansatz verstellt, die Widersprüche der verfemten Wirklichkeit als historisch produktive zu begreifen.

Die deutsche Frühromantik verarbeitet auf ihre Weise auch die entwickelteren kapitalistischen Widersprüche Englands und Frankreichs, vermittelt z. T. durch die Ideologen dieser Länder. Die Industrielle Revolution beginnt jedoch auch in Deutschland zu Anfang des 19. Jahrhunderts.[324]* In den damit heraufkommenden neuen gesellschaftlichen Widersprüchen erkennen die Frühromantiker nicht eine Form des historischen Fortschritts, sondern ausschließlich zu negierende Gebrechen. Darin äußert sich ein kleinbürgerlich-reaktionärer Wesenszug ihrer Weltanschauung.

Gegen die sozialen Gebrechen wird die Utopie eines idyllisierten, patriarchalisch verklärten, „gemütlichen" Feudalismus „kritisch"-unkritisch beschworen, dessen unentwickeltere Widersprüche in ein Bild sozialer Harmonie umgefälscht werden. Das feudale Mittelalter erscheint bei den Frühromantikern „in phantastisch-unkritisch-optimistischen Morgenrotsfarben"[325] als p o l i t i s c h e Alternative zur bürgerlichen Gesellschaft. Angesichts der objektiven geschichtlichen Entwicklung verzehren sie sich in der „romantischen" Sehnsucht nach „früheren Stufen der Entwicklung", da „das einzelne Individuum voller [erscheint], weil es eben die Fülle seiner Beziehungen noch nicht herausgearbeitet und als von ihm unabhängige gesellschaftliche Mächte und Verhältnisse sich gegenübergestellt hat"[326]. Marx hat später diesen doppelseitigen Charakter des Werdens der bürgerlichen Gesellschaft gezeigt: „Auflösung auf der einen Seite niedrigerer Formen der lebendigen Arbeit – auf der andren Auflösung glücklicherer Verhältnisse derselben"[327].

Die gesellschaftlichen Beziehungen des Feudalismus als „geregeltes und abgeschlossenes System"[328] und als Beziehungen p e r s ö n l i c h e r Abhängigkeit blieben in der Tat für den einzelnen noch durchschaubar.[329]* Der Reiz des Feudalismus als vorkapitalistischer Gesellschaftsformation lag für die Frühromantiker in der Geborgenheit, der klar und unumstößlich festgelegten Stellung des einzelnen Individuums im gesellschaftlichen Ganzen, in der „R e p r o d u k t i o n v o r -

ausgesetzter – mehr oder minder naturwüchsiger oder auch historisch gewordner, aber traditionell gewordner – Verhältnisse des Einzelnen zu seiner Gemeinde"; lag darin, daß „ein bestimmtes, ihm vorherbestimmtes objektives Dasein, sowohl im Verhalten zu den Bedingungen der Arbeit, wie zu seinen Mitarbeitern, Stammesgenossen etc." die „Grundlage der Entwicklung" war.[330] Die Frühromantiker in in ihrer nahezu religiösen Sehnsucht nach Ruhe und Geborgenheit der Individuen abstrahierten von der Tatsache, daß diese ersehnte Durchsichtigkeit, Einfachheit und ruhige Abgeschlossenheit geschichtlich „entweder auf der Unreife des individuellen Menschen" beruhte, „der sich von der Nabelschnur des natürlichen Gattungszusammenhangs mit andren noch nicht losgerissen hat, oder auf unmittelbaren Herrschafts- und Knechtschaftsverhältnissen"[331]. Sie übersahen das Drückende und Entwürdigende einer solchen Existenz. In der *Lage der arbeitenden Klassen in England* charakterisierte Engels die dumpfe Enge des relativ geruhsamen Lebens der Arbeiter vor der Industriellen Revolution: Die Arbeiter „vegetierten [. . .] in einer ganz behaglichen Existenz und führten ein rechtschaffenes und geruhiges Leben in aller Gottseligkeit und Ehrbarkeit, ihre materielle Stellung war bei weitem besser als die ihrer Nachfolger; sie brauchten sich nicht zu überarbeiten, sie machten nicht mehr, als sie Lust hatten, und verdienten doch, was sie brauchten, sie hatten Muße für gesunde Arbeit in ihrem Garten oder Felde, eine Arbeit, die ihnen selbst schon Erholung war, und konnten außerdem noch an den Erholungen und Spielen ihrer Nachbarn teilnehmen [. . .] Dafür aber waren sie auch geistig tot, lebten nur für ihre kleinlichen Privatinteressen, für ihren Webstuhl und ihr Gärtchen und wußten nichts von der gewaltigen Bewegung, die draußen durch die Menschheit ging. Sie fühlten sich behaglich in ihrem stillen Pflanzenleben und wären ohne die industrielle Revolution nie herausgetreten aus dieser allerdings sehr romantisch-gemütlichen, aber doch eines Menschen unwürdigen Existenz. Sie waren eben keine Menschen, sondern bloß arbeitende Maschinen im Dienst der wenigen Aristokraten, die bis dahin die Geschichte geleitet hatten; die industrielle Revolution hat auch nur die Konsequenz hiervon durchgesetzt, indem sie die

Arbeiter vollends zu bloßen Maschinen machte und ihnen den letzten Rest selbständiger Tätigkeit unter den Händen wegnahm, sie aber eben dadurch zum Denken und zur Forderung einer menschlichen Stellung antrieb. Wie in Frankreich die Politik, so war es in England die Industrie und die Bewegung der bürgerlichen Gesellschaft überhaupt, die die letzten in der Apathie gegen allgemein menschliche Interessen versunkenen Klassen in den Strudel der Geschichte hineinriß."[332]

Die Frühromantiker sahen nur die „Verantwortung" und „Sorge", die der feudale „Patriarch" wohl oder übel für die von ihm ausgebeuteten, völlig rechtlosen und von ihm absolut abhängigen Produzenten übernehmen mußte, weil er auf die Erhaltung ihrer physischen Existenz um ihrer Arbeitskraft willen angewiesen war.[333*]

Sie übersahen, daß diese von ihnen rückschauend idyllisierten einfachen Verhältnisse erkauft waren „durch eine niedrige Entwicklungsstufe der Produktivkräfte der Arbeit und entsprechend befangene Verhältnisse der Menschen innerhalb ihres materiellen Lebenserzeugungsprozesses, daher zueinander und zur Natur"[334*]. Die feudalen Produktionsverhältnisse entwickelten in der Form lokaler Borniertheit und Beschränktheit ohne Zweifel eine gewisse, für die Individuen *überschaubare Fülle* der Beziehungen und Tätigkeiten. Durch die kapitalistischen Produktionsverhältnisse wurden sie aufgelöst in das „Verhältnis wechselseitiger Fremdheit"[335], in Trennung und Vereinzelung dieser Beziehungen, Tätigkeiten, Fähigkeiten gegenüber dem Individuum, aber zugleich damit wurden im gesamtgesellschaftlichen Maßstab ein universeller Charakter und eine höhere Produktivität ausgebildet.

Die Frühromantiker antworten auf den Verlust an Totalität für das Individuum mit einem unter den Bedingungen kapitalistischer Arbeitsteilung utopischen Entwurf individueller Totalität, den sie im Reich der Kunst als der für sie repräsentativen produktiven Sphäre der Gesellschaft ansiedeln.

Sie flüchten „aus der unangenehmen, aber unbezweifelbaren Wirklichkeit in das Wolkenreich romantischer Phantasien"[336]. Für sie bedeuten die Widersprüche des Kapitalismus nur das Dahinschwinden der ursprünglichen, wenn auch begrenzten Fülle und Totalität der Individuen, nicht das Symptom seiner historischen Vergänglichkeit und der Überwindbarkeit einer geschichtlich notwendigen Entwicklungsetappe.[337] „So lächerlich es ist", schrieb Marx, „sich nach jener ursprünglichen Fülle zurückzusehnen, so lächerlich ist der Glaube bei jener vollen Entleerung stehnbleiben zu müssen."[338]

K l e i n b ü r g e r l i c h ist diese Haltung deswegen, weil sie gegen den Ansturm einer nicht begriffenen gesellschaftlichen Wirklichkeit schließlich nichts als fromme Wünsche über deren Ende, nichts als die Abwendung von ihr und die sentimentale Klage aufzubieten hat[339]; r e a k t i o n ä r durch den Versuch, „die neue Gesellschaft mit der alten patriarchalischen Elle zu messen, [. . .] in den alten Zuständen und Traditionen, die den veränderten ökonomischen Bedingungen in keiner Weise entsprechen, Vorbilder zu finden"[340] und durch die Unfähigkeit, die progressive Bedeutung des Neuen zu erkennen. Ihre Mittelalter-Utopie „antizipierte nicht die Zukunft", sondern zielte darauf ab, die Vergangenheit zu restaurieren.[341] Die ideologische Funktion der Rezeption des Mittelalters hat also bei den Romantikern andere Akzente als bei ihren bürgerlichen Vorgängern in Aufklärung, Sturm und Drang und ihren Zeitgenossen, den Vertretern der klassischen deutschen Philosophie und Literatur: Die latent vorhandene Zwiespältigkeit zwischen Kritik an der Gegenwart und restaurativen Tendenzen wird vertieft und zugunsten der letzteren ausgebildet.

Die scharfsinnig konstatierten wesentlichen und widersprüchlichen Erscheinungen des Kapitalismus – so negativ wirkend auf den einzelnen wie positiv auf den gesamten Geschichtsprozeß – bemerkten die Frühromantiker eben nur als Phänomene an der Oberfläche der gesellschaftlichen Strukturen. Sie vermochten nicht wahrzunehmen, daß in ebendiesen Erscheinungen zugleich die vorwärtsweisenden Momente, die historische Überlegenheit der neuen Gesellschaftsordnung über die alte zum Ausdruck kamen.

Von ihrer kleinbürgerlichen Position aus verschloß sich ihnen notwendig die Sicht dafür, daß die kapitalistische Gesellschaftsordnung nicht nur die „Mutter des Antagonismus", sondern auch und zugleich die „Erzeugerin der materiellen und geistigen Bedingungen zur Lösung dieser Antagonismen" ist, „die allerdings nicht a u f g e m ü t l i c h e m W e g e vorgehen kann“[342].

Ihre schärfste Kritik galt den für das tätige Individuum zerstörerischen Folgen der Arbeitsteilung, die mit der Durchsetzung des Industriekapitalismus eine ganz neue Qualität erreichte.[343]* „So hat sich“, klagt Novalis, „[. . .] allmählich unser Inneres in so mannigfaltige Kräfte zerspaltet, und mit fortdauernder Übung wird auch diese Zerspaltung zunehmen.“[344] Ihr stellen die Frühromantiker zunächst die Ganzheitsstruktur der Arbeit in der mittelalterlichen Kunst gegenüber. Diese war eng mit dem Handwerk als einer Form produktiver Arbeit verbunden und wurde zudem in den ideologischen und gesellschaftlichen Zentren (Kirchen oder Städten) ausgeübt.

„Die Teilung der Arbeit war in den Städten zwischen den einzelnen Zünften noch ganz naturwüchsig und in den Zünften selbst zwischen den einzelnen Arbeitern gar nicht durchgeführt. Jeder Arbeiter mußte in einem ganzen Kreise von Arbeiten bewandert sein, mußte Alles machen können, was mit seinen Werkzeugen zu machen war; der beschränkte Verkehr und die geringe Verbindung der einzelnen Städte unter sich, der Mangel an Bevölkerung und die Beschränktheit der Bedürfnisse ließen keine weitere Teilung der Arbeit aufkommen, und daher mußte Jeder, der Meister werden wollte, seines ganzen Handwerks mächtig sein. Daher findet sich bei den mittelalterlichen Handwerkern noch ein Interesse an ihrer speziellen Arbeit und an der Geschicklichkeit darin, das sich bis zu einem gewissen bornierten Kunstsinn steigern konnte. Daher ging aber auch jeder mittelalterliche Handwerker ganz in seiner Arbeit auf, hatte ein gemütliches Knechtschaftsverhältnis zu ihr und war viel mehr als der moderne Arbeiter, dem seine Arbeit gleichgültig ist, unter sie subsumiert.“[345]

Selbst die Manufaktur hatte diese Struktur der mittelalterlichen Handwerksarbeit – „noch halb künstlerisch, halb Selbstzweck“[346] – nicht völlig zu zerstören vermocht: „Zugleich konnte die Manufaktur die gesellschaftliche Produktion weder in ihrem ganzen Umfang ergreifen noch in ihrer Tiefe umwälzen“, merkt Marx zu diesem Prozeß im *Kapital* an. „Sie gipfelte als ökonomisches Kunstwerk auf der breiten Grundlage des städtischen Handwerks und der ländlichen häuslichen Industrie."[347] Erst der Übergang zur industriellen Fabrikproduktion mit ihrem massenhaften Einsatz von Maschinen ändert den Charakter der Arbeit derart, daß das qualifizierte Handwerk vernichtet wird. Die Maschinen „heben die handwerksmäßige Tätigkeit als das regelnde Prinzip der gesellschaftlichen Produktion auf"[348]. Die Aufteilung der Arbeit in viele kleine einfache Handgriffe führte dazu, daß nun der wenig ausgebildete oder ungelernte Arbeiter in den Produktionsstätten vorherrschte. Die Einförmigkeit der Arbeit degradierte die Arbeiter zu „reinen Muskeln der Industrie", entwertete menschliches Leben und die schöpferischen Kräfte der Menschen. Zu beobachten ist „eine weitere Veränderung in der Struktur der gewerblich Beschäftigten, die natürlich eng mit der zunehmenden Beschäftigung von Frauen und Kindern zusammenhängt: der Anteil der Gelernten geht schnell zurück. Die Industrielle Revolution, die die manufakturelle Handarbeit in einzelnen Gewerbezweigen verdrängt, die das Handwerk ziemlich allgemein bedrängt, geht gegen den Gelernten vor und schafft Millionenarmeen ungelernter Arbeiter, senkt allgemein das Niveau der Produktivkraft Mensch, während sie gleichzeitig ihren Nutzeffekt enorm erhöht."[349]

Die Frühromantiker reflektieren auch solche Erscheinungen in der Basis, in der Produktionssphäre, die sich zum Ende des 18. Jahrhunderts in Deutschland schon andeuten, hier noch verschärft durch den von einem feudalen staatlichen Überbau ausgeübten außerökonomischen Zwang.

Der mit der Industriellen Revolution einsetzende massenhafte Verschleiß menschlicher produktiver Kraft durch ihre Bindung an den Rhytmus der Maschinen und die schier unbegrenzte Verlängerung der Arbeitszeit – enorme Erhöhung also der intensiven und extensiven Ausbeutung – steht im krassen Gegensatz zum Charakter des Handwerks etwa 200 Jahre zuvor.

Die Arbeit des mittelalterlichen Handwerkers mit ihrer Kunstfertigkeit hatte im öffentlichen Leben ihren festen anerkannten Platz. Davon geht auch Wackenroder in den *Herzensergießungen eines kunstliebenden Klosterbruders* (1797) aus. Für ihn hat die Ganzheitsstruktur der Arbeit ihren Höhepunkt in der mittelalterlichen Kunst erreicht. Diese Auffassung ist zunächst noch nicht konservativ. Aber: Erstens verabsolutiert Wackenroder die Arbeitsweise des mittelalterlichen Künstlers zur einzig erstrebenswerten Produktionsform und klammert sich damit an eine historisch überlebte Form der Arbeitsproduktivität. Zweitens möchte er mit dieser Arbeitsweise zugleich die ihr zugrunde liegenden gesellschaftlichen Bedingungen wiederhergestellt sehen.

Im mittelalterlichen Handwerk ist der Produzent noch nicht getrennt von seinen Produktionsmitteln; „der Arbeiter und seine Produktionsmittel [bleiben] miteinander verbunden wie die Schnecke mit dem Schneckenhaus“[350]. Er ist insofern Subjekt des Arbeitsprozesses, als diese Produktionsmittel nicht jene „despotische Herrschaft“[351] über ihn ausüben, wie sie für kapitalistische Produktionsverhältnisse typisch ist. Weiter bleibt er insofern Subjekt im Prozeß der materiellen Produktion, als seine Arbeit noch ihren Totalitätscharakter bewahrt, nicht in stupide Teiloperationen zerlegt wird, die unweigerlich zur „Parzellierung des Menschen“[352] führen, zur „lebenslänglichen Annexation des Arbeiters an eine Detailverrichtung und die unbedingte Unterordnung der Teilarbeiter unter das Kapital als eine Organisation der Arbeit“[353]. Der mittelalterliche Handwerker ist auch nicht dem Selbstverwertungsprozeß des Kapitals als einer „fremden Subjektivität“[354] unterworfen, die im Arbeitsprozeß Subjekt und Objekt vertauscht, indem sie den Produzenten der materiellen Güter zum Anhängsel eines Produktionsablaufes degradiert, in welchem er zur Erzeugung des Mehrwerts selbst verwertet, verzehrt wird.[355*] Der mittelalterliche Handwerker produziert noch weitgehend für die individuelle Konsumtion oder für den unmittelbaren Austausch.

Aber die romantische Anschauung dieser Verhältnisse übersieht auch hier, „daß diese Verbindung des Produzenten mit den Produktionsmitteln Ausgangspunkt und Bedingung der mittelalterlichen Ausbeutung war, daß sie technische und gesellschaftliche Stagnation bedingte und unvermeidlich die verschiedensten Formen ‚außerökonomischen Zwangs‘ erheischte“[356]. Gerade die Entfaltung „aller düsteren Seiten des Kapitalismus“ brachte „gleichzeitig eine umfassende Vergesellschaftung der Arbeit“ und die „Hebung der Produktivkräfte der gesellschaftlichen Arbeit“[357].

Wenig später reagieren die Frühromantiker mit völliger Ablehnung der produktiven Arbeit und ersetzen sie durch die Apotheose der Kunst oder den Lobpreis des – adligen – Müßigganges, wie Friedrich Schlegel in *Lucinde* (1799). In diesem Roman erscheint der Müßiggang als das „einzige Fragment von Gottähnlichkeit, das uns noch aus dem Paradiese blieb", Fleiß und Nutzen dagegen als „Todesengel mit dem feurigen Schwert", die die Rückkehr ins Paradies verwehren. Die polemische Tendenz dieser Haltung ist berechtigt, sofern sie die versklavende Wirkung, die Verkümmerung und Verkrüppelung des Menschen durch die Arbeit unter kapitalistischen Bedingungen meint.

„Indem die Arbeit geteilt wird", schrieb Engels, „wird auch der Mensch geteilt. Der Ausbildung einer einzigen Tätigkeit werden alle übrigen körperlichen und geistigen Fähigkeiten zum Opfer gebracht. Diese Verkümmerung des Menschen wächst im selben Maße wie die Arbeitsteilung [...]"[358] Und Marx stellt fest: „Sie verkrüppelt den Arbeiter in eine Abnormität, indem sie sein Detailgeschick treibhausmäßig fördert durch Unterdrückung einer Welt von produktiven Trieben und Anlagen, wie man in den La-Plata-Staaten ein ganzes Tier abschlachtet, um sein Fell oder seinen Talg zu erbeuten. Die besondren Teilarbeiten werden nicht nur unter verschiedne Individuen verteilt, sondern das Individuum selbst wird geteilt, in das automatische Triebwerk einer Teilarbeit verwandelt und die abgeschmackte Fabel des Menenius Agrippa verwirklicht, die einen Menschen als bloßes Fragment seines eigenen Körpers darstellt."[359]

Die Folgen dieser Arbeitsteilung ergriffen alle Klassen der Gesellschaft, herrschende und unterdrückte. Sie waren aber untrennbar von der Form der produktiven Arbeit, auf der die Überlegenheit des Kapitalismus gegenüber dem Feudalismus beruhte. Daher wird die Kritik an ihnen dann reaktionär, wenn sie produktive Arbeit nicht nur als „Sklaventätigkeit"[360], sondern als produktive Arbeit überhaupt verwirft und mit der Glorifizierung des adligen Müßigganges antwortet. Die Kritik an den unmenschlichen Bedingungen der Arbeit im Kapitalismus schlägt in der Frühromantik in die Kritik der nützlichen Arbeit um.

Angesichts der im Kapitalismus bestehenden Teilung des Lebensablaufes der materiell produzierenden Individuen in Arbeitszeit und Freizeit, die sich als antagonistischer Gegensatz zeigte, ist das Streben nach Muße zweifellos ein wesentliches Element der individuellen Entfaltung und Befreiung, des Kampfes um ein sinnvolles, menschenwürdiges Dasein schon im Kapitalismus. Die „Zeit ist der Raum zu menschlicher Entwicklung", schreibt Marx über die Voraussetzungen dieses Prozesses. „Ein Mensch, der nicht über freie Zeit verfügt, dessen ganze Lebenszeit – abgesehen von rein physischen Unterbrechungen durch Schlaf, Mahlzeiten usw. – von seiner Arbeit für den Kapitalisten verschlungen wird, ist weniger als ein Lasttier. Er ist eine bloße Maschine zur Produktion von fremdem Reichtum, körperlich gebrochen und geistig verroht."[361] Der Kapitalismus der freien Konkurrenz vernichtet in zunehmendem Maße diese für die Entfaltung der menschlichen Totalität notwendige Freiheit. Aber die Tatsache, daß das „Reich der Freiheit [...] in der Tat erst da" beginnt, „wo das Arbeiten, das durch Not und äußere Zweckmäßigkeit bestimmt ist, aufhört", daß es „also der Natur der Sache nach jenseits der Sphäre der eigentlichen materiellen Produktion" beginnt, hebt jene objektive Voraussetzung nicht auf, daß „dies immer ein Reich der Notwendigkeit" bleibt, die unentbehrliche Grundlage aller geschichtlichen Entwicklung der menschlichen Gesellschaft.[362] „Jenseits desselben beginnt die menschliche Kraftentwicklung, die sich als Selbstzweck gilt, das wahre Reich der Freiheit, das aber nur auf jenem Reich der Notwendigkeit als seiner Basis aufblühn kann."[363*]

Die frühromantische Kritik an der Arbeit unter kapitalistischen Produktionsverhältnissen verabsolutiert *diese* Seite der Freiheit und ignoriert den historischen Fortschritt, der an die vom Kapitalismus entwickelte höhere Produktivität gebunden ist. In der Rezension zu Solgers nachgelassenen Schriften kritisiert Hegel „jenes kranke Verständnis der Welt der Erscheinungen", jene „in der Entzweiung bleibende Reflexion", die vor der Wirklichkeit erschrickt, statt sie zu begreifen; jene „Schwindsucht des Geistes", die sich in der Sehnsucht nach einem unerreichbaren Ideal, in einer „unfruchtbaren Abstraktion der Innerlichkeit" verzehrt, ohne doch ihr entsagen „und dem, was die Innerlichkeit an Gehalt hätte", tätig „Wirklichkeit und Wahrheit geben" zu können.

Mit ihrem Kultus der Kunst, ihrer Flucht in eine „kometarische Welt aus Duft und Klang ohne Kern"[364] akzeptieren und verschleiern die Frühromantiker die antagonistische Entgegensetzung der beiden Lebenssphären der Individuen im Kapitalismus: der Feiertag der Kunst berührt den Alltag der entfremdeten Arbeit nicht. Die Vertuschung dieses Gegensatzes, der in der Praxis unangetastet fortbesteht, sollte später durch die kapitalistische Kultur- und Vergnügungsindustrie perfektioniert werden.

Hegels (der ebenfalls die bürgerliche Gesellschaft kritisch betrachtete[365]) und Goethes Auffassung von der Arbeit ist der theoretische Niederschlag einer ganz anderen geschichtlichen Haltung, die nicht ängstlich konservativ am Alten hängt, sondern die Errungenschaften des Neuen würdigt und sich bereits der fundamentalen Erkenntnis nähert, daß der Mensch das Resultat seiner eigenen Arbeit ist. Allerdings: In seinem Lob der spekulativ-idealistisch gefaßten Arbeit unterschlägt Hegel die von den Frühromantikern angeprangerten Seiten der Versklavung durch eine Arbeit, die die Totalität der menschlichen Persönlichkeit negiert.

Die Frühromantiker retten sich wie zu Philemon und Baucis in die Schatten der Vergangenheit, auf die ruhige Höhe eines entrückten Zeitalters. In der Rückwendung zum Mittelalter zeigt sich eine ausgesprochene Fluchttendenz. Die Mobilität, die Erschütterung, in die das gesamte soziale Gefüge mit dem Kapitalismus gerät, beunruhigt sie tief und in dem gleichen Maße, wie sich die Gesetzmäßigkeiten dieser Prozesse ihrem theoretischen Verständnis entziehen. Die *wissenschaftliche*, marxistische Analyse des Wesens der kapitalistischen Gesellschaftsordnung hat gerade in dieser ständigen Veränderung den historischen Vorzug des Kapitalismus nachgewiesen. „Die Bourgeoisie kann nicht existieren, ohne die Produktionsinstrumente, also sämtliche gesellschaftlichen Verhältnisse fortwährend zu revolutionieren. Unveränderte Beibehaltung der alten Produktionsweise war dagegen die erste Existenzbedingung aller früheren industriellen Klassen. Die fortwährende Umwälzung der Produktion, die ununterbrochene Erschütterung aller gesellschaftlichen Zustände, die ewige Unsicherheit und Bewegung zeichnet die Bourgeoisieepoche vor allen früheren aus. Alle festen, eingerosteten Verhältnisse mit ihrem Gefolge von altehrwürdigen Vorstellungen und Anschauungen werden aufgelöst, alle neugebildeten veralten, ehe sie verknöchern müssen. Alles Ständische und Stehende verdampft, alles Heilige wird entweiht, und die Menschen sind endlich gezwungen, ihre Lebensstellung, ihre gegenseitigen Beziehungen mit nüchternen Augen anzusehen."[366*]

Die kapitalistische Gesellschaft mit ihrer ständig erweiterten Reproduktion ist dem ökonomisch konservativen Feudalismus gerade auch durch diese soziale Mobilität überlegen.

Die Frühromantiker aber fliehen lamentierend vor den neuen Widersprüchen, die doch nur durch volle Entfaltung „innerhalb der gegebenen Ordnung" gelöst werden können[367], in eine idyllisch verzeichnete Vergangenheit, wo sie den „rührend-sentimentalen Schleier" über den sozialen Verhältnissen für deren Wesen nehmen.

Das, was Marx und Lenin immer wieder als die progressive historische Mission des Kapitalismus hervorhoben – nämlich daß er „das Idyll in die Bewegung der Geschichte hineingeworfen"[368] hat –, konnte noch nicht in die scharf beobachtende, aber undialektische Betrachtungsweise der Frühromantiker eingehen. „Es gibt", vermerkte Lenin zu diesem Problem, „[. . .] nichts Unsinnigeres, als aus den Widersprüchen des Kapitalismus zu schließen, daß er unmöglich, nicht fortschrittlich usw. sei [. . .]"[369]

Die Romantiker erkennen, daß die persönlichen Abhängigkeitsverhältnisse im Feudalismus durch sachliche im Kapitalismus ersetzt wurden[370], daß in der bürgerlichen Revolution eine besitzende und ausbeutende Klasse die andere abgelöst hatte[371*], aber ihre Kritik entbehrt jeglicher dialektischer Einsicht in das Wesen geschichtlichen Fortschritts, den sie schließlich überhaupt verneinen.

Der Bewegtheit der sozialen Prozesse antworten sie mit dem Entwurf eines Lebensbildes von ruhiger Abgeschlossenheit und beschränkter Wirkung an einem festen vorgegebenen Platze, von Beschaulichkeit und Beharren. In den Angriffen auf die Beweglichkeit und Labilität, auf die Veränderbarkeit der sozialen Zustände „offenbart sich" – so Lenin – „der Romantiker, der gerade das ängstlich verurteilt, was die wissenschaftliche Theorie am meisten am Kapitalismus schätzt: daß er stets nach Entwicklung strebt, daß er unaufhaltsam vorwärtsstrebt, daß es für ihn unmöglich ist, haltzumachen oder die wirtschaftlichen Prozesse unverändert in ihrem früheren Umfang zu reproduzieren."[372]

Die Hinwendung zum Mittelalter beginnt bereits mit den schon erwähnten von Wackenroder und Tieck gemeinsam verfaßten *Herzensergießungen eines kunstliebenden Klosterbruders* von 1797. Im übrigen wird die Gleichzeitigkeit unterschiedlicher, wenn auch einander letztlich sich nicht ausschließender, sondern sich gegenseitig bedingender und ergänzender weltanschaulicher Tendenzen innerhalb der deutschen Frühromantik belegt durch Friedrich Schlegels Studie *Über die Griechen und Römer* (weitgehend identisch mit seinem bekannten Aufsatz über die griechische Poesie), die im gleichen Jahr erschien und noch in enthusiastischer Manier dem Antike-Ideal huldigte.

In den *Herzensergießungen* sind im wesentlichen schon alle Argumente bereitgestellt, die die spätere romantische Mittelalterauffassung ausmachen. Die Fiktion des Klosterbruders drückt die weltabgewandte kontemplative Haltung aus, die von nun an dominiert. Die Entdeckung des Mittelalters beginnt für die Frühromantiker wiederum mit der Entdeckung seiner Kunst. 1792 teilt Wackenroder noch die Begeisterung für die griechische Antike[373]. Der Umschwung erfolgt bald, wenn auch nicht mit der Ausschließlichkeit, die 1803 Friedrich Schlegel in seiner *Reise nach Frankreich* bewies.

Wackenroder zeigt noch ein g e s c h i c h t l i c h e s, wenngleich religiös bestimmtes Herangehen an die Erscheinungen der Kunst, indem er auch die Werke der griechischen Antike als Ausfluß göttlichen Geistes toleriert. Die Kunst vor allem des 16. Jahrhunderts ist ihm Widerspiegelung eines bestimmten Lebenszustandes, hier der verklärten Existenzweise des kleinen Zunftbürgertums. Seiner Zeit, die „die ganze Welt gern in Prosa auflösen" möchte[374], hält er das Gemälde eines stillen, in sich geschlossenen, nach den festen Bräuchen von Jahrhunderten geordneten Daseins entgegen.[375]

Religiöses Bewußtsein und die Absage an den prometheischen Anspruch des bürgerlichen Emanzipationsdenkens prägen diese Idylle: „Ein solches stilles, a b h ä n g i g e s Leben führen, da man in keiner Stunde vergißt, daß man nichts anderes ist als ein Arbeiter Gottes, dies heißt den sichersten Weg zur Glückseligkeit gehn. Wer aber keinen Gott verehrt, das heißt mit andern Worten, wer sich selber zum Gott und Regierer des Weltalls machen will, der befindet sich in einer unglückseligen Verrückung, und genießt nur die traurige, falsche Glückseligkeit eines törichten, wahnsinnigen Bettlers, der sich ein Kaiser in der Krone dünkt. –"[376]

Die Legende vom Eremiten, der – ein neuer Sisyphos – an das sausende Rad der Zeit gekettet ist, um es zu bewegen und zu bewachen, ohne es anhalten zu können, symbolisiert zwar eindrucksvoll die Versklavung durch eine für den einzelnen sinnlose Arbeit unter den Bedingungen der sozialen Isolation und der sachlichen Gewalt der Produktivkräfte über die produzierenden Individuen im Kapitalismus. Aber die immer wieder beschworenen Bilder des glücklichen Hirten oder des harmonisch mit seiner natürlichen Umwelt lebenden Sämannes und des gottesgläubigen, in einer wohlgefügten Welt fest angesiedelten kleinen Handwerkers dienten aller späteren Kapitalismuskritik v o n r e c h t s als Anknüpfungspunkt.[377*]

Die Frühromantiker sind überzeugt, daß die prosaische Verarmung des Lebens in der neuen Gesellschaft auf die Kunst zurückwirkt. Das Gepräge der Individualität, die Bindung und Geborgenheit sind verloren. „Die Periode der eigenen Kraft ist vorüber; man will durch ärmliches Nachahmen und klügelndes Zusammensetzen das versagende Talent erzwingen, und kalte, geleckte, charakterlose Werke sind die Frucht. – Die deutsche Kunst war ein frommer Jüngling in den Ringmauern einer kleinen Stadt unter Blutsfreunden häuslich erzogen; – nun sie älter ist, ist sie zum allgemeinen Weltmanne geworden, der mit den kleinstädtischen Sitten zugleich sein Gefühl und sein eigentümliches Gepräge von der Seele weggewischt hat."[378]

Die Berufung auf die mittelalterliche Blüte der Kunst – wenngleich sie die kunstfeindlichen Tendenzen des entfalteten Kapitalismus ankündigt, in dem auch die Kunst zur Ware wird – dient als ästhetischer Vorwand, den Wunsch nach

Wiederherstellung vergangener sozialer Zustände zu legitimieren. Eine warnende Stimme erhob sich in den Reihen der Romantiker selbst. August Ludwig Hülsen schrieb am 18. Dezember 1803 an August Wilhelm Schlegel mit einer in diesem Kreis erstaunlichen sozialen Einsicht: „Zum Lobe der göttlichen Kunst kann nicht genug gesagt werden, und in unsern Zeiten habt Ihr, vortrefflichen Brüder sowol durch Eure umfaßende Kenntniß, als durch Eure mit seltnem Geschmacke verbundne Kritik Euch ein vollgültiges Recht erworben, sie von den Schlacken zu säubern und ihre Einheit anschaulich zu machen." Er tadelt jedoch die Überschätzung der Rolle der Kunst, indem er fortfährt: „So viel hoffe ich indeß mit Zuversicht, es naht eine beßre Zeit des Lebens, die an Wahrheit und innrer Fülle die uns bekannte Vergangenheit verdunkeln wird. Nur behüte uns der Himmel, daß die alten Burgen nicht wieder aufgebaut werden. Sagt mir, lieben Freunde, wie soll ich Euch darin begreifen. Ich weiß es nicht. Denn was ich Euch antworten muß, paßt gar nicht auf Euch. Ich rede zu erleuchteten Männern, und finde gleichwohl Behauptungen, die Ihr selbst im Gebiethe des Wißens nur Einfälle nennen würdet. [...] Ihr mögt die glänzendste Seite des Ritterwesens hervorsuchen, sie wird so vielfach wieder verdunkelt, wenn wir es im Ganzen nur betrachten wollen. Friedrich möge nach der Schweitz reisen und unter andern nach Wallis. Die Kinder erzählen ihm noch von den ehemaligen Zwingherrn, indem sie die stolzen Burgen benennen, und das Andenken ihrer Tyrannen erscheint in den Trümmern unverwüstlich. Aber dieser Betrachtung bedarf es gar nicht. Es ist genug daß dies Wesen mit keiner göttlichen Anordnung des Lebens bestehen kann. Viel lieber möchte man auch wünschen, daß der große Haufe, den wir Volk nennen, uns Gelehrte und Ritter sämtlich auf den Kopf schlüge, weil wir unsre Größe und Vorzüge auf sein Elend allein gründen können. Armenhäuser, Zuchthäuser und Waisenhäuser stehen neben den Tempeln, in welchen wir die Gottheit verehren wollen. [...] Man muß den Menschen erst vergessen, wenn man in Rittern und Herren noch eine Größe finden will. Nenne mir immer nur die Tugenden jenes Zeitalters, und gründe auf ihnen den Wunsch, daß es zurückkehren möge. Wir wollen die Tugenden in ihrem i n n e r n Wesen betrachten und sie dann hoffentlich weit herrlicher wieder finden, wenn wir die Gesellschaft von ihren größern Uebeln befreit haben."[379]

Das berechtigte ästhetische und wissenschaftliche Interesse für das Mittelalter[380]*, das der deutschsprachigen Literatur durch die Übersetzertätigkeit der Romantiker (vor allem August Wilhelm Schlegels und Tiecks) große Schätze der Weltliteratur erschloß und vergessene Kunstschätze wieder zugänglich machte, zeigt eben nur die e i n e Seite der Beschäftigung mit dem Mittelalter. Die d o m i n i e r e n d e Seite aber ist das ideologische restaurative Interesse, das sich in der zweiten „Generation" der Romantiker – beim späten Friedrich Schlegel, bei Adam Müller – in handfest reaktionären politischen Forderungen artikulierte.

Die ausgesprochen politische Rückbesinnung auf das Mittelalter galt, in bezeichnender Abfolge, verschiedenen Erscheinungen. Am Anfang interessierte die Blüte der mittelalterlichen Städte, Wohlstand und Können des Bürgertums (Wackenroder), der „große Kaufmannsgeist des Mittelalters" (Novalis); in zunehmendem Maße aber wurde die Rolle des A d e l s aufgewertet, den Friedrich Schlegel schließlich noch in verwildertstem Zustand glorifizierungswürdig fand[381]. Der Adel ist vor allem der „poetisierte", d. h. mit unhistorischer Willkür verherrlichte Ritterstand, dessen abenteuerliches, poesieumwobenes Leben sich für die Romantiker wohltuend von bourgeoiser „Nullität" abhebt. „Rittergeist" wird mit romantisch identifiziert[382]. Der Adel soll das geschichtliche Heil auch in der Gegenwart verbürgen. Diese Idee verbindet sich mit dem Ruf nach „Hierarchie und Kaisertum"[383] und dem Wunsch nach einem unter päpstlicher Vorherrschaft geeinten Europa.[384]*

Ansätze zu diesem späteren politischen Programm der Romantik findet man in Novalis' Aufsatz *Die Christenheit oder Europa* von 1799: Mit zunehmender Akzentuierung der positiven sozialen Momente des Mittelalters wird hier die bürgerliche Entwicklung, vor allem bürgerliches Denken von seinem Beginn an, abgewertet. Die besondere Erbitterung trifft die Reformation; die beginnende Befreiung des menschlichen Denkens von theologischer Vormundschaft erscheint als Abfall des Menschen von seiner „natürlichen" und „ewigen" Bestimmung der Unterordnung unter göttliche Macht und Einsicht. Der prometheische Anspruch der Vernunft wird (schon in Novalis' *Hymnen an die Nacht*) mit düsterem Vorausblick auf die menschliche Geschichte und Erkenntnis zurückgewiesen. Die frühromantische Kritik an der Verantwortung auch der Aufklärung für die bürgerliche Revolution, in der diese mit der Reformation einsetzende Entwicklung gipfelt, trifft ein richtiges Moment. Allerdings führt es die Frühromantiker zum Erkenntnispessimismus und -verzicht. Sie befinden sich damit in der Situation des Zauberlehrlings wie die gesamte bürgerliche Ideologie von Anfang an: sie forcierten objektive soziale Prozesse, die sie so weder vorausgesehen noch beabsichtigt hatten – für die bürgerlichen Ideologen sind ihre eigenen gesellschaftlichen Verhältnisse undurchschaubar.

Auch die zunehmende Orientierung auf nationale Ideale war bei der Romantik durch reaktionäre Vorzeichen belastet.[385*] Sie hatte mit dem Einbruch der expansiven Ära Napoleons eingesetzt. Das nationale Anliegen rückte in den Vordergrund und bestimmte das politische Programm der Romantik. Das hatte seine Berechtigung zum einen in der widersprüchlichen Rolle, die Frankreich, das Land der Revolution, nun selbst zu spielen begann, indem es die Gegensätze zwischen den Feudalmächten zu seinem eigenen Vorteil auszunutzen trachtete, zum anderen in der Tatsache, daß ein Teil der feudalen Machthaber Deutschlands seinerseits nach Verständigung mit dem großbürgerlichen Frankreich strebte. Durch den Anachronismus der deutschen Zustände gerieten die Romantiker aber mit ihren nationalen Bestrebungen in eine zwiespältige ideologische Situation, denn im Gegensatz zu anderen europäischen Ländern fielen im Deutschland dieser Zeit sozialer Fortschritt und nationale Entwicklung auseinander.[386*] „Die nationalen und sozialen Interessen des Bürgertums traten in einen unversöhnlichen Gegensatz; diese Klasse konnte sich das ausländische Joch nicht abschütteln, ohne sich das einheimische Joch um so tiefer in den Nacken zu drücken."[387]

Um die nationalen Belange in ihrem Sinne zu verteidigen, mußten sich die Romantiker gegen Napoleon wenden, den Repräsentanten der Revolution und des bürgerlichen Fortschritts, in dem sie das böse Prinzip bekämpften. Mit Napoleons Eroberungspolitik lehnten sie zugleich die progressiven sozialen Reformen ab, mit denen er in den besetzten Gebieten eine bürgerliche Entwicklung einleitete oder beförderte. Sie begriffen nicht, daß Napoleons widersprüchliche Rolle als konsequenter Vollstrecker der bürgerlichen Revolution einerseits und Usurpator im Auftrage der französischen Großbourgeoisie andererseits im Charakter der bürgerlichen Klassenherrschaft selbst begründet war.[388]* Da nur die eine Seite dieses geschichtlichen Vorgangs, die der nationalen Unterdrückung, in ihr Blickfeld kam, verkümmerte ihr teilweise berechtigtes nationales Engagement zu einem bornierten Nationalismus, der nur auf die einheimischen Feudalmächte vertraute und damit in die Dienstbarkeit der Restauration geriet. Der ideologische Zwiespalt zwischen nationalen und sozialen bürgerlichen Interessen ist nur die Fortsetzung jenes weltanschaulichen Zwiespaltes zwischen Ideal und Wirklichkeit, der den Romantikern aus der unbewältigten Dialektik der bürgerlichen Revolution erwuchs.

„Vergebens", schrieb Mehring zugespitzt über die Haltung der Romantiker in diesem ideologischen Konflikt, „suchten sich die Schlegel und Tieck, die Wortführer der Romantik, über diesen klaffenden Abgrund mit angequälter Genialität und der berühmten ‚Ironie' fortzuschwindeln; vergebens haschten sie in der Literatur aller Völker und Zeiten nach dem Boden, auf dem sie fußen konnten. Die romantische Schule konnte diesen Boden nur in der ‚mondbeglänzten Zaubernacht' des Mittelalters gewinnen; nur hier ließen sich nationale Ideale finden. Aber das Mittelalter war die ausgeprägteste Klassenherrschaft der Junker und Pfaffen; aus diesem Zwiespalte der nationalen und der sozialen Interessen gab es kein Entrinnen."[389]

Mehrings Aussage ist insofern zu ergänzen, als es nicht die Schuld der Romantiker und für sie selbst von tragischer Konsequenz war, daß in der deutschen Geschichte die *bürgerliche* nationale Entwicklung so früh unterbrochen wurde.

Tieck resümierte später kritisch diese Tendenzen romantischer Weltanschauung: „Unsere Vorwelt war fast wie ein verlorengegangenes Land wieder entdeckt worden. Die Freude über diesen Fund verwandelte sich aber bald in rohe Einseitigkeit. Mit kleinstädtischer Vorliebe ward das Fremde nun ebenso eigensinnig geschmäht und verachtet, man war nur

Patriot, indem man das Ausländische, und folglich auch das Vaterland, verkannte. In Kunst, Poesie und Geschichte wollte man mit Willkür alte Zeiten wiederholen, und ein Mittelalter, wie es nie war, wurde geschildert und als Muster empfohlen, Ritterromane, kindischer als jene veralteten, drängten sich mit treuherziger Eilfertigkeit hervor, predigten süßlich ein falschpoetisches Christentum und lehrten mit dem steifsten Ernst eine Rittertugend und Vasallenpflicht, Ergebenheit unter Herrschern und Herzogen, Minne und Treue, in Ton und Gesinnung so über allen Spaß des Don Quichote hinaus, daß Scherz und Satire eben deshalb keine Handhabe an diesen Dingen fanden [. . .] Die erneute religiöse Gesinnung artete bald in Verfolgung aus, und selbst Lehrer der Wissenschaft glaubten nur fromm sein zu können, wenn sie die Wissenschaft zu vernichten suchten [. . .]“[390] Diese späte, einsichtige Selbstcharakteristik resümiert treffend die regressiven und restaurativen Züge des romantischen Mittelalter-Enthusiasmus, die in die Ideologie der Restaurationszeit eingingen.

Zur Geschichtsphilosophie der deutschen Frühromantik

Die Anknüpfung an die Philosophie Fichtes als „das erste System der Freiheit"

Mit dem Anbruch der politischen Herrschaft der kapitalkräftigen Großbourgeoisie in Frankreich, mit deren Sicherung durch das Konsulat und das spätere Kaisertum Napoleons waren die Voraussetzungen geschaffen, in Frankreich und auch in Deutschland – soweit hier bürgerliche Reformen wirksam wurden – der Industriellen Revolution vom Überbau her zum Durchbruch zu verhelfen.

Jetzt, etwa seit 1796/97, wurde aber auch deutlich, daß die neue geschichtliche Etappe, der Industriekapitalismus, eine ungehinderte Entfaltung menschlicher schöpferischer Produktivität nicht in der Weise ermöglichte, wie es die bürgerlichen Ideologen zuvor in ihren Utopien vorausgesagt hatten. Die historisch höhere Stufe der Produktivität der gesellschaftlichen Arbeit erwies sich mehr denn je als widerspruchsvoll, war mit der Unterdrückung der produzierenden Individuen, ihrer arbeitsteiligen Zersplitterung, ihrer Versklavung durch die objektiven Bedingungen der Produktion erkauft.

Diese Erkenntnis rief bei den deutschen bürgerlichen Ideologen eine Ernüchterung hervor, die nicht nur die bis dahin idealisierte Sicht der Antike betraf.

Im Jahre 1797 veröffentlichte Aloys Hirt auf Schillers Empfehlung[391] in den *Horen* einen Aufsatz *Über Laokoon*. Er polemisiert gegen Lessings und Winckelmanns Antikeauffassung, die auch noch Friedrich Schlegels Standpunkt bestimmt hatte. Hirt bestreitet, daß die antike Kunst die Wirklichkeit idealisierend dargestellt habe, und weist anhand der Laokoon-Gruppe den Realismus als ihr oberstes Prinzip nach. Er erkennt die von Lessing und Winckelmann getroffene Charakterisierung der „gemilderten Grausamkeit", der „edlen Einfalt" und „stillen Größe" nicht mehr an. Nicht idealisierte Schönheit habe als das höchste Kunstgesetz der Alten gegolten, sondern „Individuellheit", „Karakteristik". Das „erste Requisitum der Karakteristik" aber sei die W a h r h e i t gewesen, unvermittelt und ungeschminkt, N a t u r , so wie sie sei und dem Auge erscheine.

Eine ähnliche Gesinnung verrät die polemische Äußerung Schillers gegenüber Goethe im Brief vom 7. Juli 1797: „Es wäre, däucht mir, jetzt gerade der rechte Moment, daß die griechischen Kunstwerke von seiten des Charakteristischen beleuchtet und durchgegangen würden, denn allgemein herrscht noch immer der Winckelmannische und Lessingische Begriff, und unsre allerneuesten Ästhetiker, sowohl über Poesie als Plastik, lassen sichs recht sauer werden, das Schöne der Griechen von allem Charakteristischen zu befreien, und dieses zum Merkzeichen des Modernen zu machen. Mir däucht, daß die neuern Analytiker durch ihre Bemühungen, den Begriff des Schönen abzusondern und in einer gewissen Reinheit aufzustellen, ihn beinah ausgehöhlt und in einen leeren Schall verwandelt haben, daß man in der Entgegensetzung des Schönen gegen das Richtige und Treffende viel zu weit gegangen ist [. . .] Es ist, wie Sie wissen, mit der Poesie derselbe Fall. Wie hat man sich von jeher gequält und quält sich noch, die derbe, oft niedrige und häßliche Natur im Homer und in den Tragikern bei den Begriffen durchzubringen, die man sich von dem griechischen Schönen gebildet hat. Möchte es doch einmal einer wagen, den Begriff und selbst das Wort Schönheit, an welches einmal alle jene falsche Begriffe unzertrennlich geknüpft sind, aus dem Umlauf zu bringen und, wie billig, die Wahrheit in ihrem vollständigsten Sinn an seine Stelle zu setzen."[392]

Hier zeichnet sich in dem Ringen um neue theoretische Positionen, in der Suche nach einem neuen ästhetischen Modell das Bemühen ab, eine veränderte geschichtliche Wirklichkeit ästhetisch und theoretisch adäquat zu bewältigen. Nicht zufällig beginnt um diese Zeit (1796/97) im Briefwechsel zwischen Schiller und Goethe die Debatte über Probleme des Realismus und der Gattungspoetik.[393*]

Das vorgreifende Ideal antiker Schönheit hat ausgedient, es

kann vor der Realität des Kapitalismus der freien Konkurrenz und der Industriellen Revolution nicht mehr bestehen. Die „Kunstperiode“ im engeren Sinne geht ihrem Ende entgegen. Eine andere Wirklichkeit muß mit anderen Mitteln künstlerisch widergespiegelt werden.

Goethe nimmt die Arbeit am *Faust* wieder auf[394], dessen dichterische Gestaltung unter den Voraussetzungen der aufblühenden bürgerlich-kapitalistischen Gesellschaft ihn nun vor das Problem stellt, „daß der Faust in das handelnde Leben geführt würde“[395].

Der Versuch der klassischen deutschen bürgerlichen Literatur und Philosophie, sich mit der neuen geschichtlichen Realität p r o d u k t i v auseinanderzusetzen, geht von der Erkenntnis aus, daß sich in ihr der geschichtliche Fortschritt – wenn auch widerspruchsvoll – realisiert. Dieser Versuch ist nicht frei von Resignation und idealisierendem Überspringen der Wirklichkeit: „[. . .] die Mauer, die ich schon um meine Existenz gezogen habe, soll nun noch ein paar Schuhe höher aufgeführt werden“, teilt Goethe Ende Juli 1799 in einem Brief an Schiller mit[396]. Aber bei allem „Verweilen in sich selbst“ geht es den Klassikern doch um äußere Wirksamkeit, darum, „irgend ein leidliches Werk nach dem andern hervorzubringen“[397]. So erhält ihre Resignation einen optimistisch-konstruktiven und produktiven Grundzug: „Sein Jahrhundert kann man nicht verändern, aber man kann sich dagegen stellen und glückliche Wirkungen vorbereiten.“[398]

Bei den Frühromantikern führte die Ernüchterung durch die Prosa des kapitalistischen Alltags zur Verinnerlichung und Abkehr von der Wirklichkeit; damit traten weltanschauliche Konsequenzen hervor, die in ihrem aktivistischen ästhetischen Subjektivismus bereits latent vorhanden gewesen waren.

Der subjektive Idealismus ihrer Ästhetik hatte anfangs eine andere weltanschauliche Richtung und Funktion gehabt. Er war zunächst die ästhetische Umsetzung des revolutionär-demokratischen Fichteschen Naturrechts und des in seinen frühen politischen Schriften von 1793 verfochtenen Rechts der Individuen auf Selbständigkeit und uneingeschränkte politische Freiheit.[399*] Nicht nur die grundlegenden Ideen Fichtes, sondern viele seiner Formulierungen kehren in den frühromantischen Fragmenten wieder. Die Frühromantiker hatten dabei sehr wohl den ausgesprochen politischen Charakter seiner Philosophie erkannt: „Fichtes ganze Philosophie ist sehr p o l i t i s c h d. h. sehr dialektisch und sehr polemisch und juristisch streng."[400] Und noch 1799 heißt es bei Friedrich Schlegel: „F i c h t e s ganze Moral ist politisch. Mittheilung, Rechtlichkeit, Gesetzlichkeit, Freyheit mit M y s t i k. –"[401]

In den Vorlesungen *Über die Bestimmung des Gelehrten* vom Sommer 1793 hatte Fichte – hierin über sein Vorbild Rousseau hinausgehend – „die Bestimmung der Menschheit gesetzt in den beständigen Fortgang der Kultur und die gleichförmig fortgesetzte Entwicklung aller ihrer Anlagen und Bedürfnisse"[402]. Kultur aber heißt für Fichte „Übung aller Kräfte auf den Zweck der völligen Freiheit, der völligen Unabhängigkeit von allem, was nicht wir selbst, unser reines Selbst ist"[403]. In seinen *Beiträgen zur Berichtigung der Urteile des Publikums über die Französische Revolution* stellt er ferner dar, wie dieser geschichtliche Prozeß durchzusetzen sei: „[. . .] niemand w i r d cultivirt, sondern jeder hat sich s e l b s t z u c u l t i v i r e n. Alles bloss leidende Verhalten ist das gerade Gegentheil der Cultur; Bildung geschieht durch Selbstthätigkeit, und zweckt auf Selbstthätigkeit ab. Kein Plan der Cultur kann also so angelegt werden, dass seine Erreichung notwendig sey; er wirkt auf Freiheit, und hängt vom Gebrauche der Freiheit ab."[404]

Dieser Appell an jedwedes Individuum, das Anspruch auf die Bezeichnung „Mensch" erhebt, tätig am historischen Geschehen teilzunehmen, ist zugleich ein Aufruf, aus dem langen Dämmerschlaf der Unterdrückung zu erwachen und das stumpfe Sklavendasein zu beenden. Gegen die Beherrschung und Entmündigung der Menschen durch die feudalen staatlichen und kirchlichen Institutionen vertritt Fichte im Anschluß an Rousseaus Naturrecht das unveräußerliche Recht des Menschen auf Selbstbestimmung, die er zunächst als s i t t l i c h e Selbstbestimmung faßt: „Die Frage: welches ist der beste Endzweck der Staatsverfassung? hängt von der Beantwortung folgender ab: welches ist der Endzweck jedes Einzelnen? Die Antwort auf diese Frage ist rein moralisch, und muß sich auf das Sittengesetz gründen, welches allein den Menschen als Menschen beherrscht, und ihm einen Endzweck aufstellt."[405]

Die Kantsche Fassung des Sittengesetzes, sein kategorischer Imperativ aus der *Grundlegung zur Metaphysik der Sitten* wird von Fichte in bezug auf die Erweiterung der menschlichen Freiheit radikalisiert: „[. . .] sei, in Absicht deiner Willensbestimmungen, nie in Widerspruch mit dir selbst; ein Gesetz, welchem, in dieser Formel ausgedrückt, jeder Genüge leisten kann, da die Bestimmung unseres Willens gar nicht von der Natur, sondern lediglich von uns selbst abhängt"[406]. Denn: „Jedes Individuum in derselben (der Gesellschaft – G. H.) soll aus freier Wahl und aus einer von ihm selbst als hinlänglich beurteilten Überzeugung handeln; es soll sich selbst bei jeder seiner Handlungen als Mitzweck betrachten können: und als solcher von jedem Mitglied behandelt werden."[407]

Aus dem Recht auf s i t t l i c h e Selbstbestimmung – das aus der jedem Menschen mit seinem Gewissen verliehenen Fähigkeit zu eigenständigem moralischem Urteil resultiert – leitet Fichte folgerichtig das Recht auf p o l i t i s c h e Selbstbestimmung ab: „Ursprünglich sind wir selbst unser Eigenthum. Niemand ist unser Herr, und niemand kann es werden. Wir tragen unseren, unter göttlichem Insiegel gegebenen Freibrief tief in unserer Brust. Er selbst hat uns freigelassen und gesagt: sey von nun an Niemandes Sklave."[408] Und in der *Zurückforderung der Denkfreiheit* heißt es entsprechend: „Der Mensch kann weder ererbt, noch verkauft, noch verschenkt werden; er kann niemandes Eigenthum seyn, weil er sein eigenes Eigenthum ist, und bleiben muss. Er trägt tief in seiner Brust einen Götterfunken, der ihn über die Thierheit erhöht und ihn zum Mitbürger einer Welt macht, deren erstes Mitglied Gott ist, – sein Gewissen. Dieses gebietet ihm schlechthin und unbedingt – dieses zu wollen, jenes nicht zu wollen; und dies f r e i und a u s e i g e n e r B e w e g u n g, ohne allen Zwang ausser ihm."[409] Darum kann auch kein Mensch „verbunden werden, ohne durch sich selbst: keinem Menschen kann ein Gesetz gegeben werden, ohne von ihm selbst. Lässt er durch einen fremden Willen sich ein Gesetz auflegen, so thut er auf seine Menschheit Verzicht und macht sich zum Thiere; und das darf er nicht."[410]

Die Frage, woher denn überhaupt die Verbindlichkeit der bürgerlichen Gesetze für den einzelnen komme, beantwortet

Fichte so: „[...] aus der freiwilligen Übernahme derselben durch das Individuum"; es habe „das Recht, kein Gesetz anzuerkennen, als dasjenige, welches man sich selbst gegeben hat [...]"[411].

Dieser Auffassung folgt die Frühromantik: Der Mensch „ist vernünftig, und die Vernunft ist frei und selbst nichts anders als ein ewiges Selbstbestimmen ins Unendliche."[412] Das Athenäums-Fragment über die „romantische Dichtart", die „allein frei ist, und das als ihr erstes Gesetz anerkennt, daß die Willkür des Dichters kein Gesetz über sich leide"[413], übernimmt den Fichteschen Gedankengang bis in die Formulierung hinein.

Das Recht auf freie Selbstbestimmung wird hier derart entschieden vertreten, daß mit der bekämpften Realität der Feudalgesellschaft schließlich alle Realität aus der philosophischen Überlegung hinausgedrängt wird. Dieses Selbstbestimmungsrecht ist gegen die Bevormundung der Individuen durch fremde politische, staatliche, juristische oder religiöse Autorität gerichtet, die Fichte immer als angemaßte brandmarkt.[414]

Es richtet sich ebenfalls gegen jegliche Art von sozialen Privilegien, die zur Knechtung anderer Mitglieder der Gesellschaft angewendet werden können. Denn im Gebrauch der Vernunft und in der Fähigkeit dazu sind alle Menschen gleich frei.[415]

Die emanzipatorische Konsequenz der frühen Fichteschen Freiheits- und Gleichheitsauffassungen ist noch von der optimistischen Gewißheit durchdrungen, daß die neuen Produktionsverhältnisse des Industriekapitalismus der freien Konkurrenz diese Erwartungen für alle Menschen verwirklichen werden. Seine abstrakten Vorstellungen von Freiheit und Gleichheit d e s Menschen bezieht Fichte wie andere bürgerliche Ideologen aus der idealisierten Sphäre des Austausches, der Zirkulation, „worin jedes Individuum ein Ganzes von Bedürfnissen ist und es nur für den andern, wie der andre nur für es da ist, insofern sie sich wechselseitig zum Mittel werden" und in der „alles auf d e n (Hervorhebung – G. H.) Menschen, d. h. auf das Individuum" reduziert ist, von dem „alle Bestimmtheit ab[ge]streift"[416] ist. Diese Sphäre liefert ihm das Muster einer idealen Kommunikation zwischen den Mitgliedern der Gesellschaft: „Wollt ihr den würdigsten Tauschhandel, das freie und frohe Geben und Nehmen des Edelsten, was sie besitzt (die geistigen Güter – G. H.), der Menschheit rauben? [. . .] Das Recht des freien Nehmens alles desjenigen, was brauchbar für uns ist, ist ein Bestandteil unserer Persönlichkeit; es gehört zu unserer Bestimmung, frei alles dasjenige zu brauchen, was zu unserer geistigen und sittlichen Bildung offen für uns da liegt: ohne diese Bedingung wäre Freiheit und Moralität ein unbrauchbares Geschenk für uns."[417]

Aus der Freiheit und Selbstbestimmung des Menschen leitet Fichte auch das Recht auf Insurrektion, auf Kündigung des Gesellschaftsvertrages durch revolutionäre Erhebung ab.[418]

In der *Wissenschaftslehre,* deren erste Ausgabe 1794 erschien, hatte Fichte diesen Grundsätzen seiner politischen Revolutionsschriften theoretisch-systematische Gestalt verliehen. Sie ist nach seinem eigenen Zeugnis die philosophische Fassung und damit eine spezifisch deutsche Verarbeitung der demokratischen Prinzipien, die mit der jakobinischen Phase der Französischen Revolution auf die Tagesordnung gesetzt worden waren.[419]* In der *Heiligen Familie* haben Marx und Engels dargelegt, daß das deutsche philosophische Prinzip des Selbstbewußtseins dem politischen Prinzip der Gleichheit in Frankreich entspricht.[420] Noch im Jahre 1798 bezeichnete Friedrich Schlegel die *Wissenschaftslehre* als „vollkommen gelungen" und als „das größte und wichtigste" Experiment, „was noch gemacht" worden sei.[421]

Fichtes absolutes Ich, das tätig der Welt sein Gesetz aufprägt, verkörpert Illusionen und Anspruch des citoyen, des politisch freien, aktiven, selbstbewußten Bürgers der Französischen Revolution. Fichtes subjektiver Idealismus läßt die objektive Außenwelt nur als Setzung des Ich gelten. Die Radikalität, mit der hier die uneingeschränkte Freiheit und Autonomie des Subjekts begründet wird, kommt den Intentionen der Frühromantiker entgegen. Sie wollen das für sie ebenfalls zentrale Problem der Subjekt-Objekt-Relation vom Modell der Ästhetik her lösen, indem sie die theoretischen Konsequenzen Fichtes noch zu überbieten suchen.

„In Fichtes eigentlicher Wissenschaftslehre viel Aesthetik", vermerkt Friedrich Schlegel in seinen *Philosophischen Fragmenten*[422]. „Das einzige wichtige Verfahren gegen Fichte und seine Philosophie ist, daß man den Idealismus immer weiter führt. –“[423] Allerdings werden dabei manche Ideen Fichtes eklektisch verflacht.

Kein Ideologe jedoch hat die Klärung der entscheidenden Frage des frühromantischen Denkens nach der Rolle des Menschen als Subjekt der Geschichte, nach seiner Stellung im Prozeß der gesellschaftlichen Entwicklung so gravierend beeinflußt wie Fichte. Die „philosophischen Lehrjahre“ derjenigen Frühromantiker, die als Philosophen bedeutend waren – besonders Friedrich Schlegels und Novalis' –, sind durch intensive Auseinandersetzung mit Fichtes Revolutionsschriften und der *Wissenschaftslehre* gekennzeichnet.

Die Frühromantiker gestehen Kant zwar zu, die kopernikanische Wende in der Philosophie eingeleitet zu haben, indem er das empirische Ich und die gegenständliche äußere Welt dem Zentralpunkt des Sittengesetzes bzw. dem moralischen Ich als Trabanten zuordnete. Aber seine Philosophie erscheint ihnen, verglichen mit der Kühnheit der Fichteschen Fragestellung, als „pedantische Advocatenkunst“. „Kant windet und krümmt sich – Fichte geht den Spartanischen Schritt. –“ „Kant ist überall auf halbem Wege stehen geblieben [...]“[424]

Die im Fichteschen Sinne „dogmatischen“, d. h. die materialistischen Elemente der Kantischen Philosophie werten die Frühromantiker unter dem Blickpunkt ihres eigenen weltanschaulichen Anliegens – die schrankenlose Freiheit und Autonomie der Subjektivität theoretisch zu begründen – als Inkonsequenz. Diese materialistischen Elemente sind es, die Kants Verdienste in ihren Augen schmälern. Denn die unbegrenzte Freiheit der Individuen kann nicht postuliert werden, solange noch die Existenz einer objektiven Realität, eines „Ding an sich“, anerkannt wird. Kants Idealismus, der – ungeachtet der Anerkennung des „Ding an sich“ – diese freilich illusionäre Freiheit in seiner Erkenntnistheorie und Ethik entwickelt, ist ihnen nicht konsequent genug. Darum kann er nur „der Spürhund der Philosophie, Fichte der Jäger“ sein. „Den absoluten (Hervorhebung – G. H.) Idealismus hat er nie geahndet." „Die Idealität des Realen ist wohl ganz gut bei ihm erwiesen, aber nicht die Realität des Idealen (d. h. die Kraft und Fähigkeit der künstlerischen Idee bzw. der menschlichen Vorstellung, unmittelbar Realität hervorzubringen – G. H.); und somit auch nicht die Realität des Realen."[425]

Fichtes Wissenschaftslehre aber „ist nicht bloß theoretischer, sondern auch practischer I d e a l i s m u s. –"[426] Deshalb wird Fichte zum Präsidenten des „philosophischen Directoriums in Deutschland" und zum „Gardien de la Constitution"[427*] erhoben. Die subjektiv-idealistische Konsequenz, mit der in der *Wissenschaftslehre* die objektive Realität aus dem Bewußtsein, dem Ich abgeleitet und das Nicht-Ich als Schranke deklariert wird, die das Ich sich selbst setzt, war für die frühromantische Subjekt-Objekt-Konzeption die geeignete theoretische Basis.

Mit Fichte teilt die Frühromantik die Überzeugung, daß die Würde des Menschen in seinen intelligiblen Fähigkeiten liege, woraus auch die Freiheit und Autonomie des Ich folge. Auch die aktivistische Komponente der Subjekt-Konzeption Fichtes wird übernommen, der Gedanke der absoluten Selbsttätigkeit des Ich, definiert in der *Zweiten Einleitung in die Wissenschaftslehre.*

Ebenso sind die Frühromantiker zwei von Fichte aufgestellten und auf den Begriff gebrachten gedanklichen Voraussetzungen verpflichtet: der Kategorie der intellektuellen A n s c h a u u n g und der der p r o d u k t i v e n E i n b i l d u n g s k r a f t. In seiner Interpretation der i n t e l l e k t u e l l e n A n s c h a u u n g hatte Fichte das theoretische Mittel gefunden, mit dessen Hilfe das intelligible Wesen seiner selbst als des absolut Bestimmenden bewußt wird und seine Freiheit wie seine Tätigkeit als Selbsttätigkeit erkennt. Fichte definiert in dieser Kategorie die „Beweglichkeit und Fertigkeit des Geistes", „im Denken eines Objekts nicht nur dieses Objekt, sondern auch sein Denken desselben zugleich mitzudenken"[428*].

Fichte widersetzt sich damit der von Kant vertretenen These, daß es nur zwei Anschauungsformen a priori gäbe. Er fügt als dritte Form die der intellektuellen Anschauung hinzu, so daß sich das philosophische Bewußtsein über jenen Standpunkt des gemeinen Bewußtseins erheben kann, der den Schein des Objektiven für die Wahrheit nimmt. „Dieses dem Philosophen angemutete Anschauen seiner selbst im Vollziehen des Aktes, wodurch ihm das Ich entsteht, nenne ich intellektuelle Anschauung. Sie ist das unmittelbare Bewußtsein, daß ich handle und was ich handle, sie ist das, wodurch ich etwas weiß, weil ich es tue."[429] Sie vermittelt also dem Ich das Bewußtsein, daß es der produktive Grund aller Dinge ist, indem sie das handelnde Ich zum Bewußtsein seiner eigenen Tätigkeit bringt, und begründet so philosophisch die Freiheit und Autonomie des Ich. Das selbsttätige Ich sieht seiner eigenen Handlung zu und gewinnt dadurch Aufschluß über Charakter und Resultat dieses Handelns. Damit versuchte Fichte die Frage zu lösen, was dem tätigen Ich vorausgesetzt sein müsse. Die intellektuelle Anschauung steht als Beweis des Ausgangspunktes der Wissenschaftslehre – der Tathandlung des absoluten Ich. Als Selbstanschauung des Ich ist sie unmittelbares Bewußtsein der Handlung.

Fichte will also nachweisen, alles sei im Ich enthalten, es müsse ihm nur noch zur eigenen Anschauung gebracht werden. Wird vom Ich dieser Akt bewußt vollzogen, so besinnt sich das Bewußtsein in der Selbstanschauung auf seinen Charakter als Tathandlung. Im Akt dieses sich selbst Bewußtwerdens wird die Fremdheit aller Dinge aufgehoben, und das Subjekt erkennt das Objektive als von sich gesetzt und bestimmt.

Darum konnte Friedrich Schlegel sagen, daß Kant „das Ende der Metaphysik entdeckt [habe] – in den drei Ideen Gott, Freiheit, Unsterblichkeit – Fichte aber den Anfang, nicht aber im Ich und Nicht-Ich, sondern in der innern Freiheit der Reflexion. Diese bezieht sich auf intellektuale Anschauung [...]"[430] Es war damit allerdings ein Freiheitsbegriff aufgestellt, der es bei der Freiheit der Innerlichkeit, des Bewußtseins belassen würde.

Die zweite grundlegende philosophische Kategorie des Fichteschen Systems, die von den Frühromantikern in ihrer ästhetischen Theorie rezipiert wurde, ist die der produktiven Einbildungskraft.

Sie bezeichnet – nach Fichte – die Fähigkeit, Vorstellungen hervorzubringen. Da diesen Vorstellungen aber, als Setzung des Ich, Realität zukommt, ist sie zugleich die Kraft, die „alle Realität hervorbringt". Die objektive Realität wird hier aufgelöst im aktivistischen Moment der Erkenntnisfunktion des Ich. Das gewöhnliche Bewußtsein hat keine Kenntnis von der Macht und Existenz der produktiven Einbildungskraft. Sie ist ursprüngliche Tätigkeit, über die nicht reflektiert wird. Das leistet erst der Philosoph mittels der intellektuellen Anschauung. Er vollbringt dann mit Bewußtsein, was das Ich ursprünglich nur mit Notwendigkeit vermag.

Diese beiden Kategorien, die eine unabhängige, absolute Tätigkeit des Ich in der Vermittlung mit sich selbst zu begründen suchen, werden von den Frühromantikern für ihre eigene geschichtsphilosophische Konzeption benutzt: sie wollen das Problem der geschichtlichen Entwicklung allein vom Subjekt her lösen. Das Bestreben, die Dominanz des Subjekts absolut zu wahren, führt zwar zu dialektischen Ansätzen, die aber zugleich wieder relativiert, ja vernichtet werden, weil die Subjekt-Objekt-Beziehung letztlich auf eine Vermittlung des Subjekts mit sich selbst hinausläuft.

In illusionärer Weise entwickeln die Frühromantiker dabei zwei utopische, in ihrem Anliegen humanistische Ideen: die romantische Ironie und den magischen Idealismus.

Poetisches Schaffen als Modellfall geschichtlichen Handelns

Im Begriff der romantischen Ironie wird Fichtes subjektiver Idealismus zu einem spezifisch ästhetischen Problem verarbeitet, das jedoch auf die philosophische Problematik von Subjekt und Objekt, von Mensch und Geschichte zielt. Diese philosophische Fragestellung soll zwar durch ein spezielles ästhetisches Modell zugleich gesichert und erweitert werden, in der Folge aber wird sie gerade dadurch verengt und von ihrer theoretischen Lösung fortgeführt.

Zunächst knüpften die Frühromantiker mit dieser geschichtsphilosophischen Problematik im Gewand ästhetischer Theorien durchaus an Traditionen der Aufklärung und der klassischen bürgerlichen deutschen Literatur an. Denn die politische Emanzipation des deutschen Bürgers vollzog sich vorwiegend ideell, durch seine „ästhetische Erziehung". Ihr Kampfplatz war weniger die Realität der Feudalgesellschaft; sie fand ihre Stätte in den philosophisch-ästhetischen Auseinandersetzungen, in der Literatur und auf dem Theater, wo sich das Bürgertum ideologisch formierte.[431*]

„Die deutsche Poesie" und die „Poetische Kritik tendenzirte lange vor Kant auf kritische Philosophie, desgleichen die deutsche Kunstphilosophie", stellt Friedrich Schlegel richtig fest.[432] Denn hier handelte es sich um den Versuch, in ästhetischen Grundsätzen das Prinzip bürgerlicher Freiheit und Gleichheit zu entwickeln.

Das Bemühen um die „Politisierung der ästhetischen Kategorien"[433] wird von der Frühromantik zunächst fortgesetzt. Die Poesie ist der ästhetische Ausdruck der politischen Ideale der Frühromantik. Sie erfüllt scheinbar in vollkommener Weise das Prinzip der Gleichheit und der Freiheit, das in der geschichtlichen Realität so sehr auf sich warten läßt. „Die Poesie ist eine republikanische Rede; eine Rede, die ihr eignes Gesetz und ihr eigner Zweck ist, wo alle Teile freie Bürger sind, und mitstimmen dürfen", verkündet eines der *Lyceums*-Fragmente[434]. Das Reich der Poesie, das nach dem Vorbild einer republikanischen Verfassung organisiert gedacht wird, umschließt gleichberechtigt poetische Produzenten und poetische Produkte, die Künstler, die Kunstwerke, die literarischen Gattungen: „Kein Künstler soll allein und einzig Künstler der Künstler, Zentral-Künstler, Direktor aller übrigen sein; sondern alle sollen es gleich sehr sein, jeder aus seinem Standpunkt. Keiner soll bloß Repräsentant seiner Gattung sein, sondern er soll sich und seine Gattung auf das Ganze beziehen, dieses dadurch bestimmen und also beherrschen. Wie die Senatoren der Römer sind die wahren Künstler ein Volk von Königen."[435]

Diese das Reich der Poesie konstituierenden Beziehungen liefern das Muster, nach dem die wirkliche Gesellschaft durch die aktive Einwirkung der Poesie umgebildet werden soll. Das ist vor allem die Aufgabe der romantischen Poesie. „Sie will und soll [...] die Poesie lebendig und gesellig, und das Leben und die Gesellschaft poetisch machen [...] Nur sie kann gleich dem Epos ein Spiegel der ganzen umgebenden Welt, ein Bild des Zeitalters werden." „Das gesamte Leben und die gesamte Poesie sollen in Kontakt gesetzt werden; die ganze Poesie soll popularisiert werden und das ganze Leben poetisiert."[436]

Zunehmend aber werden die politischen Kategorien ästhetisiert, d. h. die politischen Vorstellungen werden aus der Ästhetik verdrängt. Die neuen sozialen Verhältnisse hatten die erhoffte Befreiung menschlicher Produktivität und Kreativität nicht gebracht, ja sie erwiesen sich sogar als besonders der Kunst feindlich. In der frühromantischen Weltanschauung rückt die Kunst, speziell die Poesie, nun zur esoterischen Enklave und zum idealisierten Modell geschichtlichen und sozialen Handelns auf, dessen außerästhetische gesellschaftliche Dimensionen aus der theoretischen Betrachtung ausgeklammert bleiben.

Der Versuch, politische Emanzipation durch ästhetische Erziehung zu befördern und zu bewirken, bedeutete im Kunstverständnis der bürgerlichen Ideologen immer schon einen – wenn auch unter den in Deutschland gegebenen Bedingungen notwendigen – Umweg, auf dem sich die Frühromantik dann jedoch verirrt.

Sie führt die Möglichkeiten der „ästhetischen Erziehung" als Mittel der politischen und „menschlichen" Emanzipation auf den Gipfel der Einseitigkeit. Die Übersteigerung in einen ästhetischen subjektiven Idealismus endet schließlich in äußerster Resignation, weil die ästhetische Erziehung und Produktion die Funktion verliert, Instrument der sozialen Veränderung, der Einwirkung auf die Wirklichkeit zu sein. Nach der Absage an die Objektivität (im Hegelschen Sinne), an alles objektiv-real Existierende, dient sie nur mehr der „Kandierung eines tauben Kerns"[437], dem „inneren Experimentieren mit der Reflexion"[438], die sich damit behilft, dem „Elend" der wirklichen Misere die „Schellen" der ideologischen Überhebung „anzuhängen"[439].

Die Poesie, die Tätigkeit des Dichters galt den Frühromantikern als Modellfall ihrer Utopie freier und schöpferischer Selbstverwirklichung des Menschen. Die Tathandlung des

Fichteschen Ich, durch die es die objektive Realität setzt, wird konkret auf die künstlerische Produktion bezogen. „Unser Hauptunterschied", kommentiert Friedrich Schlegel diese frühromantische Umsetzung der Fichteschen Philosophie, „besteht darin, daß bei mir die philosophische moralische und aesthetische Anschauung nur ein und dieselbe ist, da Fichte sie trennt."[440]

Erst Poesie ist ihm „vollendeter Idealismus"[441], denn „unstreitig ist das Wesen der Poesie eben diese höhere idealische Ansicht der Dinge, sowohl des Menschen als der äußern Natur."[442] „Selbsttätigkeit" und „Schwung der Freiheit" (Friedrich Schlegels Aussage in *Über das Studium der griechischen Poesie* zufolge das von Fichte entdeckte „Fundament der kritischen Philosophie") charakterisieren das Schaffen des Dichters. Darin gleicht er nach Ansicht der Frühromantiker Prometheus: „Dieser denkende Titane, wie er sich den Göttern zum Trotz seine Menschen bildet, ist recht ein Vorbild für den modernen Künstler und Dichter, im Kampf gegen ein widriges Geschick oder eine feindliche Umgebung."[443]

Die Poesie wird zum Muster produktiver Bewältigung und Beherrschung der Wirklichkeit. „Wo irgend lebendiger Geist in einem gebildeten Buchstaben gebunden erscheint, da ist Kunst, da ist Absonderung, Stoff zu überwinden, Werkzeuge zu gebrauchen, ein Entwurf und Gesetze der Behandlung."[444] Aber diese Rolle kann sie gemäß frühromantischer Interpretation nur erfüllen, indem sie die Gesetze der Wirklichkeit ideell aufhebt, ignoriert. Die Wirklichkeit erscheint wie totes, widerständliches Material, dem erst der Dichter Leben nach seinen eigenen Gesetzen verleiht.

Poesie ist demnach keine Form der künstlerischen Widerspiegelung der objektiven Realität; die Frühromantiker erweitern den Poesiebegriff über die engere ästhetische Bedeutung hinaus: Ein einzelnes Moment des künstlerischen Schaffens (die aktive, schöpferische Rolle des Künstlers bei der Gestaltung der Wirklichkeit) wird verabsolutiert und in subjektivistischer Interpretation zu einer grundsätzlichen geschichtlichen Haltung des Subjekts gegenüber dem Objekt extrapoliert. Diese Eigenschaften, in denen sich die Poesie erst als

Poesie beweisen soll, verdichten sich dann in der romantischen Ironie, der zentralen Kategorie der frühromantischen Ästhetik.

Unter solchen Vorzeichen gelangen die Frühromantiker zu einer außerordentlichen Hochschätzung und Überschätzung der Poesie und des Poeten. Das gesellschaftliche Subjekt des objektiven Geschichtsprozesses inkarniert sich für sie nur noch im künstlerisch tätigen Individuum.

In einem Brief Novalis' an August Wilhelm Schlegel vom 12. Januar 1798 wird der poetische Geist als „zweyfache Thätigkeit des Schaffens und Begreifens, vereinigt in *einem* Moment" gekennzeichnet. Darin gleiche er Gott, denn „Gott schafft auf keine andere Art, als wir – Er setzt nur zusammen"[445]. In den Hemsterhuis-Studien des Novalis findet sich der gleiche Gedanke: Zur Erkenntnis der Welt bedürfe es eines Geistes, „der das Universum machen könnte und *in sich* wirklich zu stande brächte".

Darin ist zwar auch die Engelssche Erkenntnis enthalten, daß die Menschen die Naturgesetze erst dann wirklich erkannt haben, wenn die Bedingungen ihres Wirkens beherrscht und erzeugt werden können. Aber dieser Gedanke erscheint bei den Frühromantikern subjektiv-idealistisch auf den Kopf gestellt.[446] Denn der frühromantische Künstler schafft kein Abbild der objektiven Realität, sondern die nach *seinen* Vorstellungen und Gesetzen hervorgebrachte Welt erhebt Anspruch auf Geltung gegen die faktische Realität, um schließlich die Stelle der Wirklichkeit ganz und gar einzunehmen, zur eigentlichen Wirklichkeit aufzurücken. Die poetische Ersatz-Realität macht die unerträgliche Wirklichkeit vergessen – darin liegt neben dem aktivistischen zugleich der resignative Zug.

Nur im Kunstwerk noch betätigt der Mensch die Totalität seiner Kräfte und Fähigkeiten und setzt sich eine selbstgeschaffene Welt entgegen. Kunst als *Tätigkeit* ist der produktive Rest des Menschen. Kunst als *Produkt* wird Surrogat der Wirklichkeit. Das verlangte die kritische Konstatierung bestimmter Phänomene des *objektiven* Gesellschaftsprozesses (etwa der Unterwerfung der Individuen unter die sachlichen Bedingungen der Produktion), zu deren Wesen die Erkenntnis *kleinbürgerlicher* Ideologen jedoch nicht vorzudringen vermochte. Gerechtfertigt ist die Auffassung von der Poesie als der alleinigen Sphäre, in der der Mensch noch seine produktiven Kräfte und Fähigkeiten anwenden kann, durch den konkreten geschichtlichen Bezug zur kapitalistischen Wirklichkeit und ihrem für die Masse der Individuen entfremdeten Charakter der Arbeit, der die potentiellen Fähigkeiten und Anlagen nur partiell beanspruchte.

Die Verabsolutierung und Hypostasierung dieser produktiven Sphäre weist aber zugleich die Krise aus, in die die deutsche bürgerliche Ideologie mit der Frühromantik erstmals gerät. Der frühromantische Lösungsweg für das Problem von Freiheit und Notwendigkeit in der Geschichte, von Selbstbestimmung und Determination spiegelt zudem die Grenzen einer bestimmten Phase der realen historischen Entwicklung wider: Es war noch keine soziale Kraft vorhanden, die eine Gesellschaft wirklich humaner Beziehungen und Verhältnisse hätte schaffen können.

Der ideologische Reflex des Übergangs vom Feudalismus zum Kapitalismus hatte sich in Deutschland spezifisch im Gedanken der „Kunstperiode“[447]* vollzogen. Die Frühromantiker hielten in übersteigerter Form auch dann noch daran fest, als mit dem Anbruch des Industriekapitalismus sich ihr Ende ankündigte und die anderen bürgerlichen Ideologen von dieser Konzeption Abschied zu nehmen begannen.

Humanität schien ihnen nur noch im Reich der Poesie möglich und heimisch. Die ästhetische Produktion mit ihren Wirkungen findet nun ihren Bewährungsort nicht mehr in der Geschichte (wie z. B. bei Schiller, für den die ästhetische Erziehung und sittliche Vervollkommnung an den realen Geschichtsprozeß gebunden bleibt), sondern tritt an die Stelle des Geschichtsprozesses, wird Selbstzweck. Ein produktiver Ansatz zur Bewältigung der den Kern der Geschichtsauffassung bildenden Subjekt-Objekt-Dialektik ist jedoch nur dann gegeben, wenn die Rolle der Arbeit (als materieller Produktion, nicht als geistigem Akt oder künstlerischer Betätigung) begriffen oder zumindest in die Betrachtung des Geschichtsprozesses einbezogen wird. Von dieser Prämisse ausgehend, gelangte wenig später Hegel in seiner Geschichtsphilosophie zu ganz anderen Einsichten als die Frühromantiker.[448]

Die frühromantische Poesiekonzeption enthält, wenn auch in illusionärer Form und mit allen daraus resultierenden Einschränkungen, humanistische Züge hinsichtlich der aktiven Rolle des geschichtlichen Subjekts. Diese humanistische Intention hat ihre Berechtigung, solange das Proletariat als Vollstrecker der politischen und sozialen Befreiung der Menschen nicht existierte, bzw. die Funktion der materiellen Produktion in der Geschichte und die ihrer Träger noch nicht erkannt war. Solange geistige Kräfte als geschichtsbestimmend angesehen wurden, antizipierte das Ideal des schöpferischen, künstlerisch produktiven Menschen in utopischer und idealistischer Weise die Emanzipation des menschlichen Individuums.

Der Verzicht auf ein aktives Verhältnis zum wirklichen Geschichtsprozeß brachte für das Menschenbild der Frühromantik esoterische und elitäre Züge mit sich, die in spätbürgerlichen ästhetizistischen Auffassungen, z. B. des George-Kreises, wieder aufgenommen wurden. Im Bewußtsein der Frühromantiker sind die Künstler die Protagonisten der künftigen Menschheit, die, wie der (subjektivistisch gefaßte) Gott des Pantheismus, denkend eine Welt erschaffen. Sie stellen eine privilegierte Schicht dar, eine eigene Sozietät innerhalb der Gesellschaft: „Der Künstler steht auf dem Menschen, wie die Statue auf dem Piedestal." „Nur ein Künstler kann den Sinn des Lebens errahten."[449] Der Künstler wird in der Frühromantik gewissermaßen der Konkurrent des Geburtsadels. Zu dieser Zeit spiegelt sich in den elitären Zügen, mit denen die Repräsentanten der geschichtlich aktiven Kräfte ausgestattet sind, auch die tatsächliche Isolation wider, in der sich besonders die deutschen Künstler hinsichtlich Kommunikation und Wirksamkeit breiten Schichten des Publikums gegenüber befanden.

In der *Deutschen Ideologie* haben Marx und Engels den klassenmäßig bedingten erkenntnistheoretischen Fehlschluß in dieser Konzeption vom Künstler aufgedeckt: Der Gegensatz von Kopf- und Handarbeit wird verallgemeinert und der Schein eines „Über-der-Gesellschaft-Seins" des Kopfarbeiters, erzeugt durch seine Tätigkeit außerhalb der materiellen Produktion, wird verabsolutiert. Zudem zeigten sie in der *Heiligen Familie* den religiös-idealistischen Hintergrund einer solchen subjektivistisch überspitzten Interpretation der geschichtlichen Rolle des einzelnen, geistig tätigen Menschen und enthüllten sie als den „spekulativen Ausdruck des christlich-germanischen Dogmas vom Gegensatz des Geistes und der Materie, Gottes und der Welt", der sich „innerhalb der Geschichte, innerhalb der Menschenwelt selbst so aus[drücke], daß wenige auserwählte Individuen als aktiver Geist der übrigen Menschheit als der geistlosen Masse, als der Materie gegenüberstehen"[450].

Diese Auffassung reproduziert sich auch heute immer wieder in revisionistischen und bürgerlichen Theoremen über die führende Rolle der Intelligenz im Geschichtsprozeß oder der – ausschließlich außerhalb der materiellen Produktion – schöpferisch tätigen Menschen; sie richtet sich vor allem gegen den dialektisch-materialistischen Determinismus.

Die romantische Ironie – philosophischer Staatsstreich der vermeintlich autonomen Subjektivität

Die romantische Ironie ist eine bestimmte Bewußtseinshaltung und zugleich ein künstlerisches Vermögen, das sich als „freier Aktus des Gemüts" in besonderen inneren Bedingungen des Kunstschaffenden manifestiert und die dialektische Einheit einer selbstbewegenden und -bewegten ideellen Kraft umschließt. In ihr verdichtet sich der Begriff der „Poetisierung der Welt", der das geistige Überspringen, die bewußtseinsmäßige Überwindung der mißlichen Wirklichkeit durch eine ablehnende Denkhaltung meint. Frühromantischer Poesiebegriff (als Haltung zur Welt), „Poetisieren" und Ironie sind weitgehend identisch, sie erfassen eine Grundhaltung des Subjekts. In der schrankenlosen, aber illusionären Autonomie erfährt die romantische Subjektivität – in theoretischer Abrundung der Konzeption des vereinzelten einzelnen von den Frühromantikern weitgehend mit den einzelnen Individuen identifiziert – ihre schärfste Begrenzung.

Die Frühromantiker radikalisieren Fichtes subjektiven Idealismus, indem sie die von Fichte einem überindividuellen, als Gattungswesen verstandenen Subjekt zugeschriebene Autonomie auf das einzelne Individuum übertragen, um so die unumschränkte Willkür auch des empirischen Einzelwesens theoretisch zu begründen. Damit verschwindet die bei Fichte noch vorhandene dialektische Erfassung des Subjekt-Objekt-Problems. Sie wird zu einer absurden Tautologie – der in sich selbst kreisenden Subjektivität. Infolgedessen werden zwei Fragestellungen vermengt: das Verhältnis von Subjekt und Objekt mit dem von Individuum und Gesellschaft, weil das System der Beziehungen der Individuen untereinander gar nicht mehr in der philosophischen Reflexion erscheint.

Mit dem Begriff der romantischen Ironie werden die von Fichte dem Ich zugeschriebenen produktiven und aktiven Eigenschaften zwar hinübergenommen in die Philosophie der Kunst. Die romantische Ironie ist aber nicht lediglich eine ästhetische Kategorie, sondern erweitert sich zu einer geschichtsphilosophischen, die die Haltung des Subjekts gegenüber der Realität überhaupt bestimmt. Als nur ästhetisches Instrument fordert und leistet die Ironie die Durchbrechung und freie Behandlung des Gegenständlichen, das Sichlösen von platter, unreflektierter Vordergründigkeit, und hier wirkt sie zweifellos auch produktiv.

Die Ironie als ästhetisches Mittel hat dialektische Erkenntnisfunktion für den Dichter, indem sie ihm die Einsicht in den Zusammenhang des zu gestaltenden Ganzen und seiner Teile dadurch ermöglicht, daß sie eine bewußt distanzierte, überschauende Haltung erzeugt. „Solange der Künstler erfindet und begeistert ist, befindet er sich für die Mitteilung wenigstens in einem illiberalen Zustande. Er wird dann alles sagen wollen; welches eine falsche Tendenz junger Genies, oder ein richtiges Vorurteil alter Stümper ist.“[451]

Mit dieser Auffassung folgt Friedrich Schlegel der Fichtes, der in seiner Schrift *Über Geist und Buchstab in der Philosophie* die Ironie als ein für den Künstler unentbehrliches Gestaltungsmittel gefordert hatte: „Er hat einst selbst empfunden, was er uns nachempfinden lässt, und dieselben Gestalten, die er jetzt vor unser Auge hinzaubert, [...] haben ihn einst selbst in jene süsse Trunkenheit, in jenen holden Wahnsinn eingewiegt, der uns alle bei seinem Gesange, oder vor seiner belebten Leinwand, oder bei dem Tone seiner Flöte ergreift. Er ist wieder zur kalten Besonnenheit gekommen, und stellt mit nüchterner Kunst dar, was er in der Entzückung erblickte, um in seine Verirrung, deren geliebtes Andenken ihn noch mit sanfter Rührung erfüllt, das ganze Geschlecht hineinzuziehen [...]"[452].

Aber die frühromantische Ironiekonzeption sieht das Publikum nicht als passiven Konsumenten, sondern als aktiven Rezipienten, als gleichberechtigten Partner des Schriftstellers, der mittels der Ironie teilhat an dessen Anliegen und Erkenntnissen. Ihre Erkenntnisfunktion erstreckt sich also in gleichem Maße auf den Leser: Sie soll ihn aktivieren, emanzipieren, ihn aus der Rolle bloßer Unterwürfigkeit gegenüber dem schaffenden Dichter befreien, seinem Zauber entreißen und sein Schaffen aktiv nachvollziehen lassen, indem er die Absichten, Ziele und künstlerische Arbeitsweise des Dichters genau durchschaut. Das geschichtlich mündige Subjekt beginnt in der Ästhetik im engeren Sinne als mündiger Künstler, der seine literarischen Arbeitsmittel souverän und bewußt einsetzen kann, und als literaturkritisch mündiges Publikum, das mit dieser Handhabung ästhetischer Mittel in der poetischen Darstellung auch etwas anzufangen weiß. Erst wenn diese Funktion der Ironie beiderseitig erfüllt wird, verliert das, was außer uns ist, seine undurchschaubare Fremdheit.

Diese ästhetische Funktion weist Friedrich Schlegel der Ironie in seiner berühmten Rezension des Goetheschen *Wilhelm Meister* zu: „Es ist schön und notwendig, sich dem Eindruck eines Gedichtes ganz hinzugeben, den Künstler mit uns machen zu lassen, was er will, und etwa nur im einzelnen das Gefühl durch Reflexion zu bestätigen und zum Gedanken zu erheben, und wo es noch zweifeln oder streiten dürfte, zu entscheiden und zu ergänzen. Dies ist das Erste und das Wesentlichste. Aber nicht minder notwendig ist es, von allem Einzelnen abstrahieren zu können, das Allgemeine schwebend zu fassen, eine Masse zu überschauen, und das Ganze festzuhalten, selbst dem Verborgensten nachzuforschen und das Entlegenste zu verbinden. Wir müssen uns über unsre eigne

Liebe erheben, und was wir anbeten, in Gedanken vernichten können: sonst fehlt uns, was wir auch für andre Fähigkeiten haben, der Sinn für das Weltall."

Der Mensch möchte nicht nur „die glänzende äußre Hülle, das bunte Kleid der schönen Erde" überblicken; „er mag auch gern untersuchen, wie die Schichten im Innern aufeinander liegen, und aus welchen Erdarten sie zusammengesetzt sind; er möchte immer tiefer dringen, bis in den Mittelpunkt wo möglich, und möchte wissen, wie das Ganze konstruiert ist. So mögen wir uns gern dem Zauber des Dichters entreißen, nachdem wir uns gutwillig haben von ihm fesseln lassen, mögen am liebsten dem nachspähn, was er unserm Blick entziehen oder doch nicht zuerst zeigen wollte, und was ihn doch am meisten zum Künstler macht: die geheimen Absichten, die er im stillen verfolgt, und deren wir beim Genius, dessen Instinkt zur Willkür geworden ist, nie zu viele voraussetzen können."[453]

Die Ironie ist demnach Mittel der „ästhetischen Erziehung" von Dichter und Publikum und stellt an beide sehr hohe Anforderungen. In dieser Anfangsperiode frühromantischen Denkens soll sie sogar noch eine geistige Hilfe sein, alles Subjektivistische aus der Betrachtung der Wirklichkeit – zumindest in ihrer poetischen Widerspiegelung – auszuschließen und den Sinn für das Objektive, das „Weltall", zu wecken. Je mehr allerdings die Frühromantik Ästhetik mit Geschichtsphilosophie, Geschichte mit Poesie identifiziert, desto mehr weicht diese Zielsetzung einer subjektivistischen Grundhaltung. Die aktivistische Orientierung bleibt auch dann erhalten. Ironie ist „klares Bewußtsein der ewigen Agilität"[454], Merkmal der „Selbständigkeit" und „Thätigkeit" des Subjekts, die seine „historische Tapferkeit"[455] in einer ihm feindlichen Umwelt beweist.

Ein progressiver weltanschaulicher Aspekt der Ironie liegt ferner darin, daß sie als „logische Schönheit"[456] zunächst auf „Witz und Vernunft" als die rationalen Komponenten des menschlichen Geistes zielt, auf Gesetzmäßigkeit, wenn auch nur auf die innerhalb des Subjekts gegebene und von ihm geschaffene. Als „Stimmung, welche alles übersieht, und sich über alles Bedingte unendlich erhebt"[457], verkündet sie die Macht der r a t i o über die objektive Realität. Aber diese Macht betätigt und bewährt sich nicht in der Vermittlung mit der realen Welt, der Friedrich Schlegel (im Gegen-Satz zu Hegel) jede objektive „Rationalität", „Vernünftigkeit", d. h. Gesetzmäßigkeit an sich abspricht, sondern sie beruht auf der völligen Loslösung des Subjekts von der Objektivität.

Die Ironie ist Vorgabe des Verhaltens für das Subjekt sowohl gegenüber der Wirklichkeit als auch sich selbst gegenüber. Als Mittel ironischer Distanz vermag sie dessen Gedanken, Emotionen und Schöpfungen beliebig wieder zu negieren, zu zerstören oder neu hervorzubringen. Die Ironie kann „am meisten zwischen dem Dargestellten und dem Darstellenden, frei von allem realen und idealen Interesse auf den Flügeln der poetischen Reflexion in der Mitte schweben, diese Reflexion immer wieder potenzieren und wie in einer endlosen Reihe von Spiegeln vervielfachen"[458].

Als „Schweben über den Dingen" und zudem „freie Erhebung über sich selbst" führt die romantische Ironie zur Absage an jegliche Objektivität. Eine so verarmte Subjektauffassung bringt das Subjekt um den ganzen Reichtum seiner konkreten geschichtlichen Bestimmungen. Die romantische Subjektivität retiriert in das Vakuum des ästhetischen Selbstbewußtseins. Zur Wirklichkeit gibt es nur noch eine „narzistische" Beziehung; sie ist die Selbstprojektion der Individuen: „Dichter sind immer Narzisse"[459]. Wie die Kunst ihre Abbildfunktion aufgibt, so das Objektive seinen Wert. Das romantische Individuum verliert sich in den Irrgängen seiner Reflexion.

Die Ironie wendet sich als eine individualistische und subjektivistische Geisteshaltung gegen eine Wirklichkeit, die die Individuen einer scheinbar unbegreiflichen, blindwirkenden Macht unterwirft, der sie dadurch zu begegnen trachten, daß sie diese Macht als aufgehoben d e k l a r i e r e n. So tritt etwa an die Stelle objektiver Kausalität die – frühromantische – Ansicht von Poesie, die damit beginnt, „den Gang und die Gesetze der vernünftig denkenden Vernunft aufzuheben und uns wieder in die schöne Verwirrung der Fantasie, in das ursprüngliche Chaos der menschlichen Natur zu versetzen"[460]. „Die Causalität", behauptet Friedrich Schlegel, „ist nicht minder eine Täuschung, als Quantität und Qualität."[461] Demnach kommt den Kategorien des philosophischen Denkens keine objektiv-reale Entsprechung in der Wirklichkeit zu. Die Welt „als S p i e l , als P o e s i e", d. h. als individuell beliebige Schöpfung und Vorstellung, muß darum folgerichtig „die positive und höchste Ansicht"[462] sein.

Die weltanschauliche Funktion der Ironie als geschichtsphilosophischer Kategorie der Frühromantik ist es, „unbekümmert um den Buchstaben, auf den der Stoiker streng hält, nur auf den Geist zu sehen, allen ökonomischen Wert und politischen Glanz unbedingt zu verachten, und die Rechte der selbständigen Willkür tapfer zu behaupten"[463]. Das wird aber nur außerhalb der realen Geschichte möglich. Insofern ist diese Freiheit in der Ironie, die aus dem „unauflöslichen Widerstreit des Unbedingten und des Bedingten"[464] entspringt, eine Illusion. Sie erweist sich als eine bewußt gewählte Form der Resignation – der „Wert und die Würde der Selbstbeschränkung" sind „das Erste und das Letzte, das Notwendigste und das Höchste" für den Künstler wie für den Menschen, „denn überall, wo man sich nicht selbst beschränkt, beschränkt einen die Welt, wodurch man ein Knecht wird."[465]

Welch traurige Knechtschaft diese Art der Freiheit gebiert, läßt die frühromantische Ansicht über die geschichtliche Haltung des Subjekts freilich nicht erkennen. Ihr Resümee ist: „Das Unendliche als Freyheit bleibt uns, wenn wir von allem abstrahiren und unser Bewußtsein analysiren."[466] Die Subjektivität läuft von Anfang an Gefahr, sich in sich selbst zu verlieren.[467*] Die absolute Selbsttätigkeit, die sich in der Ironie in stetem Wechsel von Selbstschöpfung und Selbstvernichtung realisiert, geht nicht – wie bei Fichte – auf die Realität, sondern in einem Zirkel auf das künstlerisch tätige Ich zurück.

Die romantische Ironie ist ein Protest gegen die Wirklichkeit, der aus der Ohnmacht entspringt, die empirischen Verhältnisse zu ändern. Die praktische Ohnmacht wird in ihr ideologisiert zur Allmacht der Phantasie. In der Ironie manifestiert sich auch eine esoterische Einstellung zur Realität. Deren Stelle nimmt das autarke Selbstbewußtsein des frühromantischen Individuums mit seinen geistigen Schöpfungen ein. Friedrich Schlegel beantwortet die Frage nach der für den Dichter (als Repräsentanten frühromantischer Subjektivität) angemessenen Philosophie so: „Und welche Philosophie bleibt dem Dichter übrig? Die schaffende, die von der Freiheit und dem Glauben an sie ausgeht und dann zeigt, wie der menschliche Geist sein Gesetz allem aufprägt, und wie die Welt sein Kunstwerk ist.“[468] Es ist u. a. gerade die Kompromißlosigkeit dieser Weltanschauung, ihre Unversöhnlichkeit gegenüber einer konkreten geschichtlichen Realität, die sie philosophisch in eine Sackgasse treibt. Die objektive Dialektik der geschichtlichen Bewegung löst sich auf in die Dialektik der „Gemütsbewegung“[469], in den „freien Aktus des Gemüts“ des romantischen Subjekts.

So isoliert, abstrakt gefaßt und aller konkreten historischen Bestimmungen entkleidet, ohne Vermittlung mit dem Objektiven, wird die Subjektrolle selbst fragwürdig. Das romantische Individuum bläht sich in absurder Weise zu welthistorischer Bedeutung auf – aber nicht im Sinne Hegels. Bei ihm erlangen die weltgeschichtlichen Individuen gerade als Instrumente und Sprachrohre der allgemeinen Vernunft, des Weltgeistes Geltung, d. h. hinter dieser mystifizierten Form verbirgt sich ihre Bindung an die objektiven Gesetzmäßigkeiten des Geschichtsprozesses.[470]* An der Philosophie Hegels als dem kurz darauf erreichten h ö c h s t e n philosophisch-theoretischen Entwicklungsstand im bürgerlichen Denken der Zeit kann die frühromantische Lösung dieses Problems gemessen werden.

In der Vorrede zur *Phänomenologie des Geistes* und in den Solger-Rezensionen von 1827 wendet sich Hegel gegen die abstrakte und subjektivistische Idee einer Emanzipation des geschichtlichen Subjekts durch fixe ideale Wunschträume; er charakterisiert das romantische Denken als krankhaft unerfüllte Subjektivität.[471]

Hegel erkannte den Ursprung des über seine ästhetische Funktion hinaus erweiterten Prinzips der Ironie in der Divergenz zwischen Ideal und Wirklichkeit, in dem nicht erfüllten (und auch nicht erfüllbaren) utopischen Anspruch des Individuums an die Gesellschaft, in dem Antagonismus zwischen

Individuum und Gesellschaft und dem daraus resultierenden Gefühl des Mangels, des Ungenügens. Im Auseinanderfallen beider Komponenten sah er die Quelle und das Charakteristikum moderner, d. h. romantischer Kunstform und Lebenshaltung überhaupt, deren zerstörende Folge er so kennzeichnet: „Die nächste Form dieser Negativität der Ironie ist nun einerseits die Eitelkeit alles Sachlichen, Sittlichen und in sich Gehaltvollen, die Nichtigkeit alles Objektiven und an und für sich Geltenden. Bleibt das Ich auf diesem Standpunkte stehen, so erscheint ihm alles nichtig und eitel, die eigene Subjektivität ausgenommen, die dadurch hohl und leer und die selber eitel wird."[472]

Das romantische Subjekt kann seine Macht nur noch in der Ironie finden, die einerseits Absage an die Geschichte und damit Leugnung der objektiven Realität bedeutet, die andererseits – als erkenntnistheoretische Konsequenz – die Verneinung des Widerspiegelungscharakters der Kunst impliziert. So offenbart diese Selbstüberhebung des romantischen Subjekts eine tiefe Resignation gegenüber der Objektivität, die auch den Romantikern selbst ahnungsweise aufdämmerte.[473*] So erscheint der düstere Pessimismus der *Hymnen an die Nacht* nur folgerichtig als die Kehrseite der Ironie.

Die – illusionäre – Beherrschung der Realität erfolgt mittels der Willkür, vom Standpunkt der „formellen leeren Freiheit" (Hegel) aus. Im Begriff der Willkür manifestiert sich die frühromantische subjektiv-idealistische Freiheitsauffassung.[474*] Friedrich Schlegel charakterisierte sie in der romantischen Poesie: „Sie allein ist unendlich, wie sie allein frei ist, und das als ihr erstes Gesetz anerkennt, daß die Willkür des Dichters kein Gesetz über sich leide."[475]

Dieses ästhetische Prinzip wird zur Haltung des Subjekts bei der Konfrontation mit den objektiven Bedingungen und Gegebenheiten überhaupt erweitert: „Es gibt unvermeidliche Lagen und Verhältnisse, die man nur dadurch liberal behandeln kann, daß man sie durch einen kühnen Akt der Willkür verwandelt und durchaus als Poesie betrachtet."[476] Die „praktische" Beherrschung einer Wirklichkeit, die als Setzung der Subjektivität von vornherein als eine bezwungene Realität fingiert wird, ist nun ein illusionär-phantastischer Akt.

Das Handeln des Subjekts beschränkt sich auf individuelle, psychisch-geistige Prozesse, und das Individuum ist auf die innere, geistige Wechselwirkung mit sich selbst zurückgewiesen. Das besiegelt die faktische Wirkungslosigkeit solchen Handelns. Dieser Art ist das Bestreben der Frühromantiker, die Philosophie „praktisch" zu machen – es endet in einem subjektiv-idealistischen Praxisverständnis. Der Mensch als Weltbeherrscher wird seiner Rolle nur gerecht, wenn er sich in die Innerlichkeit versenkt: „Diese innere Welt macht den Inhalt des Romantischen aus [. . .] Die Innerlichkeit feiert ihren Triumph über das Aeußere und läßt im Aeußern selbst und an demselben diesen Sieg erscheinen, durch welchen das sinnlich Erscheinende zur Wertlosigkeit herniedersinkt."[477]

Der Inhalt des frühromantischen Begriffs der Willkür ergibt sich folgerichtig aus der Nichtanerkennung der objektiven Dialektik. Enthält dieser Begriff auch implizit Momente der Bewußtheit, so drückt er zugleich und überwiegend die Gesetzlosigkeit aus, mit der das Subjekt vorgeht; sie ist der Bewußtheit als Erkenntnis und Anwendung objektiver Gesetzmäßigkeiten entgegengesetzt.

Die Frühromantiker verstricken sich hier in einen von ihrer subjektiv-idealistischen Position aus unlösbaren Widerspruch, der die so apodiktisch deklarierte und so konsequent angestrebte Freiheit des Individuums gerade ausschließt und aufhebt. Die Willkür spiegelt eine falsche subjektivistische Freiheitskonzeption, die auf der metaphysischen Trennung von Freiheit und Notwendigkeit und dem christlich-spiritualistischen Dualismus von Geister- und Sinnenwelt beruht. Hegel spricht vom „Wahnsinn des Dünkels dieses Ich"[478], das sich durch seine Loslösung von den allgemeinen objektiven Gesetzmäßigkeiten den Zufälligkeiten seines Willens und der subjektiven Meinung ausliefert und die „falsche Freiheit" damit umkehrt in „das Gegenteil ihrer selbst, die bewußtlose Gebundenheit, leere Meinung von Freiheit"[479]. „Die Willkür ist die formelle Freiheit; sie macht sich zu ihrem Inhalte oder Gegenstand einzelner Triebe, Zwecke usf. Aber der Wille als freier ist dies, daß sein Inhalt ein Allgemeines sei; in diesem Allgemeinen habe ich mein Wesen, mein wesentliches Sein"[480]*.

Die Frühromantik reduziert die Freiheit auf die Freiheit in der Innerlichkeit. Hierin gipfelt die protestantische Auffassung der Freiheit. Die tatsächliche Folge ist die Apologie der bestehenden Verhältnisse und die Fixierung der Ohnmacht der Menschen.[481]* Frühromantische Subjektivität verkörpert letztlich die „Allmacht im Stande der Erniedrigung"[482]. Die spekulative Freiheit ist in ihrer praktischen Form, so schrieb Engels, „Freiheit der germanischen Urwälder"[483].

Bei einer solchen Freiheit mußten die Romantiker später mit Konsequenz ankommen. Der subjektive Idealismus ihrer Weltanschauung, der sie so „über die Schranken der Zeit"[484] und der Realität hinweghob, verfehlte damit im Höhenflug der nur „ästhetischen Humanität" ihren eigentlichen kritischen Ausgangspunkt ebenso wie ihr soziales Anliegen: die Freisetzung der produktiven Kräfte der Individuen.

Das Fragment als die Form frühromantischen Philosophierens

Die spezifische Form der frühromantischen Philosophie entspricht ganz dem missionarischen Bewußtsein ihrer Repräsentanten als ihr Zeitalter überwindende Kritiker. Ihr polemisches Anliegen zeigt sich auch in dem Bestreben, die gängigen Formen aufzulösen und die Konventionen philosophischer und literarischer Darstellungsweise zu durchbrechen.

Die Ausbildung der Fragmentform hängt mit der Selbstbesinnung des bürgerlichen Denkens auf Wert und Würde der Individualität zusammen, die in der Frühromantik bis zum Kult auch der Originalität getrieben wird. Die spezifische Art ihrer literarischen Mitteilung ist für die Frühromantiker eine Möglichkeit, die Unabhängigkeit und Selbständigkeit ihrer geistigen Existenz, für die ihnen der kämpferische Lessing ebenso Vorbild war wie Chamfort[485]*, zu behaupten: „Anmaßend ist es freilich, noch bei Lebzeiten Gedanken zu haben, ja bekannt zu machen. Ganze Werke zu schreiben ist ungleich bescheidner, [. . .] weil dem Gedanken da auf den schlimmsten Fall die Zuflucht bleibt, der Sache den Vorrang zu lassen und sich demütig in den Winkel zu stellen. Aber Gedanken, einzelne Gedanken sind gezwungen einen Wert für sich haben zu wollen und müssen Anspruch darauf machen, eigen und gedacht zu sein. Das einzige, was eine Art von Trost dagegen gibt, ist, daß nichts anmaßender sein kann, als überhaupt zu existieren. Aus dieser ursprünglichen Grundanmaßung folgen nun doch einmal alle abgeleiteten, man stelle sich wie man auch will.“[486]

Das hier verfochtene Recht auf selbständiges, freies Denken umfaßt einen politischen Aspekt, der den Aussagen der Frühromantiker einen streitbaren Charakter verleiht und der

Novalis, berechtigte, die Fragmente seines Freundes Friedrich Schlegel als „echte, revolutionäre Affichen"[487] zu bezeichnen.

Galt die Poesie als „eine republikanische Rede", so sollte auch die Gesamtheit der Fragmente antihierarchisch, nach dem Muster einer republikanischen Verfassung strukturiert sein. Als „ein bunter Haufen von Einfällen, die nur vom Geiste belebt, nach einem Ziele zielen", verbindet sie „doch jenes freie und gleiche Beisammensein, worin sich auch die Bürger des vollkommnen Staats, nach der Versicherung der Weisen, dereinst befinden werden; jener unbedingt gesellige Geist, welcher nach der Anmaßung der Vornehmen jetzt nur in dem gefunden wird, was man so seltsam und beinahe kindisch große Welt zu nennen pflegt"[488]. So repräsentiert das Fragment ein demokratisches Mit- und Nebeneinander vieler für sich bestehender Ideen, gerichtet gegen die den Leser bevormundenden Lehrsätze eines fertigen Systems. Unter dem Banner des Fragments wollten sich die Frühromantiker versammeln zu einem Feldzug gegen Mittelmäßigkeit, Plattheit, Denkfaulheit.

In der unverbindlichen, fragmentarischen Form der frühromantischen Philosophie manifestiert sich die Autonomie des „freien, kritischen Geistes", der seinen Gedanken selbstbestimmt und selbstbestimmend Ausdruck gibt. In ihr enthüllt sich aber auch die weltanschauliche Hilflosigkeit eines kritischen Anspruchs, der mit der Originalität des witzigen Einfalls die kritisierte Wirklichkeit zu bezwingen glaubt und doch mit der Scheu vor einer systematischen Ausarbeitung des reichen Ideengutes sich aus dieser Wirklichkeit wiederum heraushält.

Es wäre eine grobe Vereinfachung, die von den Frühromantikern gewählte Form des Philosophierens – so problematisch sie sein mag – abzutun als das praktizierte „Lob des Müßiggangs" aus der Schlegelschen *Lucinde* (wenn auch Friedrich Schlegels Verleger und Freunde ihm zuweilen „entschiedene Arbeitsscheu" vorwarfen[489]) oder als das Resultat der „Manier", „die immer fertig sein [will] und keinen Genuß an der Arbeit [hat]"[490]*. Die poetisch-metaphorische Ausdrucksweise und die Bevorzugung der Fragmentform entspringen auch nicht primär der Furcht, die Anstrengung des Begriffs auf sich zu nehmen, obwohl die verzweiflungsvollen Schwierigkeiten bei der systematischen Entwicklung von Ideen eine Rolle spielen. So schreibt Friedrich Schlegel an seinen Bruder, daß es ihm schwerfalle, den „Syllogismus [...] in die Gewalt zu bekommen“[491]. Vielmehr entschied das inhaltliche Anliegen der Frühromantiker, die „kritische“, d. h. ideelle Überwindung der gegebenen Wirklichkeit und der vorgefundenen Denkinhalte, auch über die Spezifik der Form.

Der subjektive Idealismus ihrer Weltanschauung führte sie zunächst dazu, ihren gesellschaftlichen Einfluß als philosophierende Individuen und die Möglichkeiten ihrer Wirksamkeit unter den damals herrschenden Bedingungen zu überschätzen. Er erzeugte bei ihnen die noch aufklärerisch bestimmte Illusion, daß das Salz der kritischen Philosophie die existierende soziale Ordnung durch eine Änderung des Überbaus revolutionieren könne. Den – frühromantischen – Philosophen stellten sie sich vor wie den Gott des Deismus: er gibt der Welt in Form eines Denkanstoßes den ersten und entscheidenden Impuls. Sie wollten „einige ordentliche philosophische Quadersteine in die Welt setzen“[492], um daraus ein neues Weltgebäude zu errichten.

Über den philosophischen Gedanken hofften sie ein Publikum zu mobilisieren, das in produktiver Weise an der Gemeinschaft philosophisch denkender und entsprechend handelnder Individuen teilnähme: „Der Essay ist ein wechselseitiger Galvanism des Autors und des Lesers und auch ein innrer für jeden allein [. . .] Er soll Motion machen, gegen die geistige Gicht ankämpfen, die Agilität befördern.“[493]

Friedrich Schlegel, für den „die Vervollkommnung der Wissenschaft“ die erste Voraussetzung des historischen Fortschritts war, „die größeste und ernsthafteste Angelegenheit der Menschheit“, definierte die Funktion der Fragmente so: Sie sind „ein Lessingsches Salz gegen die geistige Fäulnis, vielleicht eine zynische Lanx satura im Styl des alten Lucilius oder Horaz, oder gar f e r m e n t a c o g n i t i o n i s zur kritischen Philosophie, Randglossen zu dem Text des Zeitalters.“[494] Novalis mit seiner hohen Meinung von der Heils- und Erlöserrolle der Philosophie wollte ebenfalls philosophische Samenkörner ausstreuen, „literarische Sämereien" oder, wie er es auch nannte, „Texte zum Denken", die gewissermaßen als Katalysator auf die geistige Aktivität des Publikums wirken sollten. Dabei waren den Frühromantikern ein paar taube Körner verwindbarer als die vielen wurmstichigen Früchte am Baum der Philosophie.[495] Ihre „philosophischen Blitze", die zündend in die vermorschten deutschen Zustände einschlagen sollten, waren mehr als bloße „oratorische Krinoline"[496], wenn auch der Rausch des Bonmots sie zuweilen hinwegtrug.

Nicht von Anfang an waren Fragment und metaphorischer Stil beherrschend für die Form romantischen Philosophierens. Am Beginn der philosophischen Laufbahn der Frühromantiker standen größere Abhandlungen, und oft zeigte selbst das philosophische Fragment später noch die Tendenz, sich zu einer Abhandlung zu erweitern (z. B. bei Novalis). Noch 1796 vermerkt Friedrich Schlegel in der Charakteristik zum *Woldemar*-Roman verdrießlich über Jacobis Philosophie, es „dürfte wohl die vereinigende Gewalt aller spartanischen Harmosten, und die verbindende Geschicklichkeit aller Homerischen Diaskeuasten nicht hinreichend sein, diese Gedankenmasse mit sich selbst, oder mit einem leidlich konsequenten System in philosophische Übereinstimmung zu bringen. –"[497]

In der Analyse der Jacobischen Philosophie, die wie eine ahnungsvolle „antizipatorische" Selbstkritik wirkt, nennt er auch die entscheidenden Gründe für deren Mängel. Da ist zunächst der subjektive bzw. partikuläre Standpunkt des Autors: „Nur eine Philosophie, welche auf einer notwendigen Bildungsstufe des philosophischen Geistes ein Höchstes ganz oder beinahe erreichte, darf man systematisieren, und durch weggeschnittene Auswüchse und ausgefüllte Lücken in sich zusammenhängender, und ihrem eignen Sinn getreuer machen. Eine Philosophie hingegen, welche nicht etwa bloß in ihrer Veranlassung, Ausbildung und Anwendung individuell und lokal, sondern deren Grund, Ziel, Gesetze und Ganzheit selbst nicht philosophisch sondern persönlich sind, läßt sich nur charakterisieren."

Aber Friedrich Schlegel spürt nicht allein die im Denken

des Autors begründeten Mängel der Jacobischen Philosophie auf. Er analysiert auch die Ursache für das Entstehen dieses Denkens als einer spezifischen Reaktion auf die objektiven Gegebenheiten der sozialen Umwelt: Er entdeckt sie in der Tatsache, daß Jacobi die Kluft zwischen angestrebtem bzw. ersehntem Ideal und Realität nicht zu schließen oder philosophisch zu vermitteln vermag und darum in die Innerlichkeit seiner eigenen, höchst individuellen Gefühlswelt ausweicht. Diesen Weg sollten die Frühromantiker wenig später selbst einschlagen.

„Das Streben nach dem Genuß des Unendlichen", erläutert Schlegel diese Haltung Jacobis, „mußte gewiß einen Hang zur beschaulichen Einsamkeit erzeugen, der durch die Seelenlosigkeit der Umgebenden leicht verstärkt werden konnte. Versunken in sich selbst mußte der nach Ewigkeit Lechzende bald zum Bewußtsein eines göttlichen Vermögens, eines uneigennützigen Triebes, einer reinen Liebe in seinem Innern gelangen; seine Empfindungen davon in Begriffe auflösen, und diese Begriffe nach seiner ursprünglichen Unmäßigkeit, die immer alles in Einem Wirklichen suchte, ins Unendliche erweitern. Daher die Lehre von der gesetzgebenden Kraft des moralischen Genies, von den Lizenzen hoher Poesie, welche Heroen sich wider die Grammatik der Tugend erlauben dürften. Gefährlicher Indifferentism gegen alle Formen; Mystizism der Gesetzesfeindschaft. Daher die Liebe zum Altertum, an dem er nur die Natürlichkeit und den lebendigen Zusammenhang des Verstandes und des Herzens kennen und schätzen konnte: denn für das Klassische, Schickliche und Vollendete, für gesetzlich freie Gemeinschaft fehlte es diesem Modernen durchaus an Sinn."[498]

Die subjektivistische Haltung zur Wirklichkeit also gestattet dem philosophierenden Individuum Freiheiten, die die Brükken zu dieser Wirklichkeit und damit auch zum Publikum abbrechen und in die Beschränktheit esoterischer Zurückgezogenheit führen können. „Der allgemeine Ton", resümiert Friedrich Schlegel kritisch, „der sich über das Ganze verbreitet, und ihm eine Einheit des Kolorits gibt, ist Überspannung: eine Erweiterung jedes einzelnen Objekts der Liebe oder Begierde über alle Grenzen der Wahrheit, der

Gerechtigkeit und der Schicklichkeit ins unermeßliche Leere hinaus. –"[499]

Die Fragmentform ist selbst Symptom für eine bestimmte Denkentwicklung der Frühromantiker. Sie entsteht auf der Grenzscheide einer weltanschaulichen Position der deutschen Frühromantik: einerseits bewahrt sie noch jene kurzlebige Überschwenglichkeit eines praktischen Anspruchs, die vom Standpunkt eines emphatischen Subjektivismus auf eine unmittelbare soziale Wirksamkeit der Philosophie hoffen läßt; andererseits ahnt sie aber schon die Vergeblichkeit dieses Bemühens und tritt den Rückzug auf ein „verinnerlichtes" Experimentieren auch in der philosophischen F o r m an.

Der zur Autonomie des einzelnen philosophierenden Individuums erhöhte philosophische Standpunkt Fichtes war enthusiastischer Ausgangspunkt der Frühromantiker: „ – Daß jegliches Individuum eigentlich absolut ist ein großer Hauptsatz der Absoluten Philosophie besonders des kritischen Theils.– Alles Göttliche in seiner Philosophie ist kritischer Instinkt – Projecte und Fragmente. –"[500] Daraus schlußfolgern sie: „Die Formen der modernen Philosophie sind ganz individuell – Briefe. Autobiographien, Romane, Fragmente. –"[501]

Fichtes 1794 verfaßte Schrift *Über Geist und Buchstab in der Philosophie* hat ohne Zweifel die frühromantischen Vorstellungen über die Form ihrer philosophischen und literarischen Mitteilungen entscheidend geprägt. Fichte war davon ausgegangen, daß der geistreiche Künstler oder Denker zu wecken versteht, was jeder Mensch besitzt und was ihn erst zum Menschen erhebt: den T r i e b zur Selbsttätigkeit seiner geistigen Kräfte. Dieser Trieb ist „das einige Unabhängige und aller Bestimmung von aussen völlig Unfähige im Menschen". „Nirgends als in der Tiefe seiner eigenen Brust kann der geistvolle Künstler aufgefunden haben, was meinen und aller Augen verborgen in der meinigen liegt. Er rechnet auf die Uebereinstimmung anderer mit ihm; und er rechnet richtig. Wir sehen, dass unter seinem Einflusse die Menge, wenn sie nur ein wenig gebildet ist, wirklich in Eine Seele zusammenfliesst, dass alle individuelle Unterschiede der Sinnesart verschwinden, dass die gleiche Furcht, oder das gleiche Mitleid, oder das gleiche geistige Vergnügen Aller

Herzen hebt und bewegt." Denn „der Geist ist Einer, und was durch das Wesen der Vernunft gesetzt ist, ist in allen vernünftigen Individuen dasselbe."[502]

Diese demokratische Gleichheit aller durch Besitz der Vernunft ist auch für die Frühromantik zunächst Voraussetzung literarischer Wirksamkeit und Anliegen einer das Publikum aktivierenden, weil populär gefaßten Philosophie; dieses Gleichheitsideal verengt sich jedoch zunehmend zu einer Gleichheit unter Auserwählten.

Je mehr sich dem Verständnis der Frühromantiker von ihrer spezifischen weltanschaulichen Position aus die sozialen Prozesse ihrer Zeit verschlossen und entzogen, desto mehr traten esoterische Züge hervor als Folge der Resignation angesichts der objektiven Bedingungen ihres Wirkens und angesichts der Stumpfheit des großen Publikums. Ihr eigenes Unverständnis, ihr Fremdsein und Befremden gegenüber der gesellschaftlichen Entwicklung ideologisierten sie schließlich zum programmatischen Lobpreis der „Unverständlichkeit" (Friedrich Schlegel), mit dem sie die Herausgabe ihrer Zeitschrift *Athenaeum* beendeten. Mit provokatorischem und scheinbar verspieltem Mutwillen leugneten sie hier Widerspiegelungs- und Kommunikationsfunktion ihrer weltanschaulichen Aussagen für das breite Publikum und stellten sie dem Verständnis späterer Lesergenerationen anheim. In dieser Verzichtserklärung drückt sich neben berechtigter Kritik auch die theoretische Hilflosigkeit gegenüber der geschichtlichen Wirklichkeit aus. Die Frühromantiker suchen sich darüber wie über ihre eigene verzweifelte Isolation hinwegzutändeln und -zutäuschen. Das Moment resignativer Unverbindlichkeit und der Charakter privater Selbstverständigung gewinnen von nun an in den Fragmenten mehr und mehr die Oberhand.

Das Fragment als philosophische Form war in England und vor allem Frankreich aufgekommen mit dem Vordringen des materialistischen Sensualismus[503] und mit dem Anspruch der Philosophie, praktisch zu wirken. Es hatte popularisierende Funktion, war die zündende Abbreviatur der moralischen Wochenschriften, die eine rasche Orientierung über weltanschauliche Grundsätze und ihre Anwendung im täglichen Leben des gebildeten dritten Standes ermöglichte.

Die Frühromantiker vertraten, unter dem Vorzeichen ihres subjektiven Idealismus, anfangs dasselbe Anliegen. Auch ihre Philosophie sollte „praktisch" wirksam werden, freilich war ihr Begriff praktischer Wirksamkeit dem des materialistischen Sensualismus direkt entgegengesetzt, denn praktisch waren ihnen vor allem die Aktionen des eigenen Kopfes.

Das Fragment, so schien ihnen, ermöglichte – wie überhaupt die freieren Formen des Philosophierens – eine raschere Kommunikation mit dem Publikum. Dieser Aspekt hängt vor allem mit dem von Friedrich Schlegel in seinen Aufsätzen über Georg Forster und über Lessing entwickelten Begriff des gesellschaftlichen Schriftstellers zusammen, der eben als politischer Schriftsteller (mit der unter deutschen Bedingungen vorausgesetzten Beschränkung auf die geistige Sphäre) verstanden wird. Für die unmittelbare Wirkung auf die Bildung der Zeitgenossen, die „ästhetische Humanität", und damit auf die Gestaltung des bürgerlichen Lebens, war die kurze, pointierte Aussage verständlicher und anregender als die umfassenden Systeme, deren Popularität darunter litt, daß die Vermittlung des philosophischen Gedankengutes große Mühen von beiden Seiten erforderte; die Gefahr einer gewissen Esoterik lag nahe.[504]

Hier wirkt das aufklärerische Verständnis von der Operativität der Literatur nach, das die geistige Mobilisierung des Publikums anstrebte. Gerade das Unabgeschlossene der im Fragment nur eben skizzierten Idee sollte dem Leser über die Assoziation den Zugang zu vielen unausgesprochenen Aspekten ermöglichen. Es würde ihn darüber hinaus zwingen, selbständig den bewußt offengelassenen Fragen nachzugehen und sich aktiv am Erkenntnisprozeß zu beteiligen: „Der Sinn versteht etwas nur dadurch, daß er es als Keim in sich aufnimmt, es nährt und wachsen läßt bis zur Blüte und Frucht. Also heiligen Samen streuet in den Boden des Geistes, ohne Künstelei und müßige Ausfüllungen."[505]

Nicht fertige Resultate sollen dargeboten werden, die den Adressaten in einer gewissen Trägheit des Denkens festhalten, sondern der Autor will mit diesem aktivierten Publikum in ein wechselseitig produktives Gespräch kommen, so daß beide Teile in ihrer Bildung voranschreiten. Diese Absicht deutet

Friedrich Schlegel in einer geplanten Vorrede zu seinen *Philosophischen Lehrjahren* an: „Also nur Lehrjahre statt Resultate, die Geschichte der Entstehung des Systems statt des Systems selbst“[506]. In einem solchen Gesprächsaustausch wird das Publikum nicht (wie bisher) mit vielfältiger Gelehrsamkeit übertölpelt, sondern ihm wird auch die geistige Selbstverständigung des philosophischen Schriftstellers durchsichtig gemacht. Der Bezug auf das Publikum stellt neben dem inneren – durch das weltanschauliche Anliegen des Autors, die Werkeinheit, gegebenen – Zusammenhang den äußeren Zusammenhang zwischen Werk und Publikum her, der durch die Werkrezeption garantiert wird. So konnte Friedrich Schlegel jedes seiner philosophischen Fragmente als „Prolegomenon des folgenden und Epilegomenon des vorigen“[507] sehen.

In diesem Sinne verteidigten sich die Frühromantiker berechtigt gegen den Tadel Fichtes an der mangelnden Systematik ihrer Darlegungen.[508*] In dem Streben nach möglichst schneller und breiter Vermittlung verzichteten sie bewußt auf den zeitraubenden Ausbau eines geschlossenen Systems. Dabei fielen sie jedoch in das andere Extrem. Sie präsentierten ein Feuerwerk von Einfällen, einen undifferenzierten Reichtum von Ideen, die des systematischen Zusammenhanges entbehrten und in ihren theoretischen Konsequenzen auch nicht durchdacht waren. Sie boten nur Skizzen, nicht Ausführung, oft widersprüchlich und schwer verständlich, weil ihr Stellenwert innerhalb eines umfassenderen Zusammenhanges nicht festgelegt und damit nicht erkennbar war.

Ungeachtet ihrer aufklärerischen Vorsätze gerieten die Frühromantiker dennoch in esoterische Gefilde. Bedingt durch ihre Klassenposition, wandte sich ihr Denken zunehmend von der Wirklichkeit ab und nahm einen weitgehend privaten Charakter an, der zu ihrem Ideal des gesellschaftlichen Schriftstellers in Widerspruch geriet. Auch die Art ihrer geistigen Produktion als „Symphilosophie“ im Freundeskreis[509*] trug dazu bei, daß ein großer Teil der äußerst produktiven Denkansätze auf der Stufe des geistreichen Gedankenexperimentes oder der bloßen Selbstverständigung stehenblieb. Die Frühromantiker waren ein eng begrenzter Kreis von Freunden; die

Philosophie entfaltete sich hier im Gespräch mit gleichgesinnten Partnern – als gemeinsame, schöpferische Selbstverwirklichung und im Sinne eines Modells künftiger Formen menschlichen Zusammenlebens. „Aphorismen als Notizen der innern Symphilosophie", heißt es lakonisch-selbstgenügsam bei Friedrich Schlegel[510].

Entscheidender aber für die Esoterik der frühromantischen Fragmente ist der subjektivistische Standpunkt ihrer Verfasser, philosophischer Reflex einer kritisch-ablehnenden Haltung und illusionären Alternative zur historischen Entwicklung, sowie die Abstraktion von der Realität und das Rotieren des Denkens im Gefängnis des Ich. So schreibt Novalis in einem Brief vom 26. Dezember 1798 an seinen Vorgesetzten in Tennstedt, den Kreisamtmann Just, daß viele seiner Fragmente nur Spielmarken seien und lediglich transitorischen Wert besäßen. Damit ist auf zwei verschiedene Züge hingewiesen, die die Fragmentform charakterisieren: zum einen die erkenntnistheoretisch legitime Möglichkeit einer zunächst provisorischen Formulierung als Stufe der Erarbeitung eines philosophischen Gedankens; zum zweiten aber die Verspieltheit des spontanen Einfalls, der in seinem Glanz für sich paradiert und sich nicht festlegen läßt, sich einer theoretischen und praktischen Verantwortung entzieht.

Das war den Frühromantikern selbst durchaus bewußt. „Deine Rezension zu Niethammers Journal", schrieb Novalis am 3. Mai 1797 an Friedrich Schlegel, „hat den gewöhnlichen Fehler Deiner Schriften – sie reizt, ohne zu befriedigen – sie bricht da ab, wo wir nun grade aufs Beste gefaßt sind – Andeutungen – Versprechungen ohne Zahl – kurz man kehrt von der Lesung zurück, wie vom Anhören einer schönen Musik, die viel in uns erregt zu haben scheint, und am Ende, ohne etwas Bleibendes zu hinterlassen – verschwindet. Augen haben Deine Schriften genug – helle, seelenvolle, keimende Stellen – aber gib uns auch endlich, wenn Du anders nicht ganz Künstler werden willst – wo nicht etwas Brauchbares, doch etwas Ganzes, wo man auch kein Glied mehr supplieren muß."[511]

In einer Briefstelle vom 26. Dezember 1797, in der Novalis die Fragmente als „Bruchstücke des fortlaufenden Selbstgesprächs in mir" definiert, zeigt sich über alle Illusionen hinweg die objektive Situation der Frühromantiker in ihrer ganzen Problematik: ihr Philosophieren als ein nur „innerliches Symposion“[512], die auch in der Form sich äußernde Subjektivierung der Philosophie (die Hegel dann so nachdrücklich exekutierte), die Entpflichtung gegenüber allem, was nicht das philosophische Selbstbewußtsein ist. Das trug den Frühromantikern den Vorwurf der „Frivolität gegen die Gegenstände“ aus ihren eigenen Reihen ein.[513*]

Der bewußt antisystematische Charakter in der Form der frühromantischen Philosophie hat jedoch noch einen anderen, gnoseologischen Aspekt, dessen produktiver Zug nicht übersehen werden sollte. Die Frühromantiker empfanden sich als Suchende und als Verfechter der philosophischen Wahrheit. Deshalb beherrschte sie ein tiefes Mißtrauen gegen alles „tote Formelwesen“ und gegen jede „Systemsucht“ und „Systemmacherei“[514]. Sie bemühten sich, die gewaltige Entwicklung, die sich in den gesellschaftlichen Prozessen, aber auch in den Wissenschaften ihrer Zeit durch eine Fülle neuer Entdeckungen abzeichnete, philosophisch zu verarbeiten. Die vielen Tatsachen und Ideen scheinbar eigene Widersprüchlichkeit veranlaßte sie dabei zu großer Vorsicht. Die Ungebundenheit der Fragmentform, in der sich die Spontaneität des Einfalls ausdrückt, war nicht nur geeignet, äußerst widersprüchlich erscheinende Aussagen festzuhalten, ohne sofort eine theoretische Begründung dafür geben zu müssen oder sie durch systematisierende Harmonisierung zu vereinfachen. Vielmehr stimulierte sie selbst eine Fülle neuer Ideen, die in dieser lockeren Form als bedenkenswerte Hypothesen den Überlegungen des Publikums überantwortet werden konnten.

Die gängigen philosophischen Systeme der Aufklärung, ihre von den Frühromantikern als starr empfundenen Begriffe und metaphysischen Verstandeskategorien versagten nach ihrer Meinung bei der gedanklichen Bewältigung der lebendigen, wirklichen Totalität und vermochten alle jene Probleme nicht widerzuspiegeln, die sie bewegten. Das Bemühen, die objektive Realität in ihrem umfassenden Zusammenhang nicht in ein „Beinhaus“ (Novalis) toter und getrennter Begriffe zu verwandeln, enthält einen erkenntnistheoretisch fruchtbaren, rationalen Gedankengang.

Friedrich Schlegels Athenäums-Fragment 82 zeigt die Richtung des Affronts an: „Die notwendigen Förmlichkeiten der Kunstphilosophie arten aus in Etikette und Luxus. Als Legitimation und Probe der Virtuosität haben sie ihren Zweck und Wert, wie die Bravourarien der Sänger und das Lateinschreiben der Philologen. Auch machen sie nicht weniger rhetorischen Effekt. Die Hauptsache aber bleibt doch immer, daß man etwas weiß, und daß man es sagt".[515] Dieses Problem beschäftigt gerade ihn bis in seine Spätzeit hinein und erscheint dann, allerdings unter ganz anderen weltanschaulichen Vorzeichen, als das Postulat einer „lebendigen Erkenntnis" und als scharfe Polemik gegen die „ängstlich demonstrierende Gedankenmechanik" des 17. und 18. Jahrhunderts. Zwar hatten er und Novalis zu einer früheren Zeit, in den philosophischen Studienheften und den Fichte-Studien, selbst eine der Mathematik entlehnte philosophische Beweisführung angewendet; nun aber, da die aufklärerischen Vernunftsysteme unbrauchbar geworden sind, wird diese Methode verworfen zusammen mit allen idealistischen Systemkonstruktionen, die Schlegel als „algebraisches Formelwesen" abtut.[516*]

Gegen den Zwang des Systems[517*] behaupteten die Frühromantiker das Recht des Selbstdenkers, eigene Wege zu suchen. Sie verteidigten die Individualität und Vielfalt der Philosophie gegen die Einengung durch vorgegebene Kategorien und Formen.[518]

Sicher trug zu dieser Blütezeit des Fragments auch das unernste Spiel mit den Möglichkeiten eines Denkens bei, das sich nicht in den Schranken des Gegebenen ansiedeln wollte. Aber vor allem ist diese produktive Form der Erkenntnis mit ihrem Erkundungscharakter, die ein zunächst unverbindliches Zusammenstellen sehr vieler, auch widersprüchlicher Gesichtspunkte gestattete, der Versuch einer dialektischen Erfassung der Totalität der Wirklichkeit.[519*] „Solange das einzig-wahre System nicht entdeckt war, oder solange es nur noch unvollkommen dargestellt ist, bleibt das systematische Verfahren mehr oder weniger trennend und isolierend; das systemlose lyrische Philosophiren zerstört wenigstens das Ganze der Wahrheit nicht so sehr."[520] Das Fragment enthält eine Ahnung vom dialektischen Charakter des Erkenntnisprozesses, dem auch die äußere Form zu entsprechen sucht, um das gedankliche Abbild der Wirklichkeit nicht in eine starre Form zu zwängen[521]*, es nicht „in eine der vom Gesetz und Herkommen geheiligten Fakultäten des menschlichen Geistes ein[zu]zäunen und ein[zu]zunften", „denn bei der gewaltsamen Reduktion und Einverleibung möchte doch wohl immer mehr verloren gehn, als die ganze Einheit wert ist"[522].

„Axiome. Jedes System ist nur Approximation seines Ideals. Die Skepsis ist ewig. Die Wissenschaft darf Symbole brauchen, die Wahrheit kann nur producirt werden – (das Denken ist produktiv.) [...] Alle Wahrheit ist relativ Alles Wissen ist symbolisch."[523] Unter Berufung auf Plato begründet Friedrich Schlegel diese Einsicht mit dem Motiv der Unerreichbarkeit der Wahrheit, in dem die Dialektik von relativer und absoluter Wahrheit angelegt ist.[524]*

Gegen das metaphysische Denken der früheren aufklärerischen Schulsysteme (besonders Christian Wolffs) stellen die Frühromantiker eine poetische Weltsicht, die sich auch in der sprachlichen Formulierung, in Metaphorik und Bildhaftigkeit, niederschlägt. Sie ist der Versuch einer zusammenhängenden, dialektischen Betrachtungsweise der Wirklichkeit und läßt deren dialektische Struktur ahnen. Der poetische Stil (der sich in dem Maße entfaltet, wie das Anliegen der Kritik mit der Poesie identifiziert wird), der Fragmentcharakter sowie die operative Funktion bestimmen also – bei den genannten Einschränkungen – als produktive Momente die Form dieser Philosophie.[525]*

Friedrich Schlegel gibt folgende Selbstcharakteristik seiner Philosophie: „Meine Philosophie ist ein System von Fragmenten und eine Progreßion von Projekten."[526] Hier sind alle Aspekte vereinigt: der Prozeßcharakter, die angestrebte praktische Funktion der Philosophie und auch der bei aller Offenheit zu konstatierende systematische Zug sind nicht außer acht gelassen. Zeigt doch jedes der Fragmente eine relative Geschlossenheit des Gedankenganges – sofern es nicht auf provozierende Fragen abzielt – und kommt damit einer Forderung nach, die Friedrich Schlegel nachdrücklich an das Fragment stellte[527]* (ohne sie selbst erfüllen zu können).

Die Fragmente spielen eine besondere Rolle in der streitbaren Zeitschrift der Frühromantiker, dem *Athenaeum,* die nach ihrer eigenen Aussage gedacht war, „die Miserablen in Furcht zu halten". Während Schiller, dem „diese naseweise, entschieden schneidende und einseitige Manier physisch wehe [machte]", „das ewig Formlose und Fragmentarische und eine höchst seltsame Paarung des Nebulistischen mit dem Charakteristischen"[528] kritisierte, zeigte sich Goethe aufgeschlossen gegenüber den positiven Seiten des Anliegens der Frühromantiker und der von ihnen gewählten Art und Weise publizistischer Äußerung: „Das Schlegelsche Ingrediens in seiner ganzen Individualität scheint mir denn doch in der Olla potrida unsers deutschen Journalwesens nicht zu verachten. Diese allgemeine Nichtigkeit, Parteisucht fürs äußerst Mittelmäßige, diese Augendienerei, diese Katzenbuckelgebärden, diese Leerheit und Lahmheit, in der nur wenige gute Produkte sich verlieren, hat an einem solchen Wespenneste, wie die Fragmente sind, einen fürchterlichen Gegner. [. . .] Bei allem, was Ihnen daran mit Recht mißfällt, kann man denn doch den Verfassern einen gewissen Ernst, eine gewisse Tiefe und von der andern Seite Liberalität nicht ableugnen. Ein Dutzend solcher Stücke wird zeigen, wie reich und wie perfektibel sie sind."[529]

Allerdings hat er auch mit seiner pessimistischen Prognose recht behalten, daß „sie in den aphoristischen Sätzen auch auf einmal und für immer ihre Barschaft ausgegeben haben"[530] könnten: nachdem die Fragmente ihren streitbaren Charakter verloren hatten, gelangen den Frühromantikern zwar noch große, geschlossene Abhandlungen, aber sie versanken im Mittelmaß einer reaktionären Apologetik.

Das Scheitern eines Denkens, das sich auf Grund seiner spezifischen sozialen Position nicht in der Bindung an die Realität disziplinieren konnte, besiegelt das Schicksal auch seiner Form. Sind die Fragmente der Versuch, die Wirklichkeit mittels des philosophischen Aperçus kritisch zu bewältigen, so sind sie zugleich das Symptom theoretischer Hilflosigkeit vor dieser Wirklichkeit, der Hilflosigkeit „kritischer Rebellen", die in der Divergenz zwischen dem Anspruch auf ein „Praktischwerden" (Novalis) ihrer Philosophie und deren subjektividealistischer Abstraktheit in der philosophischen Begründung verharren. Das Dilemma der philosophischen F o r m ist das Dilemma des philosophischen I n h a l t s .

Die nur begrenzt mögliche Objektivität einer am individuellen, pointierten Einfall orientierten Denkart bestätigt den Zusammenhang zwischen fragmentarischer Form und subjektiver Ausrichtung in der Philosophie. Der subjektive Charakter dieser Denkform kann auch zu agnostizistischen Konsequenzen führen. Hegel hat die Gefahren und Grenzen eines Denkens markiert, das sich in der eigenen Subjektivität, im Kreisen um singulare und besondere Erscheinungen verlieren kann, das das Wesen einer Sache, ihre Gesetzmäßigkeit und Notwendigkeit verfehlt. Er charakterisiert das R ä s o n n i e r e n [531] als eine Haltung, die in der „leeren Tiefe", in den Schranken des subjektiven Inhalts befangen bleibt und gegen das Objektive nur die kleine, kritische Eitelkeit aufbringt. Auch in der Form wird die Zwiespältigkeit des frühromantischen Denkens sichtbar.

Die Wende zur Naturphilosophie

Zu Ende des 18. Jahrhunderts – um 1797/98 – setzt eine starke Hinwendung zu Problemen der Naturphilosophie ein, die sich allgemeiner als eine Wende vom subjektiven zum objektiven Idealismus ausdrückt und alle bedeutenden Repräsentanten der deutschen Philosophie erfaßt. Der „Objektivität" gelingt in der Form der spekulativen Naturphilosophie, als „objektiver Geist" oder – auf einer nur wenig späteren Stufe – als religiöses Denken der Einbruch in die philosophische Reflexion.[532]* Die Gründe dafür lagen in entscheidenden Veränderungen, die sich im objektiven Geschichtsprozeß vollzogen, und in der stürmischen Wissenschaftsentwicklung zu dieser Zeit.

Bis zu diesem Zeitpunkt hatten in der deutschen bürgerlichen Philosophie – unter dem Einfluß der revolutionären politischen Vorgänge in Frankreich – geschichtsphilosophische Probleme im Mittelpunkt gestanden. In der Philosophie Fichtes und der zunächst im Anschluß an ihn sich entwickelnden Weltanschauung der deutschen Frühromantik war der Sieg der bürgerlichen als „menschlicher" Freiheit – die sie besonders unter der Jakobinerdiktatur verwirklicht sah – reflektiert worden als eine bis dahin ungekannte Macht und Autonomie des geschichtlichen Subjekts.

Die Abkehr von philosophischen Problemen der gesellschaftlichen Entwicklung und der Rolle des Subjekts im historischen Prozeß ist nicht allein dem Abklingen der unmittelbar revolutionären Phase geschuldet und dem besonderen, reformerischen Weg der bürgerlichen Emanzipation in Deutschland, sondern vor allem dem Zweifel kleinbürgerlicher Ideologen: Ihnen war die Realisierung der in der aufklärerischen und klassischen bürgerlichen Philosophie formulierten Ideale fragwürdig geworden.

Auch in der vorrevolutionären Periode hatte man sich mit philosophischen Problemen der Naturerkenntnis befaßt. Das diente zu dieser Zeit dem progressiven Anliegen der Bourgeoisie, die erkannten Naturzusammenhänge für Produktionszwecke praktisch nutzbar zu machen. Diese Erkenntnisfunktion wird durchgängig beibehalten, und das um so mehr, als die Industrielle Revolution die ökonomische Basis der kapitalistischen Gesellschaft, vor allem die Sphäre der materiellen Produktion, in bisher nicht gekanntem Ausmaß revolutionierte. Damit wurden zunächst neue Hoffnungen geweckt.

Bald jedoch, besonders nach 1800, signalisiert die Schwerpunktverlagerung von geschichtsphilosophischen Problemen auf naturphilosophische – nach einer Zeit hochfliegender politischer Hoffnungen der deutschen bürgerlichen Ideologen – in politisch-ideologischer Hinsicht die Niederlage dieser Hoffnungen, die Resignation angesichts der Wirklichkeit und z. T. ein Umschlagen in Apologie.

Darauf weisen besonders die Begleiterscheinungen hin, die diese Wende für die neue Auffassung der Subjekt-Objekt-Problematik hat. Die Subjekt-Objekt-Problematik erfährt nun eine veränderte Sicht: als allgemeine Tendenz dominiert hier die Zurücknahme der aktiven Rolle des Subjekts.[533*] Die Einbettung des Individuums in den Gesamtzusammenhang des Kosmos relativiert seine Einzigartigkeit und negiert seine ursprünglich angestrebte herrschende Rolle im geschichtlichen Prozeß. Als Zeichen der Resignation, der gescheiterten Hoffnungen in bezug auf die Ergebnisse der kapitalistischen Umwälzung war diese Wende zur Naturphilosophie in der Folge auch verbunden mit einem Rückschritt in den politischen Auffassungen oder mit elitärer Gleichgültigkeit gegenüber politischen und gesellschaftlichen Fragen.

Schon Heine hat den Zusammenhang zwischen Goethes naturwissenschaftlichen und naturphilosophischen Interessen und seiner politischen Indifferenz – verglichen mit der politischen Haltung Schillers – festgestellt.[534*] Zumindest kommt eine solche Weltsicht der Tendenz entgegen, über der Betrachtung des unermeßlichen Kosmos die soziale Wirklichkeit zu vernachlässigen. Die Frühromantiker retirieren schließlich auf eine allgemeine Weltvernunft, die sich bald als persönlicher Gott des Christentums entpuppt. Dieser Weltvernunft gegenüber ist der einzelne zufällig; daraus folgt das weltanschauliche Postulat der Subsumtion dieses einzelnen – der damit zugleich seiner geschichtlichen Verantwortung enthoben ist – unter ein Allgemeines.

Aus den Wirren der „politischen Welthändel" flüchtet man sich in die ruhige Evolution der Natur. Die Langsamkeit und Allmählichkeit der Naturprozesse zog resignierte Geister an, die hier über lange Zeiträume hinweg Gleichbleibendes als Gegenstand der philosophischen Betrachtung suchten. Die Fragwürdigkeit und die verwirrende Widersprüchlichkeit der sich ständig revolutionierenden sozialen Strukturen erweckte bei der Mehrzahl der bürgerlichen Ideologen in Deutschland den Wunsch nach einer anderen Form der Veränderung. Je mehr sich auch die politischen Vorgänge beruhigten, die vor allem in ihrem Blickfeld lagen, um so mehr interessierte Veränderung philosophisch als Evolution.

In den *Ideen zu einer Philosophie der Natur* – die richtungweisend für die philosophische Diskussion wurden – hatte sich Schelling 1797 zu dem Grundsatz bekannt, daß die Entwicklung in der Natur nicht durch plötzliche Sprünge vor sich gehe, sondern daß die allmähliche Ausfaltung der in ihrer Substanz als einer geistig-materiellen, tätigen Einheit schon angelegten Formen das vorherrschende und übergreifende Prinzip in diesem Geschehen darstelle: „Freilich macht die Natur keinen Sprung; aber es scheint mir, daß dieses Prinzip sehr mißverstanden wird, wenn man Dinge, die die Natur nicht nur getrennt, sondern selbst einander entgegengesetzt hat, in Eine Klasse zu bringen versucht. Jenes Prinzip will nur so viel sagen: alles, was in der Natur wird, wird nicht durch einen Sprung, alles Werden geschieht in einer stetigen Folge."[535] Denn: „In dem Zustand der ersten Identität der Materie jedes Weltkörpers ruhen alle Verschiedenheiten in ihm unausgebreitet, unentfaltet, aber derselbe ewige Akt, durch den er in der Besonderheit erscheint, setzt seine Wirkung auch in ihm selbst fort. Jede ihm eingebildete Idee wird ebenso, wie er, sich selbst zur Form und erscheint durch ein einzelnes wirkliches Ding. [...] Es fallen hiermit alle absolut qualitativen Verschiedenheiten der Materie hinweg, die eine falsche Physik in den sogenannten Grundstoffen fixiert und permanent macht: alle Materie ist innerlich eins, dem Wesen nach reine Identität; alle Verschiedenheit kommt einzig von der Form und ist demnach bloß ideell und quantitativ."[536]

So herrscht im System der Natur „absolute Continuität, es ist Eine ununterbrochene Reihe, die vom Einfachsten in der Natur an bis zum Höchsten und Zusammengesetztesten, dem Kunstwerk, herauf geht."[537]

In der zeitweiligen Abwendung der bürgerlichen Philosophie von der für sie immer undurchschaubarer werdenden gesellschaftlichen Problematik spiegelt sich der allgemeine Widerspruch des Kapitalismus zwischen Produktivkräften und Produktionsverhältnissen wider als die nun einsetzende konkrete Erfahrung der bürgerlichen Individuen: Sie erfahren den Widerspruch zwischen ihrer Macht im Bereich der Produktivkräfte und ihrer Ohnmacht bei der Gestaltung ihrer eigenen gesellschaftlichen Beziehungen und Verhältnisse, der Produktionsverhältnisse. Diese Erfahrung wird reflektiert im Verzicht auf gesellschaftliche Fragestellungen oder in deren utopischer Lösung. Die Auswirkungen der Industriellen Revolution mit ihrer einerseits enormen Steigerung der gesellschaftlichen Arbeitsproduktivität und ihren verheerenden sozialen Begleiterscheinungen andererseits verstärkten diesen Widerspruch. Sie lenkten die Aufmerksamkeit auch des philosophischen Denkens vor allem auf jene Wissenschaften, die der weiteren Entfaltung der Produktivkräfte dienen konnten.

Es waren jedoch nicht nur der Verlauf und der veränderte Charakter der objektiven gesellschaftlichen Entwicklung – in der die politische Revolution durch die Revolutionierung der ökonomischen Basis abgelöst worden war –, die diese Akzentverlagerung bewirkten.

Eine Reihe bedeutender naturwissenschaftlicher Entdeckungen gegen Ende des 18. Jahrhunderts, stimuliert durch den sprunghaften Fortschritt innerhalb der gesellschaftlichen Verhältnisse und durch die praktischen Bedürfnisse der bürgerlichen Klasse, rückte die Probleme der Naturphilosophie in den Vordergrund: so die Entdeckung des Sauerstoffs durch Priestley, die die wissenschaftliche Erklärung des Verbrennungsprozesses ermöglichte; Galvanis und Voltas Entdeckungen auf dem Gebiet der Elektrizität u. a. m.

Diese gewaltige Entwicklung der materiellen Produktivkräfte und die jäh erweiterte Naturerkenntnis erweckten zu Recht den Anschein, daß sich auf diesem Gebiet die Idee des gesellschaftlichen Fortschritts beweise, und nährten die Hoffnung, daß in bezug auf die Beherrschung der Natur am prometheischen Anspruch der Subjektivität festgehalten werden könne.

Die qualitativ neue Etappe der naturwissenschaftlichen Erkenntnis, die für die weitere bürgerliche Entwicklung von großer Bedeutung war, bedurfte der weltanschaulichen Verallgemeinerung. Sie stellte auf neue Weise die Frage nach Standort und Systematik der Wissenschaften, ihrer Relation und ihrem Zusammenhang miteinander. Novalis schrieb dazu im Jahre 1799: „Die Hülfsbedürftigkeit der äußern Wissenschaften, ward in der letzten Zeit immer sichtbarer, je bekannter wir mit ihnen wurden. Die Natur fing an immer dürftiger auszusehn, und wir sahen deutlicher gewöhnt an den Glanz unserer Entdeckungen, daß es nur ein geborgtes Licht war, und daß wir mit den bekannten Werkzeugen und den bekannten Methoden nicht das Wesentliche, das Gesuchte finden und construiren würden. Jeder Forscher mußte sich gestehn, daß Eine Wissenschaft nichts ohne die Andere sey, und so entstanden Mystifikationsversuche der Wissenschaften, und das wunderliche Wesen der Philosophie flog jetzt als rein dargestelltes wissenschaftliches Element zu einer symmetrischen Grundfigur der Wissenschaften an.“[538]

Die Naturphilosophie versuchte, die durch die rasante Entwicklung der Naturwissenschaften entstandenen weltanschaulichen Lücken auf spekulativem Wege zu schließen, „indem sie“, wie Engels schrieb, „die noch unbekannten wirklichen Zusammenhänge durch ideelle, phantastische ersetzte, die fehlenden Tatsachen durch Gedankenbilder ergänzte, die wirklichen Lücken in der bloßen Einbildung ausfüllte. Sie hat bei diesem Verfahren manche geniale Gedanken gehabt, manche spätern Entdeckungen vorausgeahnt, aber auch beträchtlichen Unsinn zutage gefördert, wie das nicht anders möglich war."[539] Marx weist an anderer Stelle auf den wissenschaftsgeschichtlichen Zusammenhang zwischen dem spekulativen Charakter der Naturphilosophie und dem einer Geschichtsphilosophie hin, die die ebenfalls noch nicht erkannten Beziehungen und Gesetzmäßigkeiten durch Mystifikationen ersetzte.[540]

Die Skala der naturphilosophischen Deutungen vereinte sehr unterschiedliche Richtungen; sie reichte von den theosophischen, reaktionär-mystischen Spekulationen Franz von Baaders (1765–1841) bis zu den einem naturphilosophischen Materialismus nahekommenden Ansichten Lorenz Okens (1779–1851).

In Deutschland resultierte der spekulative Charakter der Naturphilosophie jedoch nicht in erster Linie aus Erkenntnislücken. Hier war, im Gegensatz etwa zu Frankreich und England, keine bürgerliche Klasse mit unmittelbar praktischen Interessen vorhanden, die schon in vollem Maße die naturwissenschaftlichen Erkenntnisse industriell oder technisch hätte nutzen können.

Das hatte positive und negative Konsequenzen. Einerseits bildete die deutsche Naturphilosophie – nicht eingeengt durch die Orientierung auf möglichst rasche praktische Umsetzung ihrer Ergebnisse – ihren hypothetischen Charakter als ein erkenntnismäßig produktives Moment voll aus. In der Sicht auf das Ganze konnte sich die Dialektik des Ganzen entfalten. Andererseits aber geriet sie ins Spekulieren, besonders dann, wenn – wie bei Novalis – Natur- und Geschichtsphilosophie sich verquickten und die Naturphilosophie nur dazu diente, ein unverändert festgehaltenes geschichtsphilosophisches Anliegen mit den neuesten Erkenntnissen anzureichern. Hier verlor sie sich in weitgreifenden Träumen und Utopien: Der enge Zusammenhang zwischen Natur- und Gesellschaftslehre funktionierte als Mystifikation nicht nur geschichtlich-sozialer, sondern in ihrem Gefolge auch natürlicher Zusammenhänge.

Die mit der Wende zum objektiven Idealismus verbundene Hinwendung zur Naturphilosophie als resignativen Zug zu werten, heißt, nur einen Aspekt dieses philosophiegeschichtlichen Prozesses zu erfassen.

Für die Frühromantiker verkörperte die Idee des Kosmos und seines durchgängigen Zusammenhanges das Sinnbild einer Harmonie, die in der Wirklichkeit nicht zu finden war. Deshalb hoben sie die Rolle der außermenschlichen Natur als eine der Möglichkeiten hervor, jene Gesellschaft indirekt zu kritisieren, die den Menschen in seiner Ganzheit zerstörte und seine Kräfte isolierte, und ihr ein Ideal entgegenzustellen.

In der frühromantischen Naturauffassung mit ihrer Betonung harmonischer Einheit und der Liebe als einer kosmischen Grundkraft (Novalis, Friedrich Schlegel, Baader) spiegelt sich – das sei vorweggenommen – die Sehnsucht nach einem befreiten Menschen, der mit den (oft stark mystifizierten) Gesetzen der Natur in Einklang steht. Damit setzen die Frühromantiker ein letztes Mal ein ihnen von der Aufklärung und Klassik überkommenes humanistisches Menschenideal und Wunschbild eines erstrebenswerten gesellschaftlichen Zustandes auf die Tagesordnung.

Die Verwirklichung dieses Ideals hatten sie, vor den Widersprüchen der neuen Gesellschaft zurückweichend, in der Restauration einer idyllisierten feudalständischen mittelalterlichen Gesellschaftsform gesucht. Auch die neue Idealbildung barg eine politisch reaktionäre Komponente, die die romantische Weltanschauung später völlig beherrschte.

Bei allen Abstrusitäten im Detail, die oftmals die historischen Grenzen des Denkens ihrer Zeit kennzeichnen, gelangten die Frühromantiker in der Betrachtung der Natur zu dialektischen Denkansätzen, die erst in der Folge wirksam wurden. Fruchtbar war vor allem der Gedanke eines universellen Zusammenhanges des Weltganzen, der sich für sie in den Stufen einer fortschreitenden Entwicklung manifestierte.

Damit trugen sie bei zur Überwindung der metaphysischen Denkweise, der „Zerlegung der Natur in ihre einzelnen Teile", der „Gewohnheit [. . .], die Naturdinge und Naturvorgänge in ihrer Vereinzelung, außerhalb des großen Gesamtzusammenhangs [. . .], daher nicht in ihrer Bewegung, sondern in ihrem Stillstand; nicht als wesentlich veränderliche, sondern als feste Bestände; nicht in ihrem Leben, sondern in ihrem Tod"[541] aufzufassen – einer Denkweise, die

Engels als die durch Locke und Bacon befestigte „spezifische Borniertheit der letzten Jahrhunderte" charakterisiert.

In diesem Sinne preist Schelling 1797 berechtigt den Triumph der neuen Naturphilosophie: Mit ihr beginne „nach der blinden und ideenlosen Art der Naturforschung, die seit dem Verderb der Philosophie durch Baco, der Physik durch Boyle und Newton allgemein sich festgesetzt hat, eine höhere Erkentnis der Natur; es bildet sich ein neues Organ der Anschauung und des Begreifens der Natur." Die bisherigen Theorien über die Natur hätten allerhöchstens „nur eine Möglichkeit, daß es sich so verhalte, dartun" können, „niemals aber die Notwendigkeit", d. h. die begründete und erkannte Gesetzmäßigkeit der Naturerscheinungen.[542]

Bei genauer Prüfung stellt sich allerdings heraus, daß sich bei den bedeutendsten Vertretern der Frühromantik insofern keine echte Wende zu einer ausschließlich naturphilosophischen Fragestellung vollzieht, als diese ihren geschichtsphilosophischen Spekulationen untergeordnet bleibt. Ihre Naturanschauung ist nach wie vor „ästhetisch": Die Natur wird unter künstlerischem, ästhetischem Aspekt gesehen, d. h. einerseits als schaffende Produktivität (analog der des Künstlers), andererseits als geschichtliche Setzung des Menschen nach ästhetischem Modell, als seine „Dichtung".

Zwei zentrale Probleme, ein erkenntnistheoretisches und ein geschichtsphilosophisches, versuchten die Frühromantiker in ihrer Naturauffassung zu verknüpfen.

In dem Versuch, die Natur in poetischer Sicht wieder als ein lebendiges schöpferisches Ganzes zu begreifen, sie zu beseelen, werden – wenn auch nicht in systematischer, begrifflicher Form – nicht nur dialektische Momente der Naturerkenntnis entwickelt, sondern darin findet zugleich ein soziales Programm kritischen Ausdruck. Er ist, sieht man ihn im Kontext der gesamten frühromantischen Weltanschauung, gegen bourgeoises Denken gerichtet, für das die Natur in einzelne tote Dinge zerfällt, die nur unter dem Aspekt der Realisierung von Warenbeziehungen betrachtet werden. Elemente antikapitalistischer Kritik reproduzieren sich also auch in der Naturphilosophie der Frühromantiker. Wie sie das allgemeine Austausch- und Nützlichkeitsverhältnis des Kapitalismus ablehnen, so auch die Nüchternheit einer mechanischen Naturanschauung, in der die Naturdinge nur isolierte Tauschwerte repräsentieren.[543]

Die Übertragung des Poesiebegriffs auf die Natur bedeutet darüber hinaus in geschichtsphilosophischer Hinsicht, daß die Natur als Setzung des ästhetischen Bewußtseins gilt, als sein Produkt. Die aktive Subjektrolle soll erhalten bleiben und sich in der schöpferischen Macht des Menschen über die Natur manifestieren (Novalis). Das zieht allerdings speziell in der Frühromantik eine Subjektivierung der Naturdialektik nach sich, der auch die aktualisierte pantheistische Tradition unterworfen wird.

Die dialektische Naturbetrachtung war durch Erkenntnisse der Ästhetik des 18. Jahrhunderts vorbereitet worden. Die Struktur des Kunstwerks als organisches Ganzes, als Zusammenspiel notwendig zusammenhängender Teile wurde nun auf die Natur projiziert. Die Frage nach dem Wesen der organischen Natur, mit der naturwissenschaftlichen Entwicklung zum Jahrhundertende aufgekommen und von Kant schon 1793 in seiner *Kritik der Urteilskraft* explizit gestellt, hatte diese Analogie zwischen Kunst und Natur aufgedrängt. Diese Analogie verdankte ihren Ursprung nicht zuletzt der Unzulänglichkeit einer noch mechanisch-materialistischen Erklärung der Naturvorgänge.

„Der Dogmatiker, der alles als ursprünglich außer uns vorhanden (nicht als aus uns werdend und entspringend) voraussetzt", so hatte Schelling gegen diesen Materialismus argumentiert, „muß sich doch wenigstens dazu anheischig machen, das, was außer uns ist, auch aus äußeren Ursachen zu erklären. Dies gelingt ihm, solange er sich innerhalb des Zusammenhangs von Ursache und Wirkung befindet, unerachtet er nie begreiflich machen kann, wie dieser Zusammenhang von Ursachen und Wirkungen selbst entstanden ist. Sobald er sich über die einzelne Erscheinung erhebt, ist seine ganze Philosophie zu Ende [. . .] Nun ist aber Mechanismus allein bei weitem nicht das, was die Natur ausmacht. Denn sobald wir ins Gebiet der organischen Natur überteten, hört für uns alle mechanische Verknüpfung von Ursache und Wirkung auf.

Jedes organische Produkt besteht für sich selbst, sein Dasein ist von keinem anderen Dasein abhängig."[544] In einer Rede *Über das Verhältnis der bildenden Künste zu der Natur* von 1807 beharrt Schelling auf der Ähnlichkeit von Kunst und organischer Natur: die Natur ist „dem begeisterten Forscher allein die heilige, ewig schaffende Urkraft der Welt, die alle Dinge aus sich selbst erzeugt und werkthätig hervorbringt"[545]; so soll auch der Künstler seine Werke schaffen.

In der Natur hat sich der Geist als schöpferisches Prinzip materialisiert; er ist die unsichtbare Natur, wie die Natur der materialisierte Geist ist. Die unauflösliche dialektische Einheit beider realisiert sich in der Entwicklung. Die Natur wird also nicht statisch gefaßt, sondern als dauernder Prozeß. Sie ist unendliche Produktivität, sie ist rastlos schaffend tätig. Da „die Natur schlechthin tätig ist", muß der Grund dieser Tätigkeit „doch nur wieder in ihr selbst gesucht werden". Schelling erkannte in seinen frühen Schriften der Natur Autonomie und Autarkie zu: „[. . .] da sie sich selbst ihre Sphäre gibt, so kann keine fremde Macht in sie eingreifen; alle ihre Gesetze sind immanent, oder: die Natur ist ihre eigene Gesetzgeberin (Autonomie der Natur). Was in der Natur geschieht, muß sich auch aus den tätigen und bewegenden Prinzipien erklären lassen, die in ihr selbst liegen, oder: die Natur ist sich selbst genug (Autarkie der Natur)"[546].

Nach Schelling hat das Produkt der organischen Natur mit dem Kunstwerk gemeinsam, daß es zweckmäßig ist und daß alle seine Teile in einer notwendigen Beziehung zueinander und zum Ganzen stehen: „Jedes organische Produkt trägt den Grund seines Daseins in sich selbst, denn es ist von sich selbst Ursache und Wirkung. Kein einzelner Teil konnte entstehen, als in diesem Ganzen, und dieses Ganze besteht nur in der Wechselwirkung der Teile. In jedem anderen Objekt sind die Teile willkürlich, sie sind nur da, insofern ich teile. Im organisierten Wesen allein sind sie real, sie sind da ohne mein Zutun, weil zwischen ihnen und dem Ganzen ein objektives Verhältnis ist."[547]

Da aber diese aus sich selbst und für sich selbst bestehende Zweckmäßigkeit – so scheinbar materialistisch sie hier formuliert wird – aus dem damaligen Materialismus, der nur die kausalmechanische Verknüpfung von Ursache und Wirkung kennt, nach Schellings Urteil nicht zu erklären ist, zieht er aus ihrem Vorhandensein eine idealistische Schlußfolgerung: „Also liegt jeder Organisation ein Begriff zugrunde, denn wo notwendige Beziehung des Ganzen auf Teile und der Teile auf ein Ganzes ist, ist Begriff. Aber dieser Begriff wohnt in ihr selbst, kann von ihr gar nicht getrennt werden, sie organisiert sich selbst“[548].

Dieser Auffassung der Natur als Manifestation eines aktiven und produktiven geistigen Prinzips liegt eine Erkenntnislinie von Leibniz über Shaftesbury zu Kant zugrunde; in der Frühromantik wird sie durch eine subjektivistische Rezeption des Pantheismus – Böhmes[549]*, Spinozas, Plotins, Giordano Brunos – ergänzt.

Diese pantheistische Tradition war der Frühromantik vor allem durch die Identitätsphilosophie Schellings vermittelt worden. Schelling hatte das bewegende, produzierende Prinzip der die Natur hervorbringenden Tätigkeit in die Natur selbst verlegt, da er „überhaupt nicht zwei verschiedene Welten, sondern durchaus nur die Eine selbige“ annimmt, „in welcher alles, und auch das begriffen ist, was im gemeinen Bewußtseyn als Natur und Geist sich entgegengesetzt wird“[550].

Nach Schellings Zeugnis war Spinoza der erste Philosoph der neueren Zeit, der konsequent den kühnen Grundsatz verfocht, „Geist und Materie mit vollem Bewußtsein als Eines, Gedanke und Ausdehnung nur als Modifikationen desselben Prinzips“[551] anzusehen. Aber Spinoza hatte diese Einheit, die doch wie „alle Einheit nur geistiger Art und Abkunft sein“[552] kann, zu Schellings Verdruß in einem „Unendlichen außer uns“ begründet: „Anstatt aber in die Tiefen seines Selbstbewußtseins hinabzusteigen und von dort aus dem Entstehen zweier Welten in uns – der idealen und realen – zuzusehen, überflog er sich selbst; anstatt aus unserer Natur zu erklären, wie Endliches und Unendliches, ursprünglich in uns vereinigt, wechselseitig auseinander hervorgehen, verlor er sich sogleich in der Idee eines Unendlichen außer uns.“ „Man muß“, rät Schelling, „dieses System in sich selbst aufgenommen, sich selbst an die Stelle seiner unendlichen Substanz gesetzt haben, um zu wissen, daß Unendliches und Endliches nicht *außer uns*, sondern *in uns* – nicht *entstehen*, sondern – ursprünglich zugleich und ungetrennt *da sind*"[553].

Diesen Weg habe nun Leibniz beschritten, der vom Begriff der Individualität ausgegangen sei, in dem „ursprünglich vereinigt" sei, „was alle übrige Philosophie trennt, das Positive und das Negative, das Tätige und Leidende unserer Natur"[554]. Schelling vereinigt Spinozas unendliche Substanz mit dem aktiven Prinzip eines schöpferischen Selbstbewußtseins, wie es in Leibniz' Monadenlehre angelegt und in Fichtes Philosophie vollendet wurde.

Was bei Fichte aber nur auf das Selbstbewußtsein als Subjekt beschränkt blieb[555], überträgt Schelling einer untrennbaren Einheit von Subjektivem und Objektivem, Geistigem und Materiellem. Ihr Wesen ist Aktivität, sie bringt alle Stufen materieller und ideeller Realisationen hervor bis zu jener Stufe, die diesen Prozeß des Hervorbringens als schöpferisch und selbsttätig begreifen kann – dem philosophischen Bewußtsein: „*Jenes reine Subjekt-Objekt ist durch seine Natur schon* (den Widerspruch, der in ihr liegt) *zur Thätigkeit, und zwar zu bestimmter Thätigkeit, determinirt.* Diese bestimmte Thätigkeit gibt, durch alle ihre Potenzen hindurch verfolgt, eine Reihe bestimmter Produkte [. . .]; – ob jene Produkte die in der Erfahrung vorkommenden sind, kümmert mich vorerst nicht; ich sehe bloß auf die *Selbstconstruktion* des Subjekt-Objekts; [. . .] überhaupt habe ich nichts vorausgesetzt, als was sich unmittelbar aus den Bedingungen des Wissens selbst als erstes Princip einsehen läßt, ein ursprünglich zugleich Sub- und Objektives, durch dessen Handeln zugleich mit der objektiven Welt, als solcher, auch schon ein Bewußtes, dem sie Objekt wird, und umgekehrt, gesetzt wird – und mit dessen Begriffen wir noch weiter zurückgehen, als selbst Spinoza mit dem der natura naturans und natura naturata, welche sich bloß relativ entgegengesetzt, und *beide* nur das von verschiedenen Gesichtspunkten angesehene Subjekt-Objekt sind."[556]

Es geht Schelling um die Begründung der Naturphilosophie als „der Lehre von den Ideen und der Identität der Natur mit der Ideenwelt"[557]. Die Natur solle nicht zufällig mit den Gesetzen unseres Geistes zusammenstimmen, vielmehr komme es darauf an, „daß *sie selbst* notwendig und ursprünglich die Gesetze unsers Geistes nicht nur *ausdrücke*, sondern *selbst realisiere*, und daß sie nur insofern Natur sei und Natur heiße, als sie dies tut"[558]. Materie erscheint nicht mehr als tote, träge, starre Masse, sie ist hier – wenn auch auf idealistische Weise – untrennbar mit Bewegung verbunden. Damit war allerdings auch die materialistische „Inkonsequenz" Spinozas beseitigt zugunsten eines idealistischen, aktivistischen Monismus. Für die Frühromantiker sollte er gerade darum verwendbar werden, weil nach Schellings Definition die aktive, produzierende Einheit der Natur nur in *erkenntnistheoretischer* Hinsicht in Ideelles und Reelles zerfällt: „Mir ist [. . .] das Objektive Selbst ein zugleich Ideelles und Reelles; beides ist nie getrennt, sondern ursprünglich (auch in der Natur) beisammen; dieses Ideal-Reale wird am Objektiven nur durch das entstehende Bewußtsein, in welchem das Subjektive sich zur höchsten (theoretischen) Potenz erhebt."[559]

Erst eine so gefaßte Einheit von Subjekt und Objekt nahm der Natur ihren dinglich-äußerlichen und feindlichen Charakter und schien für den Menschen die Möglichkeit zu eröffnen, sie unterwerfen und für seine Zwecke nutzen zu können. Denn nur Gleiches kann Gleiches erkennen und folglich beherrschen. Bestand Übereinstimmung zwischen den Gesetzen der Natur und denen des erkennenden Bewußtseins, so konnte der Mensch diese zunächst bewußtlos existierende Identität auch bewußt machen, indem er im Sinne der Frühromantik die äußere Natur als Produkt seines Bewußtseins begriff.

Aus der Spezifik der frühromantischen Subjekt-Objekt-Konzeption erhellt, warum die mechanisch erklärte außermenschliche Natur für die Frühromantiker nicht von Belang war. Erst eine dialektische Interpretation rückte die Natur in ihr Blickfeld. Als autonome, schaffende Produktivität bietet sie eine Analogie zum Künstler, der das geschichtliche Subjekt modellhaft repräsentiert. Diese Analogie suchen die

Frühromantiker unter dem Primat des menschlichen Subjekts zu erfassen. Von dieser Position her knüpfen sie an naturphilosophische Gedankengänge an, um ihr geschichtsphilosophisches Anliegen zu begründen. Dabei kommt ihnen die spekulative Art der Schellingschen Naturbetrachtung entgegen. Ihr Interesse galt vor allem – wie Novalis' magischer Idealismus zeigt – Schellings Gedanken der Strukturgleichheit zwischen geistigem und physischem Sein sowie seiner Auffassung von der Weltseele als Kopula, als lebendigem Band der äußeren natürlichen Erscheinungen.

Hegel kritisierte in der Vorrede zur *Phänomenologie des Geistes* die Sorglosigkeit, mit der die romantische Naturphilosophie (Schelling eingeschlossen) die Stufe der gründlichen Analyse und der Abstraktion übersprang, um sogleich zum „gedanklich Konkreten" (Marx) aufzusteigen. Sie sei dem „Unwesen des Analogisierens" verfallen, so daß es ihrem Bild von der Totalität an Bestimmtheit fehle, an wirklichem Erkenntniswert. Hegel trifft damit eine charakteristische Schwäche der romantischen Naturphilosophie; außer Betracht bleibt jedoch ihr Verdienst: Sie gab in poetisch-metaphorischer Weise Aufschlüsse über Zusammenhänge des Weltganzen.

Unter dem Einfluß der allgemeinen Tendenzen in der philosophischen Entwicklung fühlen die Frühromantiker ein Ungenügen gegenüber der Fichteschen Philosophie: „Hat Fichte nicht zu willkürlich alles ins Ich hineingelegt? Mit welchem Befugniß? Kann ein Ich sich als Ich setzen, ohne ein anderes Ich oder Nicht-Ich – wie sind Ich und Nicht-Ich entgegensetzbar." „Es muß ein Nicht-Ich seyn, damit Ich sich, als Ich setzen kann."[560*] Allerdings fußt ihre kritische Distanz auch auf der subjektivistisch überzogenen Interpretation des Ich (einer mystifizierten Form des gesellschaftlichen Subjekts) und auf dem metaphysischen Mißverstehen Fichtes. Dabei hatte er doch in dialektischer Weise die „Ichheit" als „in sich selbst zurückgehende Subjekt-Objektivität" definiert und in der *Zweiten Einleitung in die Wissenschaftslehre* im Begriff der „Synthetischen Intelligenz" die Existenz der doppelten Reihe von Ideellem und Reellem angelegt. So verfehlten sie weitgehend die Erkenntnis des eigentlichen Mangels der Fichteschen Philosophie. Sie sind zu ergänzenden Anleihen bei Schelling gezwungen. Die für sie sinnvolle Hinwendung zu Schelling führte jedoch bald zu entscheidenden Differenzen mit seiner Naturphilosophie.

Es geht den Frühromantikern also gar nicht um eine Kritik fehlender objektiver Dialektik bei Fichte. Naturphilosophische Ideen werden vielmehr verwandt, den alten Gedanken von der „Poetisierung der Welt" auszubauen. Nur in diesem Zusammenhang sind zunächst auch naturwissenschaftliche Erkenntnisse von Interesse. Die Natur wird vor allem unter sozialem, eigentlich „anthropologischem" Aspekt betrachtet. „Meine Ansicht der Natur ist ästhetisch"[561*], schreibt Friedrich Schlegel 1798. Und: „Die Ästhetik ist die Philosophie über den ganzen Menschen. Von der Natur kein besondres Capitel; das gehört ganz zur Schönheit"[562*]. Die ästhetischen Ansichten der Frühromantiker aber waren gerade die spezifische Ausformung ihrer Geschichtsphilosophie.

Novalis' „magischer Idealismus" – die „Allmacht im Stande der Erniedrigung"

Der „magische Idealismus" des Novalis bietet ein Beispiel für die Nutzung der zeitgenössischen Naturphilosophie bei der Erarbeitung einer geschichtsphilosophischen Konzeption, die am Ende der Frühromantik noch einmal deren charakteristische Züge zusammenfaßt. Novalis versucht eine Synthese von Natur- und Moralphilosophie, auf die die Geschichtsphilosophie eines solchen Idealismus letztlich hinausläuft.

Novalis' hoher, von Optimismus getragener Anspruch an die Philosophie, die zwar „kein Brot backen", „aber [. . .] uns Gott, Freyheit und Unsterblichkeit verschaffen" kann (wobei „Verschaffen" ein „Machen" durch den Menschen ist[563]), war nun mit der Geschichtsphilosophie allein nicht mehr zu behaupten. Denn nicht der theoretische Mangel der Fichteschen Philosophie führt Novalis von ihr weg, sondern eine praktische gesellschaftliche Erfahrung, über zahlreiche Vermittlungen widergespiegelt. Das Individuum, unter bürgerlichen Produktionsverhältnissen einem sachlichen Zwang unterworfen, der dem einzelnen über den Markt als höherer, „mystischer" Zusammenhang gegenübertrat, war selbst zur Sache, zur Ware geworden. Novalis aber wollte es als Person, als autonomes, aktiv handelndes Wesen betrachten und dieses Anliegen theoretisch begründen.

Die naturwissenschaftlichen Entdeckungen der Zeit verwiesen auf eine Dialektik in der Natur, die sie als Inbegriff der Lebendigkeit, Nicht-Versachlichung erscheinen ließen. Sie verwiesen auch auf die potentielle Macht des Menschen über die Natur, die Fähigkeit, erkennend und handelnd in ihre Entwicklungsprozesse einzugreifen. Da aber die tatsächliche Aneignung der Natur durch den Menschen unter bürgerlichen Produktionsverhältnissen generell begrenzt ist und durch den damaligen Erkenntnisstand im besonderen beschränkt war, erhält auch der tätig-lebendig gefaßte Zusammenhang zwischen Mensch und Natur bei Novalis eine mystifizierte Form.

Für Novalis, den Schüler Fichtes[564*], kann es nicht darum gehen, der Natur Autarkie und Autonomie, eine vom Menschen unabhängige Existenz zuzubilligen. Er will vielmehr aus der Analogie der verschiedenen Seinssphären für den Menschen die Möglichkeit ableiten, die Natur zu erkennen, seine Macht über sie (willkürlich) auszudehnen, so daß er die Naturgesetze verändern kann. Dieser Gedanke einer durchgängigen Analogie, den er in verschiedenen Varianten der Geschichte der Philosophie entnimmt (z. B. Schelling: die Natur als erstarrte Intelligenz; Böhme: Gedanke der Analogia entis; Hemsterhuis: „moralische Astronomie" des Weltalls), verbürgt ihm die historische Perspektive des Menschen als „Messias der Natur".

Das Grundanliegen der Fichteschen Philosophie – die Autonomie der Subjektivität – sucht Novalis fortzuführen: Die „individuelle Seele" soll mit der „Weltseele", begriffen als geistiges Ordnungsprinzip der Natur, in Übereinstimmung gebracht werden, die Herrschaft der Weltseele soll sich mit der Herrschaft der individuellen Seele unter deren Primat vereinigen. Die geistige Ordnung der außermenschlichen Natur kommt jedoch nicht von selbst zustande, sondern erst durch die aktive Einwirkung des Menschen. Deshalb fordert Novalis die „Poetisierung" oder „Romantisierung" der Welt. Sie ist der Kerngedanke seines „magischen Idealismus". Die aktivistisch ausgerichtete subjektiv-idealistische Grundhaltung tritt in dieser Forderung zutage: „Die Welt muß romantisirt werden. So findet man den ursprünglichen Sinn wieder. Romantisiren ist nichts, als eine qualitative Potenzirung. Das niedre Selbst wird mit einem bessern Selbst in dieser Operation identificirt. [...] Diese Operation ist noch ganz unbekannt. Indem ich dem Gemeinen einen hohen Sinn, dem Gewöhnlichen ein geheimnißvolles Ansehn, dem Bekannten die Würde des Unbekannten, dem Endlichen einen unendlichen Schein gebe, so romantisire ich es"[565]. Durch eine gezielte Aktion des Bewußtseins also soll ein früherer Zustand wiederhergestellt werden: das „goldene Zeitalter“, das durch die Anmaßung der menschlichen Vernunft[566] verspielt wurde.

Die Fähigkeit der Magie ist nach Novalis die Kunst, die Sinnenwelt (d. h. die menschlichen Sinnesorgane und die Welt der sinnlichen Erscheinungen, des empirisch Gegebenen) nach eigenen, selbstgesetzten Zwecken zu gebrauchen. So vermag der Mensch unabhängig von ihr zu werden und unumschränkt über sie zu herrschen. Diese magische Fähigkeit ist die Voraussetzung des „Romantisierens“, der Angleichung des bisher „niederen“, unzulänglichen Charakters der äußeren Welt an das poetische, d. h. schöpferische Wesen des Menschen.

Novalis wollte Fichtes philosophisches System, besonders seine Kategorien der intellektuellen Anschauung und der produktiven Einbildungskraft, „praktisch“ wirksam machen. Am 11. Mai 1798 schreibt er zum erstenmal über seinen „magischen Idealismus“: „Mir scheint es eine sehr große, sehr fruchtbare Idee, die einen Lichtstrahl der höchsten Intensität auf das Fichtesche System wirft – eine praktische Idee.“[567] Novalis versucht damit, an den progressiven Intentionen der Fichteschen Philosophie zu einer Zeit festzuhalten, da Freiheit und Autonomie des geschichtlichen Subjekts durch die Praxis der kapitalistischen Gesellschaft bereits widerlegt scheinen.

Die Begriffe „practisch“ und „poetisch“ sind allerdings für ihn identisch.[568] Der einzelne Mensch soll sich – kraft eines veränderten Bewußtseins – vom empirischen zum „poetischen“ Wesen läutern, indem er sein tägliches, gewöhnliches Leben so meistern und gestalten lernt, wie der Dichter sein Kunstwerk gestaltet. Eine solche Philosophie des alltäglichen Lebens will Novalis begründen: „Philosophie des Lebens enthält die Wissenschaft vom unabhängigen, selbstgemachten, in meiner Gewalt stehenden Leben – und gehört zur Lebenskunstlehre – oder dem System der Vorschriften sich ein solches Leben zu bereiten. Alles historische bezieht sich auf ein Gegebnes – so wie gegentheils alles philosophische sich auf ein Gemachtes bezieht. Aber auch die Historie hat einen philosophischen Theil.“[569] Diese Aussage klingt noch ungebrochen aufklärerisch. Ihr wohnt die optimistische Überzeugung inne, daß auch die Geschichte des Menschen machbar und seinen Absichten zu unterwerfen sei.

Die Grenze der philosophischen Grundidee des Novalis liegt im illusionären Charakter dieser Autonomie des Menschen gegenüber Natur und Geschichte. Die Herrschaft des Menschen über seine äußeren Umstände wird als das Werk seiner *geistigen* Fähigkeiten und Kräfte, als Resultat *ideeller* Operationen ausgegeben. Zu diesem Zweck muß das Individuum alle seine geistigen Anlagen vereinigen und zu *gemeinsamer* Aktion ausbilden und vervollkommnen. Es muß die „Einheit des *Verstandes* und der *Einbildungskraft*“[570], d. h. die jetzt bedrohte oder schon verlorene Einheit seiner rationalen Fähigkeiten und seiner schöpferischen Phantasie, erreichen als eine Synthese weltsetzender und weltschaffender Kräfte. Im Innern des Menschen vermutet Novalis noch unentdeckte und unausgeschöpfte Kräfte und Fähigkeiten, bisher vergessen und vernachlässigt durch die einseitige „Verstandeskultur“.

Mit dem Gedanken, *alle* geistigen Kräfte des Menschen auszubilden, knüpft Novalis an eine zentrale Idee des holländischen aufklärerischen Philosophen Franz Hemsterhuis an. Von Gedankengängen der englischen Aufklärung, namentlich Shaftesburys, beeinflußt, nahm Hemsterhuis eine unbeschränkte Perfektibilität der menschlichen Fähigkeiten an, ja er erwog sogar die Möglichkeit, daß der Mensch neue Sinne und Organe entwickeln könne. In dieser Fähigkeit zu noch ungeahnter Vervollkommnung sieht Novalis eine Grundlage menschlicher Vorrangstellung gegenüber der Natur.

Da wir nur „*wissen* [...], insoweit *wir machen*“, werden die Menschen als schöpferische Wesen mit zunehmender Erkenntnis mehr und mehr Gott gleich: „Gott schafft auf keine andre Art, als wir – Er sezt nur zusammen. Ist die Schöpfung *sein Werck*, so sind wir auch sein Werck – Wir können die Schöpfung, als Sein Werck, nur kennen lernen, inwiefern wir selbst Gott sind – Wir *kennen* sie nicht, inwiefern wir *selbst Welt* sind – die Kenntniß ist zunehmend – wenn wir mehr Gott werden.“[571]

In spezifisch aktivistischer Weise verarbeitet Novalis auch ein Motiv der Kantischen Erkenntnislehre: Der realen und der in ihr transparenten intelligiblen, „moralischen“ Welt entsprechen zwei Systeme von Sinnen im Menschen, die äußeren und die inneren. Im Prozeß einer langen Selbsterziehung muß der Mensch diese Sinne vermittels „Aufmerksamkeit" und „Reizung" vervollkommnen: „Man muß alle seine Kräfte üben und regelmäßig ausbilden – die Einbildungskraft – wie den Verstand – die Urtheilskraft etc.".[572] Über den Prozeß der Selbstvervollkommnung nimmt der Mensch zugleich aktiv Einfluß auf die äußere Welt und führt sie stufenweise ihrer eigentlichen Bestimmung, ihrer „Vermenschlichung" als „Versittlichung", entgegen.

Die Übereinstimmung des Menschen mit sich selbst und der Natur soll das verlorengegangene goldene Zeitalter wieder heraufführen. Dabei hält Novalis – in positivem Gegensatz zur allgemeinen Entwicklungstendenz der frühromantischen Weltanschauung – an der aktiven Rolle des Menschen fest.

Aber in seiner philosophischen Konzeption werden die objektiv-realen Beziehungen zwischen Mensch und Natur auf den Kopf gestellt. „Was ist die Natur? Ein enzyklopädischer, systematischer Index, oder Plan unseres Geistes" (Novalis). Diese Auffassung impliziert, daß die Natur nur den Gesetzen dieses schöpferischen Geistes gehorcht. Alle objektive Naturdialektik ist damit beseitigt und in der subjektiven Dialektik der Naturerkenntnis aufgehoben.

Das bedingt auch alle Differenzen zur Naturphilosophie Schellings, den die Romantiker schließlich mit dem Vorwurf der „liebeleeren Weisheit" bedachten: „[...] In der Schellingschen Naturphilosophie wird ein beschränkter Begriff der Natur und der Philosophie vorausgesetzt. Was die Schellingsche Naturphilosophie eigentlich sei?" (Novalis) An Friedrich Schlegel schrieb Novalis in diesem Zusammenhang: „In meiner Philosophie des täglichen Lebens bin ich auf die Idee einer m o r a l i s c h e n (im hemsterhuisischen Sinn) Astronomie gekommen und habe die interessante Entdeckung der Religion des sichtbaren Weltalls gemacht. Du glaubst nicht, wie weit das greift. Ich denke hier Schelling weit zu überfliegen. Was denkst Du, ob das nicht der rechte Weg ist, die Physik im allgemeinsten Sinn, schlechterdings s y m b o l i s c h zu behandeln? Auf diesem Wege denk ich tiefer als je einzudringen und aller Kampanen und Öfen entübrigt zu sein."[573] Die Welt ist für ihn „ein Universaltropus des Geistes, ein symbolisches Bild desselben", deshalb gebührt auch der „Geisterwelt" „das erste Kapitel in der Physik". „Die Natur kann nicht stillstehend, sie kann nur fortgehend zur Moralität erklärt werden. Einst soll keine Natur mehr sein. In eine Geisterwelt soll sie allmählich übergehen."[574] Als solche ist sie aber Aufgabe und Werk des Menschen.

Der Orientierung an Hemsterhuis kommt es entgegen, daß auch er den Gedanken einer durchgehenden Analogie von Körper und Seele, von Materiellem und Ideellem vertritt. Doch bleibt bei ihm diese Einheit der Welt nur Gegenstand passiver Sehnsucht. Dazu bezieht Novalis eine kritische Position: „Hemsterhuis hält die Materie schlechterdings für träg – ohne eigenes Princip der Bewegung. Als Intelligenz, die wollend ist und so die Trägheit überwinden kann, kann der Mensch ein eingebildetes Universum aus Verhältnissen, die er in seiner Gewalt hat – bilden."[575] Der Mensch wird zwar der Materie zugerechnet und in den universellen Zusammenhang der Erscheinungen gestellt, aber er kann über diesen seinen „trägen", empirischen Teil hinausgehen, allerdings – und hier gibt Novalis selbst seine Grenze an – nur durch die Setzung eines „eingebildeten", poetisch erträumten und beherrschten Ganzen.

Hemsterhuis nimmt an, daß die gleichen Grundkräfte in der Welt der Dinge und Erscheinungen wie in der intelligiblen und moralischen Welt wirken, so daß zwischen beiden ein innerer Zusammenhang existiert. Hinter der äußeren Erscheinungswelt wird eine höhere Ordnung und Harmonie (Gesetze der „moralischen Astronomie") sichtbar, aber nicht von selbst tätig; diese der äußeren Natur immanente höhere Ordnung muß erst durch die Aktivität des Menschen zum Leben erweckt werden.

Hier geht Novalis auch über Hemsterhuis hinaus. Denn der Mensch kann diese „messianische" Aufgabe einmal auf Grund der Analogie, die in allen Seinsbereichen waltet, erfüllen. Was Schelling wissenschaftlich-rational als Gedanken des universellen Zusammenhangs gefaßt hatte, verwandelt sich in Novalis' Naturphilosophie zurück in einen Mythos: Der Mensch wird alle Stufen von den Steinen über die Pflanze zum Tier und zum bewußten Wesen durchlaufen, wird sich alles und sich allem „anverwandeln".[576]* Zum andern löst er sie kraft des ihm eigenen moralischen Organs[577]*, das diesem verborgenen „moralischen" Sinn des Weltalls zugeordnet ist. „Die Moral ist der Inbegriff der Gesetze jenes unendlichen Princips. Die Produktionen der vollendeten Intelligenz veranlassen, incitiren das moralische Organ – Maximen sind die Basis der moralischen Handlungen."[578] Durch den „unendlichen möglichen Gebrauch" dieses moralischen Sinns im Menschen wird die Menschheit und mit ihr das empirische Einzelwesen „Mensch" „gleichsam der höhere Sinn unsers Planeten, das Auge, was er gen Himmel hebt, der Nerv, der dieses Glied mit der obern Welt verknüpft."[579] Aus dem ethisch mystifizierten Prinzip einer durchgängigen Einheit aller Erscheinungen und der Möglichkeit ihrer Vervollkommnung leitet Novalis die Erkenntnis und Herrschaftsmöglichkeit und -pflicht für den Menschen ab. „Die Welt – wie wir sie izt sehen, ist die Summe unserer jetzigen, von unserer Seite passiven Verhältnisse mit Gott."[580]

Novalis' Idee von der Moralisierung oder Versittlichung der Welt bedeutet nichts anderes, als den äußeren Dingen ihr fremdes Wesen zu nehmen, die Welt zu „vermenschlichen". Dieser Gedanke bezeichnet in entfremdeter Form den Vorgang der Aneignung der objektiven Realität durch das geschichtliche Subjekt. Die Überschätzung der Rolle der Ideen äußert sich bei Novalis in der dem sittlichen Ideal zugesprochenen aktivierenden, weltformenden und prägenden normativen Kraft, die das Subjekt in diesem approximativen Prozeß ständig sittlich wachsen und damit erst wirklich ein Ich sein läßt. In der ewigen Unerreichbarkeit dieses Ideals liegt für Novalis zugleich die moralische Entwicklung beschlossen. Der Gedanke des moralischen Fortschritts ist hier identisch mit dem historischen Fortschritt. „Das wunderbarste, das ewige Phaenomen, ist das eigene Daseyn. Das grösseste Geheimniß ist der Mensch sich selbst – Die Auflösung dieser unendlichen Aufgabe, in der That, ist die Weltgeschichte – Die Geschichte der Philosophie, oder der Wissenschaft im Großen, der Litteratur als Substanz, enthält die Versuche der idealen Auflösung dieses idealen Problems – dieser gedachten Idee.

Dieser Reitz kann nie aufhören zu seyn – ohne daß wir selbst aufhörten – sowohl der Sache, als der Idee nach. Sowenig also die Weltgeschichte aufhört – das Seyn en gros – so wenig wird das Philosophiren, oder das Denken en gros, aufhören."[581] Diese Erkenntnis des Menschen bleibt allerdings nur Selbsterkenntnis. Auf sie – ein „ideales Problem" – beschränkt sich die Geschichte, deren objektiv-realer Charakter für Novalis' philosophische Konzeption ohne Belang ist.

Im Widerspruch zu der von Novalis postulierten Unendlichkeit eines „idealen" Geschichtsablaufs steht sein Lieblingsgedanke von einem neuen goldenen Zeitalter, in dem die Geschichte zu einem glücklichen Ende gelangt. Dieses Zeitalter wird mit der Periode der Magie gleichgesetzt – die Einheit von Mensch und Natur unter der absoluten Herrschaft des Menschen ist damit erreicht. Der magische Idealismus als philosophisches Mittel, sich dieser historischen Stufe zu nähern, weist noch einmal der Fichteschen Kategorie der produktiven Einbildungskraft den zentralen Platz an. Sie wird auf alle „Gemütskräfte", auf alle geistigen und psychischen Fähigkeiten des Menschen (nicht nur auf die intellektuellen, wie bei Fichte) ausgedehnt. Mit ihrer Hilfe kann der Mensch eine Welt willkürlich hervorbringen, er vermag sogar, seinem eigenen Körper und seinen Sinnen die Gestalt zu geben, die er will.[582]*

Diese Schlüsselstellung der Fichteschen Kategorie der produktiven Einbildungskraft verbindet Novalis mit der Hemsterhuisschen These von der wesentlichen Rolle der Poesie als Instrument der Einigung der bislang vereinzelten Wissenschaften wie auch der Ausbildung der geistigen Fähigkeiten der einzelnen Menschen. Nur die Poesie erfaßt die wahre, höhere Ordnung der Welt, während die rationalen Wissenschaften – so Novalis' Interpretation des Hemsterhuis – knechtisch am Gegenständlichen haften, ohne die lebendige Bewegung des Ganzen, d. h. ohne seine geistigen, „moralischen" Gesetze zu begreifen. Fichtesche und Hemsterhuissche Ideen werden verschmolzen, um Wissenschaften und Leben zu „poetisieren".

Mit dieser Hochschätzung der, als ein geschichtsphilosophisches Vermögen und Anliegen des Menschen, sehr weit verstandenen „Poesie“ steht Novalis in der Tradition von Gedankengängen, die in der bürgerlichen Ästhetik seit der Mitte des Jahrhunderts eine bestimmende Rolle spielten. Hier ist er auch Schiller, einem seiner philosophischen Lehrer, verpflichtet. Ihrem ursprünglichen Sinn nach wird „Poesie“ als „Schaffen“, „Machen“ gefaßt. Sie ist für Novalis der Katalysator des geschichtlichen Prozesses. „Die Poesie hebt jedes Einzelne durch eine eigenthümliche Verknüpfung mit dem übrigen Ganzen – und wenn die Philosophie durch ihre Gesezgebung die Welt erst zu dem wircksamen Einfluß der Ideen bereitet, so ist gleichsam Poesie der Schlüssel der Philosophie, ihr Zweck und ihre Bedeutung; denn die Poesie bildet die schöne Gesellschaft – die Weltfamilie – die schöne Haushaltung des Universums. Wie die Philosophie durch System und Staat, die Kräfte des Individuums mit den Kräften der Menschheit und des Weltalls verstärckt, das Ganze zum Organ des Individuums, und das Individuum zum Organ des Ganzen macht – So die Poesie, in Ansehung des Lebens. Das Individuum lebt im Ganzen und das Ganze im Individuum. Durch Poesie entsteht die höchste Sympathie und Coactivität, die innigste Gemeinschaft des Endlichen und Unendlichen.“[583*]

Im Gedanken der Erziehung und Vervollkommnung der menschlichen Sinne durch den Menschen selbst taucht gesteigert eine weitere Idee aus Kants Erkenntnislehre auf – eine jener Ideen, derentwegen Marx die Kantische Philosophie die ideale Verlängerung der Französischen Revolution nannte: das Motiv vom aktiven Moment in der menschlichen Erkenntnis, die durch die Kategorien Gesetz und Ordnung in das Chaos der sinnlichen Wahrnehmung bringt. Novalis hatte sich 1798 noch einmal mit Kant und den in der *Kritik der reinen Vernunft* behandelten Möglichkeiten der Erkenntnis beschäftigt. Er gibt diesem erkenntnistheoretischen Problem explizit eine geschichtsphilosophische Wendung. Aber die Aktivität des Menschen ist beschränkt – wie in der romantischen Ironie – auf die nur bewußtseinsmäßige Überwindung realer Gegebenheiten[584*], seine Macht ist illusionär, denn sie verbleibt – nach Novalis' Vorstellung – im Bereich der Willkür. Diese philosophische Kategorie bedeutet die Absage an jeden geschichtlichen Determinismus; damit wird auch die praktische Ohnmacht theoretisch fixiert.[585]*

Dennoch will Novalis den Menschen zu historischer Mündigkeit führen. Zwar lautet sein Urteil über die bisherige Geschichte: „Leider ist das ganze Leben der bisherigen Menschheit Wirckung unregelmäßiger, unvollkommner Poesie gewesen." Aber für die Perspektive der Menschheit hält er an der humanistischen Überzeugung zuversichtlich fest: „Was wir Glauben an Versöhnung nennen, ist nichts als Zuversicht einer vollendeten poetischen Weisheit in den Schicksalen unsers Lebens." Diese „poetische Weisheit" wird durch die Menschen selbst verwirklicht: „Durch Bemeisterung des Stirnhammers unsers höhern Organs werden wir uns selbst zu unserm poetischen Fato machen – und unser Leben nach Belieben poetisiren und poetisiren lassen können."[586] Von Novalis wird noch einmal der Anspruch erhoben, daß der Mensch Natur und Geschichte nach selbstgesetzten Zwecken und Absichten beherrschen könne.

Die Forderung nach Verfeinerung und Vervollkommnung der geistigen Anlagen der Individuen wie das Streben nach „Poetisieren" des alltäglichen Lebens als einer allen Menschen zugänglichen Fähigkeit richten sich gegen die Erscheinungen der gerade ans Licht getretenen kapitalistischen Ordnung, mit der sich alte Übel in neuer Form potenzieren. Von diesem Affront ist Novalis' Konzeption ebenso bestimmt wie die gesamte frühromantische Weltanschauung. In der humanistischen Absicht seiner kritischen Utopie, der in diesem geschichtlichen Moment keine reale Alternative des „Fortschritts zur Freiheit" offenstand, liegt ihre historische Berechtigung und Gültigkeit.

Die Utopie des magischen Idealismus mit dem Weg „nach innen" (Novalis) entstand genau im Schnittpunkt jener sozialen Erfahrungen, die einerseits durch die Machtentfaltung auf dem Gebiet der Produktivkräfte, zum anderen durch die Ohnmacht auf dem Gebiete der gesellschaftlichen, der Produktionsverhältnisse vermittelt wurden. Novalis konnte die Macht der Produktivkräfte nur auf illusionäre Weise auch im Gesellschaftlichen etablieren.[587] Die divergierenden Elemente seiner Philosophie reflektieren im weitesten Sinne von der Position eines kleinbürgerlichen Utopismus aus den antagonistischen Widerspruch zwischen Produktivkräften und Produktionsverhältnissen im beginnenden Industriekapitalismus. Dieser Widerspruch spiegelt sich wider im schwankenden Nebeneinander von grenzenlosem geschichtsphilosophischem Optimismus und verzweiflungsvollem Pessimismus, von extrem idealistischen Konstruktionen und sachlichen naturwissenschaftlichen Studien mit materialistischen Tendenzen. Aber der subjektive Idealismus ist das umfassende und dominierende philosophische Prinzip. So bleibt auch der magische Idealismus – trotz antizipatorischer Elemente – letztlich auf dem Standpunkt eines moralisierenden, räsonnierenden Selbstbewußtseins gegenüber den Fakten der Realität stehen.[588]*

Die geschichtsphilosophische Konzeption des Novalis steht auf der Grenzscheide bürgerlicher, schon nachrevolutionärer Ideologie am Ende des 18. Jahrhunderts in Deutschland. Euphorisch feiert sie den Triumph der Subjektivität über die Wirklichkeit. Aber schon fließen resignative Züge ein, die später verhängnisvoll werden sollten.

Das zeigt sich bereits in der Entwicklung der frühromantischen Erkenntnislehre. Der im „magischen Idealismus" subjektiv-idealistisch formulierte Gedanke der Einheit von Mensch und Natur lehnt sich an Schellings Einleitung zu den *Ideen zu einer Philosophie der Natur* von 1797 an. Darin handelt Schelling vom philosophischen Naturstand des Menschen, da dieser „noch einig mit sich selbst und der ihn umgebenden Welt" war.[589]

Auch die Vertreter der klassischen deutschen bürgerlichen Literatur und Philosophie waren den Möglichkeiten nachgegangen, die zur Wiederherstellung der verlorengegangenen Einheit und Harmonie mit der Natur (sozialkritisch akzentuiert als Welt des Natürlichen) führen könnten. Bei den Frühromantikern wandelt sich dieses progressive Anliegen jedoch bald. Es gerät zunehmend unter das Vorzeichen einer Kritik von rechts, indem es einhergeht mit der Zurücknahme des prometheischen Anspruchs auf erkenntnistheoretischem Gebiet: der Verlust der ursprünglichen Einheit wird motiviert mit dem Mißbrauch der Verstandeskräfte, dem „unheiligen Sinn des Prometheus" (Schleiermacher). Von der Mär um das aus intellektueller Vermessenheit verlorene „goldne Zeitalter" ist es nur noch ein Schritt bis zum Agnostizismus, bzw. bis zur religiösen Devotion in der christlichen Legende über die Anmaßung Adams und Evas und die Vertreibung aus dem Paradies.

In erkenntnistheoretischer Hinsicht knüpft die Naturphilosophie der Frühromantik an Schellings „intellektuelle Anschauung" an, wie er sie im Zusammenhang mit dem „wahren Begriff der Naturphilosophie" bestimmte. Als Verfechter einer dialektischen Betrachtung des Universums wandte sich Schelling gegen metaphysische Verstandeskategorien und die Borniertheit der bloßen Empiriker, die nicht imstande seien, die die Natur beseelenden und bewegenden Weltgesetze zu erfassen.[590] Er hatte schon in den *Ideen zu einer Philosophie der Natur* gegen „die bloße Reflexionsphilosophie, die nur auf T r e n n u n g ausgeht, nie zu entwickeln vermag", polemisiert, während nach seiner Vorstellung „die reine Anschauung oder vielmehr die schöpferische Einbildungskraft längst die symbolische Sprache erfand, die man nur auslegen darf, um zu finden, daß die Natur um so verständlicher zu uns spricht, je weniger wir über sie bloß reflektierend denken." Denn wer wollte „aber auch Menschen, deren Einbildungskraft durch Gedächtniskram, tote Spekulation, oder Analyse abstrakter Begriffe ertötet ist – wer, wissenschaftlich – oder gesellschaftlich – verdorbene Menschen – der m e n s c h l i c h e n N a t u r (so recht, so tief, so kraftvoll in sich selbst) zum Maßstab aufdringen?"[591]

Die Frühromantiker griffen diesen richtigen kritischen Ansatz zwar auf, aber sie funktionierten ihn um, weil sie die auf einer bestimmten historischen Stufe unvermeidbaren Schranken der rationalen Erkenntnis für ein Versagen des Verstandes überhaupt hielten, für das Ende seiner Verwendbarkeit. Auch deshalb gelangten sie zu einer subjektiv-idealistischen Erkenntnislehre mit stark mystisch-religiösen und schon irrationalistischen Zügen (Novalis) oder zu einer Absage an jede rationale Erkenntnis (Schleiermacher).

Bisher sei, so meint Novalis, die Natur nur mit den trennenden Werkzeugen des Verstandes analysiert worden. Sie habe sich „in den Händen so toter Menschen [. . .], als die Scheidekünstler zu sein pflegen", in „tote, zuckende Reste" verwandelt. Dieses Verfahren versuche, die „Wunder und Mysterien" der Natur in Reagenzgläser einzuschließen und gewinne so nur ihr „Beinhaus". Die Physik sei „jetzt nur Masse – aus einzelnen Massen bestehend"[592], sie zwinge die lebendige Natur in die Schubkästen und Vorratskammern metaphysischer Verstandesformeln und -formen.

„Wie wenig", klagt Novalis, „hat man noch die Physik für das Gemüth – und das Gemüth für die Außenwelt benuzt. Verstand, Fantasie – Vernunft – das sind die dürftigen Fachwercke des Universums in uns. Von ihren wunderbaren Vermischungen, Gestaltungen, Übergängen kein Wort. Keinem fiel es ein – noch neue, ungenannte Kräfte aufzusuchen – ihren geselligen Verhältnissen nachzuspüren – Wer weiß welche wunderbare Vereinigungen, welche wunderbare Generationen uns noch im Innern bevorstehn."[593]

Novalis' philosophisches Bekenntnis zum Gefühl als dem inneren Licht, das in der Poesie aufgeht und der Natur erst Leben und Farbe verleiht, setzt voraus, daß das „Denken nur ein Traum des Fühlens, ein blaßgraues, schwaches Leben" ist.[594] Sein Credo ist überschattet vom Wissen um das Scheitern des Vernunftanspruchs. Es reflektiert die erste Krisenerfahrung bürgerlichen Denkens dergestalt, daß die Vernunft nun nur noch als erborgtes Licht, als angemaßte Macht erscheint. Die wechselseitige Determination von Gesellschafts- und Naturauffassung funktioniert hier auf eine verhängnisvolle Weise: der Zweifel an der bürgerlichen Vernunft als einer historischen Form der Vernunft wird zum Zweifel an der Vernunft schlechthin. Eine Fluchtrichtung zeichnet sich in der Feststellung ab, daß die Poesie die Wunden heilt, die der Verstand schlägt, weil sie „gerade aus entgegengesetzten Bestandtheilen – aus erhebender Wahrheit und angenehmer Täuschung"[595] besteht.

Nach Novalis ist nur der Dichter zur wahren Naturerkenntnis imstande. Deshalb hat Novalis auch seine naturphilosophischen Ansichten in einem Fragment gebliebenen R o m a n von 1799 zusammengefaßt: *Die Lehrlinge zu Sais.* Wie die Welt der Kunst, so läßt auch der Dichter die Natur aus seinem Innern entstehen. Sie ist nur Setzung seines Geistes, nach *dessen* Gesetzen, und erhält alles Leben von ihm, ist nur Spiegel seines Gemüts. Als der Held des naturphilosophischen Romanfragments am Ende das verschleierte Bild zu Sais, das Geheimnis der Natur enthüllt, findet er nur sich selbst. Damit wird der Subjektivismus dieser Erkenntnistheorie offenkundig: es geht nicht um die Erkenntnis der Natur, wie sie „an sich, ohne fremde Zutat" ist, sondern um eine Erkenntnis, in der das Subjekt selbstherrlich immer wieder nur sich selbst anschaut. Nachdem es sich als vergeblich herausgestellt hatte, die Gesellschaft zu einem erkennbaren und beherrschbaren Ganzen zu erklären, sollte zumindest die Natur in ihrer lebendigen, sich entwickelnden Totalität erfaßt werden. Dieser Versuch erbrachte Ansätze zu einer dialektischen Anschauung der Natur; sie verloren sich aber in subjektivistischen und agnostizistischen Konsequenzen. Der universelle Zusammenhang bezieht sich nur mehr auf das Subjekt, durch das er realisiert wird, d. h. er fungiert nur innerhalb des Subjekts. Das Universum als bloße Setzung des Ich ist eine Tautologie, die den Weg zur wirklichen Erkenntnis verschließt.

Mit dieser ausschließlich subjektivistischen Akzentuierung der Erkenntnistheorie fällt Novalis hinter Kant und Schelling zurück. Die Andeutung einer höheren in der Natur verborgenen Wahrheit läßt den Übergang zu einer religiösen Sicht auch der Natur erkennen.

Novalis hatte am Anspruch auf Autonomie des Denkens und Handelns noch festzuhalten versucht. In Schleiermachers philosophischer Konzeption hingegen geht der Verzicht auf die Möglichkeit rationaler Erkenntnis, wie sie bis dahin vom bürgerlichen Denken verteidigt worden war, einher mit der Zurücknahme der aktiven Rolle des Menschen in Erkenntnis und Geschichte. Wie Schleiermacher in den *Reden über die Religion* (1799) darlegt, ist der Mensch mehr Objekt des Göttlichen als Subjekt des Irdischen. Seine schöpferischen Fähigkeiten werden in dieses Göttliche, Über- und Außermenschliche projiziert.

Die Betonung der ratio und die Auffassung vom Menschen als *tätigem* Wesen gehören untrennbar zusammen. Wenn es dem Menschen aber – nach Schleiermachers Vorstellung – nur noch zukommt, sich im inneren Anschauen und im Gefühl (von Schellings Begriff stark abweichend) mit dem Universum zu vereinigen, dann bedarf eine solche kontemplative Haltung nicht mehr jener Erkenntnisformen, die auf eine adäquate Widerspiegelung der Wirklichkeit, auf ein wissenschaftliches Erfassen ihrer Gesetzmäßigkeiten gerichtet sind. So entspricht der passiven Betrachtung die Dominanz des Gemüts, des Gefühls, der Intuition, die hinter der tatsächlichen Realität ein höheres Wesen ferne erahnen lassen. Denn der Verzicht auf die Aktion in der Welt enthebt das Individuum auch der Notwendigkeit, die Welt zu erkennen.

Schleiermacher spricht das in der zweiten der *Reden über die Religion,* die vom Wesen der Religion handelt, unverhüllt aus: „Sie (die Religion – G. H.) begehrt nicht, das Universum seiner Natur nach zu bestimmen und zu erklären wie die Metaphysik, sie begehrt nicht, aus Kraft der Freiheit und der göttlichen Willkür des Menschen es fortzubilden und fertig zu machen wie die Moral. Ihr Wesen ist weder Denken noch Handeln, sondern Anschauung und Gefühl. Anschauen will sie das Universum, in seinen eigenen Darstellungen und Handlungen will sie es andächtig belauschen, von seinen unmittelbaren Einflüssen will sie sich in kindlicher Passivität ergreifen und erfüllen lassen.“[596]

Dieser apriorische Erkenntnisverzicht bedeutet die praktische und theoretische Entmündigung des Menschen, dessen Mündigkeit die Frühromantiker doch zuvor postuliert hatten. Mit offener Feindseligkeit sagt Schleiermacher der Souveränität des menschlichen Verstandes und Handelns ab: „Spekulation und Praxis haben zu wollen ohne Religion, ist verwegener Übermut, es ist freche Feindschaft gegen die Götter, es ist der unheilige Sinn des Prometheus, der feigherzig stahl, was er in ruhiger Sicherheit hätte fordern und erwarten können. Geraubt nur hat der Mensch das Gefühl seiner Unendlichkeit und Gottähnlichkeit, und es kann ihm als unrechtes Gut nicht gedeihen, wenn er nicht auch seiner Beschränktheit sich bewußt wird, der Zufälligkeit seiner ganzen Form, des geräuschlosen Verschwindens seines ganzen Daseins im Unermeßlichen.“[597]

Der Mensch soll vom demütigen Gefühl seiner Kontingenz

gegenüber Gott beherrscht werden. Für die Erkenntnislehre heißt das: Nur die Demut erwirbt wieder, was der prometheische Hochmut sich verscherzte. Von vornherein muß der Mensch die Enge und Begrenztheit seiner Erkenntnisfähigkeit akzeptieren. Der Vorsatz, die Welt nach seinem Bilde zu formen, muß scheitern. Der Fichtesche Autonomie-Anspruch wird völlig revidiert: „Und wie wird es dem Triumph der Spekulation ergehen, dem vollendeten und gerundeten Idealismus, wenn Religion ihm nicht das Gegengewicht hält, und ihn einen höheren Realismus ahnden läßt als den, welchen er so kühn und mit so vollem Recht sich unterordnet? Er wird das Universum vernichten, indem er es zu bilden scheint, er wird es herabwürdigen zu einer bloßen Allegorie, zu einem nichtigen Schattenbilde unserer eigenen Beschränktheit."[598] Der berechtigten Polemik gegen spekulative Auswüchse folgt letztlich keine andere Alternative als der radikale Verzicht auf den Autonomie-Anspruch im Denken und Handeln.

Schleiermachers Erkenntnislehre ist symptomatisch für diese zunehmend resignativen Züge in der Weltanschauung der deutschen Frühromantik. Sie machen sich in ihrer Geschichtsphilosophie bemerkbar, die von der Lösung des Erkenntnisproblems nicht zu trennen ist.

Das zeigt sich besonders in den chiliastischen Vorstellungen vom Anbruch des goldenen Zeitalters. Diese Verheißung, die in verschiedenen ideologiegeschichtlichen Etappen aufrüttelnd wirkte, hat im frühromantischen Denken Ende des 18. Jahrhunderts eine andere Funktion: sie ist quietistische Zuflucht vor den Widersprüchen der Gegenwart.

Gemäß der frühromantischen Wunschvorstellung vom Geschichtsverlauf kommt nach triadischer Entwicklung das Universum mit dem goldenen Zeitalter endgültig zur Ruhe. Die chiliastischen Erwartungen entspringen nicht mehr der Hoffnung, sondern der Resignation, der restlosen Aufgabe. Sie kennzeichnen einen Denkprozeß, der die im 18. Jahrhundert entwickelte antireligiöse Geschichtsauffassung wieder aufhebt.

Die mehr und mehr dominierende, religiös gefärbte These von der Einheit aller Dinge in der Liebe als „synthetischer Kraft"[599] des Universums bedeutet in philosophischer Hinsicht das Ende der Widerspruchsdialektik und bestimmt die Frühromantiker, sich von dem von Schelling verkündeten Weltgesetz der Polarität[600] loszusagen. Sie gehen von einer absoluten letzten Einheit als Welt- und Lebensgrund aus; ihm entsprang zwar einst alles Leben in der Entzweiung, aber es wird sich in einer „indifferenten Einheit" wieder vollenden. Die unübersehbaren Widersprüche sind als Erzeugnis des Endlichen nur etwas Vorübergehendes, mit der Wiederkunft besserer Zeiten werden sie in einer höheren Einheit zusammenfallen. Die Identität aller Gegensätze ist der ersehnte Endpunkt, die Erlösung der Welt aus aller Zerrissenheit und Unruhe. Der Widerspruch erhält eine moralische negative Wertung.[601]*

„Polarität", wie es in der philosophischen Sprache der Frühromantiker heißt, erscheint als die Stufe des Bösen, der Erbsünde. Der Widerspruch verliert so seine produktive Funktion, ihm wird undialektisch ein christlich-dualistischer Zug unterstellt. Der Zusammenhang zwischen politischem und philosophischem Denken wird sichtbar: Der dialektische Entwicklungsgedanke verläuft sich philosophisch in einem flachen Evolutionismus. Für das politische Denken der Romantik folgte aus der Zurücknahme der dialektischen Momente, der nur evolutionären Betrachtung der Entwicklung später die Servilität der historischen Rechtsschule (Gustav Hugos, Friedrich Karl von Savignys, Leopold von Rankes), „welche die Niederträchtigkeit von heute durch die Niederträchtigkeit von gestern legitimiert, eine Schule, die jeden Schrei des Leibeigenen gegen die Knute für rebellisch erklärt, sobald die Knute eine bejahrte, eine angestammte, eine historische Knute ist"[602].

Die gesellschaftskritische Haltung zeitigt bei der deutschen Frühromantik zum ersten Mal auch die Aufgabe bestimmter von der bürgerlichen Philosophie erarbeiteter dialektischer Momente. Denn es ist eine kleinbürgerliche Kritik, eine Kritik vom Standpunkt derjenigen sozialen Schichten, denen die weitere objektive geschichtliche Entwicklung den sicheren Untergang bereiten sollte. Deshalb konnte für ihre Ideologen Entwicklung als philosophische Dialektik nicht mehr von Interesse sein.

Der „Salto mortale in den Abgrund der göttlichen Barmherzigkeit“

Besorgt und ahnungsvoll schreibt August Wilhelm Schlegel am 22. Januar 1798 an Schleiermacher über seinen damals in Berlin weilenden Bruder Friedrich, er wühle sich „wie ein Maulwurf immer tiefer“ in seine Philosophie, und „man kann nicht wissen, wann er etwas zu Tage fördern wird, ja er kommt vielleicht einmal unvermuthet bey den Antipoden wieder zum Vorschein.“[603]

Diese Vermutung August Wilhelm Schlegels hat sich kaum ein Jahrzehnt später bestätigt. In der Entwicklung des romantischen Denkens aber vom extrem subjektiven philosophischen Idealismus zum streng katholischen Glaubensbekenntnis vollzieht sich ein gesetzmäßiger Prozeß, der sowohl durch die zeitgeschichtlichen Ereignisse als auch die Art ihrer philosophischen Reflexion aus kleinbürgerlicher Sicht bedingt ist. In den Prämissen des frühromantischen subjektiven Idealismus liegen bereits die Voraussetzungen für den „Salto mortale in den Abgrund der göttlichen Barmherzigkeit“[604]*.

Die Hinwendung zur Religion ist nur die konsequente Fortsetzung und Verstärkung jener politisch-weltanschaulich resignativen Tendenz der Romantik zum objektiven Idealismus und zur Naturphilosophie, die, um 1798 beginnend, die aktivistische Komponente des subjektiven Idealismus aufhebt. Der Katzenjammer des übersteigerten Subjektivismus, der „leeren Subjektivität“ (Hegel) als philosophischem Ausdruck des „politischen Enthusiasmus“ überschlägt sich nach der Ernüchterung und endet nach einem ikarischen Sturz in den „finsteren Hohlwegen gotischer Meinungen“[605]. Die Ursachen dieser Wende liegen in der Ablehnung der sozialen Entwicklung unter den Bedingungen des Industriekapitalismus, der qualvollen Langsamkeit der sozialökonomischen Umgestaltung in Deutschland, dem Scheitern der utopischen Hoffnung auf Spielraum für die Individuen in den neuen gesellschaftlichen Verhältnissen. Die Radikalität ihres Umschwungs entspricht der Überschwenglichkeit des vorher formulierten philosophischen Anspruchs. Friedrich Schlegel schrieb später selbst, daß die Rückkehr zur Wahrheit (der christlichen Religion) „bei spekulativen Irrtümern um so leichter statt [findet], je mehr dieselben entschieden und vollendet auftreten"[606]. Der Verlust der Überzeugung von der schrankenlosen Macht des als philosophisches Selbstbewußtsein gefaßten Subjekts hinterließ ein weltanschauliches Vakuum, in das der Gedanke von Gott trat, um den leeren Raum mit Religion auszufüllen.[607]*

1799 kennzeichnete Friedrich Schlegel die beiden Zentren, um die die Philosophie jetzt kreise: „Die Philosophie ist eine Ellipse. Das eine Zentrum, dem wir jetzt näher sind, ist das Selbstgesetz der Vernunft. Das andere ist die Idee des Universums, und in diesem berührt sich die Philosophie mit der Religion."[608]* Je mehr mit den sichtbar werdenden Auswirkungen der Französischen Revolution und der Industriellen Revolution das „Selbstgesetz der Vernunft", d. h. die gesellschaftliche Macht auch der individuellen Vernunft, zur Schimäre wird, um so mehr wenden sich die Frühromantiker der Religion zu. In den *Ideen* heißt es bei Friedrich Schlegel: „Die Religion ist nicht bloß ein Teil der Bildung, ein Glied der Menschheit, sondern das Zentrum aller übrigen, überall das Erste und Höchste, das schlechthin Ursprüngliche."[609]

Der zeitgeschichtliche Hintergrund dieser Wandlung, die sich in der massenhaften Konversion zum Katholizismus und im praktischen Dienst bei den politisch reaktionärsten Regierungen manifestierte, war den um kluge Selbstanalyse nie verlegenen Romantikern sehr wohl bewußt. Ein bedeutsamer Brief August Wilhelm Schlegels an Schelling vom 19. August 1809 gibt Aufschluß über den Zusammenhang zwischen der Entwicklung des romantischen Denkens und dem Ablauf der politischen Ereignisse, vor allem über die geistige Erschütterung, die der spezifischen Reaktion auf die sozialökonomischen Veränderungen entsprang: „Keinem Beobachter der

Ausbildung des neueren Idealismus in Deutschland kann es wohl entgehn, daß er aus dem Aphelium, worin er sich bei seiner ersten Erscheinung befand, bis ins Perihelium der religiösen Vorstellungsarten fortgerückt ist. Nehmen Sie nur einmal Fichte zum Beispiel. Hatte er sich nicht die ganze Anklage wegen des Atheismus durch den Leichtsinn zugezogen, womit er Forbergs metaphysische Witzeleien zu billigen schien, und sagte: a propos von Gott, den ich bisher so ziemlich linker Hand liegen lassen, nun will ich doch angeben, wie man sein Dasein nach der Wissenschaftslehre vernünftiger Weise zugestehen mag. Und seitdem hat er sich alle Ausdrücke der heiligen Schrift zugeeignet, schon vor Jahren habe ich ihn das Vaterunser mit Einschiebung des Absoluten statt Gottes beten hören, und im Anfang des Evangeliums Johannis fand er das Wesentliche der Wissenschaftslehre wieder. Indessen was Fichte betrifft, so will ich gern seiner Versicherung glauben, daß er bei dieser Umwandlung immer noch auf dem alten Flecke steht. Bei Andern aber (und Novalis war einer der ersten) ist eine wahrhafte Rückkehr zu längst aufgegebenen Ansichten und Gesinnungen unverkennbar. Diese Rückkehr ist wohl schwerlich der Philosophie zuzuschreiben, die dabei nur als Organ der Deutung und Verständigung mitwirkt; sie liegt in einer Reaktion gegen unsere bisherige Bildung, über deren Nichtigkeit uns die Weltbegebenheiten die furchtbarsten Aufschlüsse gegeben haben"[610]*.

Die Religion wird als Hort und Refugium gegen die Unruhe des Zeitalters aufgeboten. Wie die Romantiker in das Gesellschaftsideal der hierarchisch geordneten Ständeordnung des Mittelalters flüchten, so retirieren sie auch auf deren ideologischen Überbau – den Katholizismus. Der „Durst nach Christus", dessentwegen Goethe Lavater verspottete, ist Symptom für die Suche nach Geborgenheit vor dem Chaos einer nicht mehr verstandenen Welt.[611]* Bei einem Teil der kleinbürgerlichen Ideologen hatte das Ungenügen an dieser Wirklichkeit zunächst deren subjektiv-idealistische Überwindung provoziert – mittels der Ironie als Ignoranz gegenüber der objektiven Realität und mittels der „Willkür" als illusionärer absoluter Freiheit –, um dann die „Sehnsucht nach der Unendlichkeit" (Hegel) heraufzuführen, die ihren

Gegenstand in Gott findet. Die Kapitulation vor der bürgerlichen Misere weckt das weltanschauliche Bedürfnis, das Subjekt von seiner historischen Verantwortung zu entlasten und es einem höheren Ganzen zu subsumieren, es zu „entfesseln aus dem Kerker der Selbstheit, [zu] wiegen in dem Gefühl des großen Alls“[612].

Diese Ursachen für die Hinwendung zur Religion belegen zahlreiche Zeugnisse der Romantiker selbst. So bekennt Friedrich Schlegel 1817 in einem jetzt verschollenen Manuskript: „In meinem Leben und philosophischen Lehrjahren ist ein beständiges Suchen nach der ewigen Einheit [. . .] und ein Anschließen an ein äußeres, historisch Reales oder ideal Gegebenes (zuerst Idee der Schule und einer neuen Religion der Ideen) dann Anschließen an den Orient, an das Deutsche, an die Freiheit der Poesie, endlich an die Kirche, da sonst überall das Suchen nach Freiheit und Einheit vergeblich war. War jenes Anschließen nicht ein Suchen nach Schutz, nach einem festen Fundament? [. . .]“[613]

Hier wird der ebenso anhaltende wie vergebliche Versuch sichtbar, „die Fäden der Unendlichkeit mit der Endlichkeit zu verknüpfen“, aber auch das notwendige Scheitern jener philosophischen Idealisten, die auf die Dauer der Illusion erlegen waren, mittels einer nur theoretischen Revolution die tatsächlichen Verhältnisse ändern zu können. Dem Augiasstall der deutschen Zustände war nicht mit Ideen allein beizukommen, obgleich aus diesen Ideen, wie Heine schreibt, „die politische Revolution der Deutschen hervorgehen“[614] sollte.

Auch Schleiermacher bekennt, daß er in der Religion den Boden gefunden habe, den er zur Existenz brauche: „Meine neuliche Stimmung, [. . .] das ist, ich will es nur gestehen, ein fit vom ächten Christenthum, wie ich sie bisweilen habe. Wie das mit dem Christenthum zusammenkömmt, können Sie in meiner fünften Rede finden. Es liegt übrigens sehr tief in mir, denn es gehört zu dem Bewußtsein, daß ich eine Pflanze bin und einen Boden brauche und daß nur durch beständige Zirkulation und Assimilation die Elemente meiner Natur beim Leben erhalten werden können. Nicht sowohl durch Zerrüttung meines Wesens von Innen her – obgleich auch das möglich ist – kann ich untergehen, sondern schon durch die Zerstörung meiner Lage. Man reiße mich aus und ich bin verloren. Der Glaube an die Ewigkeit besteht dabei sehr wohl. Hier kommt mir diese Stimmung sehr natürlich, weil es wirklich Stunden giebt, wo ich nichts bin."[615]

Der später so folgenschwere Gedanke des organischen Zusammenhanges und Gewachsenseins aller Dinge erscheint symbolisch ausgedrückt im Bild der Pflanze. Bei den Romantikern ist er erst mit der Vorstellung von der dialektischen Totalität gekoppelt, dann aber mit der einer ruhigen, evolutionären Entwicklung und schließlich mit der Zurücknahme der Widerspruchsdialektik, um das Sehnen nach einer religiösen Zuflucht zu rechtfertigen.

So sind Schleiermachers *Reden über die Religion,* die Friedrich Schlegel in einem Brief an den Verfasser vom April 1799 den „ersten Versuch und Taubenausflug aus dem Kasten der Cultur ins Freie der Religion"[616] nennt, der Grabgesang der autonomen Subjektivität. Die bedingungslose Unterordnung des einzelnen Subjekts unter die Idee Gottes wird nun kategorisch verlangt.[617*]

Auf Grund der politischen Erschütterungen und der kleinbürgerlich außenseiterischen Stellung und Rolle der Frühromantiker im historischen Prozeß war dieser Schritt durch die Theorie des romantischen Subjekts längst vorbereitet worden: Die Entleerung des Begriffs der Subjektivität von allen konkreten geschichtlichen Bestimmungen und seine Trennung von allen objektiven Bedingungen entzog der uneingeschränkten Autonomie und Freiheit jeden realen Boden. Übrig blieb eine Subjektivität, die sich nur als „Innerlichkeit" (Hegel) definieren konnte, zurückgewiesen auf sich selbst, aufgeblasen zu einer abstrakten Freiheit, die sich bei der ersten Berührung mit der Wirklichkeit verflüchtigen mußte.

Durch eine so gefaßte Subjektivität wurde die Idee ihrer Kontingenz selbst ins Werk gesetzt, und sie konnte, sobald sie zum Bewußtsein ihrer Bedeutungslosigkeit gelangt war, mühelos einem höheren Wesen unterworfen werden. Denn der Wechsel von subjektivem Idealismus zur Religion ist nichts anderes als der Austausch einer ideologischen Illusion durch eine andere.

Die Religion ist die gesetzmäßige Konsequenz der gescheiterten „Innerlichkeit". Den Zeitgenossen war übrigens dieser Zusammenhang, die Nähe solches philosophischen Idealismus zur Religion, bewußt: „Es kommt mir, einem alten Heiden", schreibt Goethe an Friedrich Heinrich Jacobi anläßlich der Aufführung eines christlichen Dramas von Zacharias Werner auf dem Weimarer Theater, „ganz wunderlich vor, das Kreuz auf meinem eigenen Grund und Boden aufgepflanzt zu sehen, und Christi Blut und Wunden poetisch predigen zu hören, ohne daß es mir gerade zuwider ist. Wir sind dieses doch dem höheren Standpunkt schuldig, auf den uns die Philosophie gehoben hat. Wir haben das Ideelle schätzen gelernt, es mag sich auch in den wunderlichsten Formen darstellen."[618]

Noch treffender aber verdeutlicht Goethe in einem Brief an Schlosser vom 25. November 1814 den Zusammenhang zwischen objektiven und innertheoretischen Ursachen dieses ideologischen Prozesses: „Der unselige Krieg und die fremde Herrschaft hatten alles verwirrt und zum Starren gebracht. [. . .] Aber auch in den Wissenschaften fanden sich innerliche Hindernisse, daß, bey der Art, wie ich sie allein treiben mag, ein redliches Bemühn blos in Hoffnung auf die Zukunft sich einigermaßen stärken konnte. Zugleich ward eine höhere ideelle Behandlung immer mehr von dem Wirklichen getrennt, durch ein Transzendieren, und Mysticisiren, wo das Hohle vom Gehaltvollen nicht mehr zu unterscheiden ist, und jedes Urbild, das Gott der menschlichen Seele verliehen hat, sich in Traum und Nebel verschweben muß."[619]

Friedrich Schlegel zeichnet in den Pariser Fragmenten zur Philosophie vom Oktober 1803 den Weg des frühromantischen Idealismus nach, der auf seinem Höhepunkt tatsächlich den Umschlag erfährt, der hier postuliert wird: „Es müßte höchste Freiheit und Irreligion entstehen – damit die Religion neu wiedergeboren aus dem Schooße des Idealismus hervorgehen könnte."[620] Und in den *Fragmenten zur Philosophie* von 1803–1807 heißt es: „Das ist gewiß; der Gelehrte hat jetzt nur zwischen zwei Lebensarten zu wählen; entweder die g e i s t l i c h e, die einzige wodurch Philosophie praktisch gemacht werden und das Edle wieder zur Herrschaft gelangen kann; oder aber ein stilles ganz einsames, P o e s i e und Historie, Gelehrsamkeit; unbekümmert um Macht und Erfolg. – Philosophie, Moral ohne Religion hat keine Kraft, ist eigentlich nichts (Indische Philosophie – orientalische überhaupt – Pythagoras) wird Sekte, oder eigensinnig in sich grübelnde Dialektik, System und Geschwätz (Fichte, Plato, Schleiermacher, selbst Spinoza)"[621].

In der sechzehnten seiner Wiener Vorlesungen zur *Geschichte der alten und neuen Literatur* aus dem Jahre 1812 äußert sich Friedrich Schlegel mit tiefem – geistesgeschichtlichem – Verständnis über diesen Umschlag des konsequent zu Ende gedachten Idealismus in die Religion: Er schreibt, daß „Fichte in der neuen Epoche von einer andern Seite, als wissenschaftlicher Selbstdenker nach dem protestantischen Prinzip der Freiheit, oder als unbedingter Idealist und vollendeter Protestant jenen Gipfel erreicht hat, der auf diesem Wege nun nicht weiter überschritten werden konnte, von welchem aus daher auch ein neuer Umschwung des Geistes in entgegengesetzter Richtung, eine Rückkehr aus dem selbstgemachten Abgrunde des unbedingten Denkens, zur Erkenntnis der Offenbarung oder des göttlichen Positiven ganz natürlich eintrat, obgleich unter stetem Widerstreit, und vielerlei täuschenden Überbleibseln des alten Irrtums, und mit häufigem Rückfall in denselben [...] Die Wissenschaft hat sich, seit Fichte den Protestantismus in derselben oder die freie Selbstdenkerei bis auf den höchsten Gipfel des Idealismus gesteigert hatte, und dieses Wagestück den Geist unbefriedigt ließ, wieder mehr und mehr dem Gegebenen und Positiven der Natur, Geschichte und Offenbarung zugewandt, obwohl mehrenteils noch in trüber Mischung und Beimischung mannichfaltigen Irrtums."[622]

Die Vermessenheit der Vernunft, ihr Anspruch auf Autonomie wird nach der praktischen Erfahrung mit der Realität des Industriekapitalismus als Rückfall in heidnische Vorstellungsweisen verdammt. Dennoch richtig ist hier der Zusammenhang von Freiheit und Innerlichkeit nachgezeichnet als eine Linie, die vom Protestantismus bis zum Idealismus der klassischen deutschen bürgerlichen Philosophie führt.[623] Die Erkenntnis hat jetzt jedoch nicht mehr die Funktion, die schrankenlose Macht des erkennenden Subjekts über die äußeren Gegebenheiten zu garantieren, sondern sie eröffnet den Weg zur Unterwerfung: „Immer steigende Erkenntnis ist wohl das beste und einzige Mittel der Demuth.“[624] Die weltanschauliche Resignation ist an ihrem äußersten Punkt angelangt – die gesellschaftliche Entwicklung scheint am Ende und die Grenzen des möglichen Fortschritts scheinen erreicht zu sein.[625*]

Bereits die philosophischen Fragmente aus den Jahren 1798 und 1799 legen Zeugnis vom beginnenden Prozeß des Umschwungs im Denken der deutschen Frühromantiker ab: „Die große Entdeckung der kritischen Philosophie ist daß sie selbst nur ein Planet sey. –“[626] „Die Kunst sucht ein Ideal; die Wissenschaft ein Fundament; beyde können es nur in der Religion finden.“[627*] Und eingedenk ihrer reaktionären politischen Funktion wird über die Religion gesagt: „Es wird nächstens Religion sichtbar werden; – sie ist das große X des Zeitalters. Religion = Gegengewicht der Revoluzion – der Oekonomie – Ideal der Kunst – Fundament der Wissenschaft.“[628] „Es giebt nur einen Primat; den des Unendlichen über das Endliche. –“[629]

Dieser Sieg des „Unendlichen“ über das „Endliche“ hatte sich zunächst in der naturphilosophischen Idee vom Universum als der die Subjektivität übergreifenden und umfassenden Einheit formuliert. Das war aber nur eine kurze, wenn auch partiell produktive Durchgangsstufe des frühromantischen Denkens. Die Idee des Universums avancierte bald zur Idee Gottes. Hier liegt der Schlüssel für das richtige Verständnis der frühromantischen Spinoza-Rezeption: Die frühromantische Aufnahme Spinozas zeitigt einen gleichsam umgekehrten, nämlich zur Religion zurückgehenden Spinozismus, der durch die Identifikation von Gott und Universum nicht die irdische Welt erhöht, sondern Gott wieder in seine Rechte einsetzen und zur Rückbesinnung auf ihn führen möchte.[630*] In dieser Richtung geht denn der frühromantische „Spinozismus“ auch über Spinoza hinaus: „Spinoza stieg bis zur Natur, – Fichte bis zum Ich, ich bis zur These Gott.“[631]

Die Naturphilosophie war für die Mehrzahl der Frühromantiker nur ein Umweg von der „Trostlosigkeit der Speculation“[632] zur „unsichtbaren Schönheit einer in Gott stillgewordenen Seele“[633]. Friedrich Schlegel schreibt dazu später in der

Signatur des Zeitalters, daß „viele aus dem Labyrinth der Spekulation die Rückkehr nicht unmittelbar zur göttlichen Offenbarung genommen, sondern zunächst sich an die Offenbarung der Natur gehalten haben“[634].

Verbunden mit der Hinwendung zur Religion ist eine Zurücknahme der progressiven Denktraditionen aus den Anfängen der Romantik.[635]* Die romantische „Philosophie der Innerlichkeit“ war letztlich bei jener Religion wieder angekommen, von der sich das bürgerliche Denken mit der Reformation begonnen hatte zu emanzipieren – allerdings als Innerlichkeit. Wie die Romantiker Erben der Reformation sind, so stehen sie folgerichtig auch in der Tradition der empfindsam-kontemplativen Richtungen des Pietismus, der mit seinem demutsvollen Protest gegen orthodoxe Ideologie ebenfalls die äußere Wirklichkeit, die kirchlichen Institutionen unangetastet gelassen hatte. Mit ihrem Postulat der Innerlichkeit zeigen sie vor allem „die Schranke, das Negative der Prinzipien“ (Hegel) im philosophischen Denken ihrer Zeit und seiner Möglichkeiten.

Die frühromantische Subjektivität mit ihren kritischen Ansätzen und ihrem Bestreben, gleichermaßen gegen die „Revolution“ und gegen den „Despotismus“ ein – freilich nur „geistiges“ – Gegengewicht zu finden (Friedrich Schlegel), konnte sich nur in der introvertierten Kontemplation vollenden. Das philosophische Problem der Frühromantik war erst von einem dialektischen Determinismus aus zu lösen – denn die Freiheit besteht „nicht in der erträumten Unabhängigkeit von den Naturgesetzen“, die die Geschichte der Zufälligkeit des Voluntarismus ausliefert, „sondern in der Erkenntnis dieser Gesetze, und in der damit gegebenen Möglichkeit, sie planmäßig zu bestimmten Zwecken wirken zu lassen“ (Engels).

Novalis wußte dagegen nur zu empfehlen: „[...] wenn ihr die Gedanken nicht zu äußern Dingen machen könnt, so macht die äußern Dinge zu Gedanken“[636]. Der überspitzte subjektive Idealismus, der vor dem Ansturm der nicht begriffenen Wirklichkeit in das von Illusionen ummauerte Selbstbewußtsein auswich, führte mit seiner Inflation der subjektiven Freiheit notwendig in die Krise und von subjektiv-idealistisch formulierter Autonomie zu religiöser Heteronomie des Selbstbewußtseins.

Aus den Verhältnissen der „Jämmerlichkeit" gelingt den Frühromantikern mit ihrem illusionären theoretisch-„praktischen" Anspruch nur der Sprung von der „Plattheit" zur „Tollheit" (Friedrich Schlegel). Die vom bürgerlichen Emanzipationsdenken kühn behauptete Autonomie des Subjekts der Geschichte endet bei ihnen durch dessen fortschreitende Trennung von allen objektiv-realen Prozessen „heroisch-kläglich". Die deutsche Frühromantik ist das erste Exempel bürgerlichen Krisenbewußtseins in der Situation eines großen objektiven gesellschaftlichen Umbruchs.

Alfred Kurella warnte 1938 vor der virulenten Aktualität, die sich aus dem Charakter der Romantik als einer Krisenideologie ergeben kann: „Wir befinden uns in einer geschichtlichen Situation, die mit den Umständen, unter denen die deutsche Romantik entstanden ist, manche Berührungspunkte hat. Das Reagieren Westeuropas auf die Große Sozialistische Oktoberrevolution hat vieles mit dem Reagieren Deutschlands auf die Französische Revolution gemeinsam. Die Problematik, die Goethe im Schluß des ‚Faust' gestaltet hat, besteht heute in vergrößertem Umfang. Die große Spannung unserer Zeit muß notwendig unter der bürgerlichen Intelligenz neue Tendenzen des Ausweichens, der Flucht auf die Düne von Philemon und Baucis hervorbringen. Mehr noch als vor hundert Jahren sind solche Tendenzen als Reaktion im engen Sinne aufzufassen, in welchem Gewande sie immer auftreten."[637]

Kurellas Charakteristik solcher Tendenzen als „Reaktion im engen Sinne" trifft, mehr oder weniger, auf alle heutigen Richtungen bürgerlichen Denkens zu, die illusionäre Auffassungen gegen die wissenschaftliche Weltanschauung des Marxismus-Leninismus ins Spiel bringen – mag es sich dabei um „linke" oder revisionistische Wiederbelebungsversuche romantischer Subjektivitäts- und Freiheitskonzeptionen oder um die offen reaktionäre Romantik-Renaissance handeln, die die Romantik auf einen religiös interpretierten Neuplatonismus bzw. auf Irrationalismus reduzieren will. Eine vordergründige Aktualisierung einzelner Ideen der deutschen Frühromantik läuft Gefahr, die historische Legitimität ihres kritisch-humanistischen Anspruchs zu verkennen und darüber hinaus die in jedem Fall geschichtlich tragischen Konsequenzen dieses Denkens zu wiederholen.

Die frühromantische Weltanschauung, die sich mit dem partiellen, fragmentarischen Charakter des sozialen Fortschritts nicht abzufinden vermochte, obwohl sie um das approximative Wesen des Geschichtsprozesses wußte, kämpfte mit philosophischer Radikalität und Kompromißlosigkeit gegen jede platte, selbstzufriedene Apologie der Realität. Sie zerbrach jedoch gerade an deren Widersprüchlichkeit, weil sie ihr mit einer Illusion begegnete. Die Frühromantik stellte eine *konkrete* geschichtliche Wirklichkeit so weit in Frage, daß schließlich für sie *jede* Wirklichkeit aufhörte zu existieren. Der Rückzug aber auf die Kunst als Traum und Metapher gesellschaftlicher Emanzipation der Individuen bedeutet Entsagung, Verzicht auf die *wirkliche* Emanzipation, die in der Kunst utopisch vorweggenommen oder modellhaft gestaltet werden kann.

Anmerkungen

Abkürzungen

KA	Kritische Friedrich-Schlegel-Ausgabe. Hg. v. Ernst Behler und Jean-Jaques Anstett. 22 Bde. München–Paderborn–Wien 1956.
MEW	Karl Marx/Friedrich Engels: Werke. 39 Bde. Berlin 1957 bis 1968.
WB	Weimarer Beiträge. Zeitschrift für Literaturwissenschaft, Ästhetik und Kulturtheorie.
Krauss	Werner Krauss: Französische Aufklärung und deutsche Romantik. In: Wissenschaftliche Zeitschrift der Karl-Marx-Universität Leipzig 12 (1963) 2.
Kuczynski	Jürgen Kuczynski: Die Geschichte der Lage der Arbeit unter dem Kapitalismus. 38 Bde. Berlin 1960–1972.

1 Vgl. hierzu: A. N. Čistozvonov: Über die stadional-regionale Methode bei der vergleichenden historischen Erforschung der bürgerlichen Revolutionen des 16. bis 18. Jahrhunderts in Europa. In: Zeitschrift für Geschichtswissenschaft 21 (1973) 1. Ferner: Kuczynski, Bd. 23.

2 Krauss, S. 501.

3 MEW, Bd. 37, S. 156.

4 Krauss, S. 501.

5 MEW, Bd. 20, S. 243.

6 Vgl. Karl Marx: Zur Judenfrage. In: MEW, Bd. 1, S. 350–370. Karl Marx: Zur Kritik der Hegelschen Rechtsphilosophie. Einleitung. Ebenda, S. 388.

7 Hans Mayer: Zur Lage der Romantikforschung. In: Wissenschaftliche Zeitschrift der Karl-Marx-Universität Leipzig 12 (1963) 2, S. 496.

8 Friedrich Schlegel: Jacobis Woldemar. In: KA, Bd. 2, S. 77.

9 Kuczynski, Bd. 23, S. 27, S. 83.

10 MEW, Bd. 23, S. 743.

11 W. I. Lenin: Werke. Bd. 21. Berlin 1970, S. 362.

12 MEW, Bd. 2, S. 257.
13 Friedrich Schlegel: KA, Bd. 2, S. 244.
14 Krauss, S. 500.
15 Heinrich Heine: Geständnisse. In: Werke und Briefe. Hg. v. Hans Kaufmann. Bd. 7. Berlin 1962, S. 99.
16 Heinrich Heine: Briefe über Deutschland. In: Ebenda, S. 304.
17 Arnold Ruge: Geschichte der Deutschen Poesie und Philosophie seit Lessing. In: Sämtliche Werke. Erster Band. 2. Aufl. Mannheim 1847, S. 15.
18 Ebenda, S. 263.
19 Hermann Hettner: Schriften zur Literatur. Berlin 1959, S. 81.
20 Arnold Ruge: Geschichte der Deutschen Poesie und Philosophie seit Lessing. In: Sämtliche Werke. Erster Band. 2. Aufl. Mannheim 1847, S. 248.
21 Friedrich Schlegel: Signatur des Zeitalters. In: KA, Bd. 7, S. 516.
22 Heinrich Heine: Geständnisse. In: Werke und Briefe. Hg. v. Hans Kaufmann. Bd. 7. Berlin 1962, S. 99 („Trotz meiner exterminatorischen Feldzüge gegen die Romantik blieb ich doch selbst immer ein Romantiker, und ich war es in einem höhern Grade, als ich selbst ahnte.").
23 Winfried Schröder: Die Präromantiktheorie – eine Etappe der Literaturwissenschaft? In: WB 12 (1966) 5/6, S. 737.
24 Franz Mehring: Gesammelte Schriften. Hg. v. Thomas Höhle, Hans Koch, Josef Schleifstein. Bd. 10. Berlin 1961., S. 294
25 Ebenda, S. 94.
26 MEW, Bd. 32, S. 51.
27 Jürgen Kuczynski ging diesem Zusammenhang unter einem anderen Aspekt, in bezug auf Sismondi und Saint-Simon, nach. Vgl. Kuczynski, Bd. 34, S. 137–149.
28 Ebenda, S. 145; S. 49–70.
29 Julius Petersen: Wesensbestimmung der deutschen Romantik. Leipzig 1926.
30 Fritz Strich: Deutsche Klassik und Romantik. Bern 1962, S. 12, S. 15.
31 Ebenda, S. 17.
32 Vgl. Robert Weimann: „New Criticism" und die Entwicklung bürgerlicher Literaturwissenschaft. Geschichte und Kritik neuer Interpretationsmethoden. Halle 1962.
33 Ursula Roisch: Analyse einiger Tendenzen der westdeutschen bürgerlichen Romantikforschung seit 1945. In: WB 16 (1970) 2, S. 55.
34 Ebenda, S. 74.
35 Vgl. zu diesem ideologischen Prozeß: Claus Träger: Zur Kritik

der bürgerlichen Literaturwissenschaft. Teil I. In: WB 18 (1972) 2, S. 10–11, S. 16–17.

36 Vgl. Helmut Schanze: Die andere Romantik. Eine Dokumentation. Frankfurt a. M. 1967. Ders.: Romantik und Aufklärung. Untersuchungen zu Friedrich Schlegel und Novalis. Nürnberg 1966.

37 Vgl. Eckhard Heftrich: Novalis. Vom Logos der Poesie. Frankfurt a. M. 1969. Ferner: Carl Paschek: Der Einfluß Jacob Böhmes auf das Werk Friedrich von Hardenbergs (Novalis). Phil. Diss. Bonn 1967. Paschek beruft sich u. a. auf Unger und Dilthey; Manfred Dick: Die Entwicklung des Gedankens der Poesie in den Fragmenten des Novalis. Bonn 1967. – Dick bestreitet (wie Heftrich und Paschek) entschieden das Erbe Fichtes und der Transzendentalphilosophie in der Frühromantik. Er verlagert die Akzente einseitig auf Novalis' späte philosophisch-weltanschauliche Aussagen und versucht, die frühen Fragmente in diesem Sinne umzudeuten, wobei er die progressiven und rationalen Ansätze im Denken Novalis' zu leugnen bestrebt ist. Indem er behauptet, daß Novalis „überhaupt kein rationales Verstehen der Wirklichkeit sucht" (S. 395), projiziert er eine irrationalistische Grundhaltung in dessen Weltanschauung hinein und interpretiert in diesem – verfälschenden – Sinne auch bei Novalis aktivistisch-schöpferisch gefaßte Grundbegriffe wie „Zufall", „Ideenassoziation" und „Poesie" um. – Vgl. ferner: Manfred Frank: Das Problem „Zeit" in der deutschen Romantik. Zeitbewußtsein und Bewußtsein von Zeitlichkeit in der frühromantischen Philosophie und in Tiecks Dichtung. München 1972. In dem Bemühen, den gegen die Romantik erhobenen Vorwurf des Subjektivismus zu entkräften, beugt der Verfasser die Ansichten der philosophisch bedeutsamsten Vertreter der Romantik unter die Konstruktion einer teils phänomenologisch, teils lebensphilosophisch und existentialistisch aufbereiteten Erfahrung von „Zeit", die zu einer „ontologischen Befindlichkeit" hypostasiert wird, der das Individuum stets ohnmächtig ausgeliefert sei.

38 Vgl. Ludwig Elm: Der ‚neue' Konservatismus. Zur Ideologie und Politik einer reaktionären Strömung in der BRD. Berlin 1974.

39 Die Arbeiten zur Methodenkritik der Germanistik sind Legion. Stellvertretend seien genannt: Ansichten einer künftigen Germanistik. Hg. v. Jürgen Kolbe. München 1969. Marie-Luise Gansberg/Paul Gerhard Völker: Methodenkritik der Germanistik. Stuttgart 1971. Neue Ansichten einer künftigen Germanistik. Hg. v. Jürgen Kolbe. München 1973.

40 Neue Ansichten einer künftigen Germanistik. Hg. v. Jürgen Kolbe. München 1973, S. 8.

41 Ebenda, S. 88, S. 101.

42 Ebenda, S. 49; auch S. 68, S. 73–74, S. 88, S. 127.

43 Werner Weiland: Der junge Friedrich Schlegel oder Die Revolution in der Frühromantik. Stuttgart–Berlin–Köln–Mainz 1968.

44 Hannelore Link: Abstraktion und Poesie im Werk des Novalis. Stuttgart-Berlin-Köln-Mainz 1971 (Studien zur Poetik und Geschichte der Literatur. Bd. 15).

45 Johannes Mahr: Übergang zum Endlichen. Der Weg des Dichters in Novalis' „Heinrich von Ofterdingen". München 1970.

46 Franz Norbert Mennemeier: Friedrich Schlegels Poesiebegriff dargestellt anhand der literaturkritischen Schriften. Die romantische Konzeption einer objektiven Poesie. München 1971.

47 Eberhard Huge: Poesie und Reflexion in der Ästhetik des frühen Friedrich Schlegel. Stuttgart 1971 (Studien zur Allgemeinen und Vergleichenden Literaturwissenschaft. Bd. 6).

48 Marianne Thalmann: Provokation und Demonstration in der Komödie der Romantik. Berlin 1974. – In dieser Arbeit wird gegenüber früheren, eng ästhetischen Interpretationen von der Verfasserin der Versuch unternommen, die ästhetische Leistung der Frühromantik, speziell Tiecks, in die geschichtlichen Zusammenhänge zu stellen.

49 Rolf-Peter Janz: Autonomie und soziale Funktion der Kunst. Studien zur Ästhetik von Schiller und Novalis. Stuttgart 1973.

50 Werner Weilands Studie *Bürgerliches Bewußtsein bei Kleist – Ein Beitrag zur demokratisch engagierten Romantikforschung* hat dieses Bekenntnis programmatisch in seinen Titel aufgenommen.

51 Werner Weiland: Der junge Friedrich Schlegel oder Die Revolution in der Frühromantik. Stuttgart–Berlin–Köln–Mainz 1968, S. 46. – Die Polemik richtet sich hier gegen Benno v. Wiese.

52 Ebenda, S. 49. – Weiland kritisiert die religiös-konservative Deutung Friedrich Schlegels durch einen Romantikforscher wie Ernst Behler. Dieser hatte schon in seiner Dissertation *Friedrich Schlegel. Weltanschauungskritiker, Historiker und Philosoph.* München 1950 – die bezeichnenderweise von Alois Dempf betreut wurde – Friedrich Schlegel als Philosophen des 19. Jahrhunderts dargestellt und teleologisch die Kontinuität seiner weltanschaulichen Entwicklung auf den späten Schlegel ausgerichtet. Friedrich Schlegel erschien in Behlers Interpretation ausschließlich als der Vorläufer von Dilthey und Nietzsche, der in d i e s e m Sinne „als Anreger des gegenwärtigen Lebensgefühls [...] das Interesse der Gegenwart" beanspruche (S. 13). Diese Linie hatte Behler in den weltanschaulich wirksamen Einleitungen zu seiner großen *Kritischen Friedrich-Schlegel-Ausgabe* fortgesetzt.

53 Rolf-Peter Janz: Autonomie und soziale Funktion der Kunst. Studien zur Ästhetik von Schiller und Novalis. Stuttgart 1973, S. 106.

54 Marianne Thalmann: Provokation und Demonstration in der Komödie der Romantik. Berlin 1974, S. 8. Vgl. auch: Hannelore Link: Abstraktion und Poesie im Werk des Novalis. Stuttgart-Berlin-Köln-Mainz 1971, S. 180 (Studien zur Poetik und Geschichte der Literatur. Bd. 15).

55 Vgl. Werner Weiland: Der junge Friedrich Schlegel oder Die Revolution in der Frühromantik. Stuttgart-Berlin-Köln-Mainz 1968, S. 38: „Der junge Friedrich Schlegel tritt zwar mit Entschiedenheit für die Demokratie ein – aber er denkt dabei nicht an die (im heutigen Wortsinn: bürgerliche) Demokratie, welche bloß die jeweils stärksten Privatinteressen legalisiert." Vgl. auch seine „moderne" Rechtfertigung der Lisette aus dem *Lucinde*-Roman: „Unter marktwirtschaftlichen Bedingungen haben die Unbemittelten nur die Möglichkeit, sich so teuer wie möglich zu verkaufen, wenn es ihnen ernstlich um Freiheit geht." (S. 42).

56 Ebenda, S. 48. Vgl. ferner: Eberhard Huge: Poesie und Reflexion in der Ästhetik des frühen Friedrich Schlegel. Stuttgart 1971, S. 21–23. Franz Norbert Mennemeier: Friedrich Schlegels Poesiebegriff dargestellt anhand der literaturkritischen Schriften. Die romantische Konzeption einer objektiven Poesie. München 1971, S. 112, S. 115–116. – Die Vorwürfe der Autoren richten sich zumeist gegen Schiller: Er sei nicht so politisch engagiert gewesen wie die Frühromantiker oder entfernter von der Geschichte, weil er nicht so utopische Ideen vertreten habe.

57 Franz Norbert Mennemeier: Friedrich Schlegels Poesiebegriff dargestellt anhand der literaturkritischen Schriften. Die romantische Konzeption einer objektiven Poesie. München 1971, S. 21.

58 Marie-Luise Gansberg/Paul Gerhard Völker: Methodenkritik der Germanistik. Materialistische Literaturtheorie und bürgerliche Praxis. Stuttgart 1971, S. 39, S. 38.

59 Alfred Kurella: Deutsche Romantik. In: Internationale Literatur (Deutsche Blätter) 8 (1938) 6.

60 W. I. Lenin: Zur Charakteristik der ökonomischen Romantik (Sismondi und unsere einheimischen Sismondisten). In: Werke. Bd. 2. Berlin 1971. – Marx hat sich mit Sismondi im *Kapital* und in den *Theorien über den Mehrwert* auseinandergesetzt.

61 Karl Marx: Das philosophische Manifest der historischen Rechtsschule. In: MEW, Bd. 1; Friedrich Engels: Anti-Schelling. In: MEW, Ergänzungsbd. II. T.

62 Zu diesem Zusammenhang vgl. den Brief Marx' an Engels vom 18. 1. 1856 über Bruno Bauers romantische Wende. In: MEW, Bd. 29, S. 6.

63 Krauss, S. 501.

64 W. I. Lenin: Werke. Bd. 28. Berlin 1968, S. 231–232.

65 Ebenda, Bd. 35. Berlin 1963, S. 100.

66 Ileana Bauer/Eberhard Fromm/Walter Jopke: Theoretische und methodologische Fragen der Kritik der bürgerlichen Philosophie. In: Deutsche Zeitschrift für Philosophie 20 (1972) 12, S. 1508.

67 Hans Günther: Der Fall Nietzsche. In: Unter dem Banner des Marxismus 9 (1935) 5/6, S. 541.

68 Krauss, S. 497.

69 Friedrich Schlegel: KA, Bd. 2, S. 236–237.

70 Briefe von und an August Wilhelm Schlegel. Ges. u. erl. v. Josef Körner. Zürich–Leipzig–Wien 1929, S. 21.

71 Max Wundt: Die Philosophie an der Universität Jena. Jena 1932, S. 4; vgl. auch den Abschnitt über die „klassische Periode".

72 Georg Gottfried Gervinus: Neuere Geschichte der Poetischen Nationalliteratur der Deutschen. Bd. 5. Leipzig 1842, S. 571–572. Vgl. auch: Caroline. Briefe aus der Frühromantik. Erw. hg. v. Erich Schmidt. Bd. II. Leipzig 1913, S. 366, wo Jena als „Königreich in der Philosophie" bezeichnet wird.

73 Zit. nach: Goethe-Briefe. Hg. v. Philipp Stein. Bd. 5. Berlin 1904, S. 97.

74 Johannes R. Becher: Deutsche Lehre. London o. J., S. 5.

75 Friedrich Schlegel: Geschichte der alten und neuen Literatur. In: KA, Bd. 6, S. 411.

76 Friedrich Schlegel: KA, Bd. 7, S. 365.

77 Georg Wilhelm Friedrich Hegel: Philosophie der Weltgeschichte. Hg. v. Georg Lasson. Bd. 4. Leipzig 1923, S. 922. – Hier heißt es über das Prinzip der Freiheit: „Das blieb bei den Deutschen ruhige Theorie; die Franzosen aber wollten dasselbe praktisch ausführen."

78 Friedrich Schlegel: KA, Bd. 2, S. 314.

79 Ebenda, Bd. 18, S. 80.

80 Novalis: Schriften. Das philosophische Werk II. Hg. v. Richard Samuel. 2. Aufl. Bd. 3. Stuttgart 1968, S. 522.

81 Novalis: Schriften. Hg. v. Jacob Minor. Bd. 2. Jena 1907. S. 157–158.

82 MEW, Bd. 2, S. 564, S. 567.

83 Friedrich Schlegel und Novalis. Biographie einer Romantikerfreundschaft in Briefen. Hg. v. Max Preitz. Darmstadt 1957, S. 51–53.

84 Johannes R. Becher: Deutsche Lehre. London o. J., S. 15.

85 Vgl. Werner Weiland: Der junge Friedrich Schlegel oder Die Revolution in der Frühromantik. Stuttgart–Berlin–Köln–Mainz 1968, S. 18.

86 Friedrich Schlegels Briefe an seinen Bruder August Wilhelm. Hg. v. Oskar F. Walzel. Berlin 1890, S. 17.

87 Franz Mehring: Gesammelte Schriften. Hg. v. Thomas Höhle, Hans Koch, Josef Schleifstein. Bd. 10. Berlin 1961., S. 240.

88 Johann Ludwig Tieck schreibt Ende 1792 an Wilhelm Heinrich Wackenroder: „Du sprichst ja gar nichts von den Franzosen? Ich will nicht hoffen, daß sie Dir gleichgültig geworden sind, daß Du wirklich Dich nicht dafür interessirst? O, wenn ich izt ein Franzose wäre! Dann wollt' ich nicht hier sitzen, dann . . . Doch leider, bin ich in einer Monarchie geboren, die gegen die Freiheit kämpfte, unter Menschen, die noch Barbaren genug sind, die Franzosen zu verachten. Ich habe mich sehr geändert, ich bin izt nicht glücklich, wenn ich keine Zeitungen haben kann. O, in Frankreich zu sein, es muß doch ein groß Gefühl sein, unter Dumoriez zu fechten und Sklaven in die Flucht zu jagen, und auch zu f a l l e n , – was ist ein Leben ohne Freiheit? Ich begrüße den Genius Griechenlands mit Entzücken, den ich über Gallien schweben sehe, Frankreich ist jetzt mein Gedanke Tag und Nacht, – ist Frankreich unglücklich, so verachte ich die ganze Welt und verzweifle an ihrer Kraft, dann ist für unser Jahrhundert der Traum zu schön, dann sind wir entartete, fremde Wesen, mit keiner Ader denen verwandt, die einst bei Thermopylä fielen, dann ist Europa bestimmt, ein Kerker zu sein." (Wilhelm Heinrich Wackenroder: Werke und Briefe. Hg. v. Friedrich von der Leyen. Bd. II. Jena 1910, S. 161) Wakkenroder antwortet weniger tatendurstig, aber übereinstimmend im Januar 1793 (ebenda, S. 168–169). Unter dem 5. 3. 1793 schreibt Wackenroder: „Die Hinrichtung des Königs von Frankreich hat ganz Berlin von der Sache der Franzosen zurückgeschreckt; aber mich grade nicht. Über ihre Sache denke ich wie sonst. Ob sie die rechten Mittel dazu anwenden, verstehe ich nicht zu beurteilen, weil ich von dem Historischen sehr wenig weiß." (Ebenda, S. 198). Vgl. auch: Aus Schleiermachers Leben. In Briefen. Hg. v. Ludwig Jonas, Wilhelm Dilthey. Bd. I. Berlin 1858, S. 114–115 speziell über den Tod Ludwigs XVI.; Bd. 3, S. 41, S. 128. Vgl. Friedrich Schlegel an August Wilhelm Schlegel am 24. 11. 1793, in: Friedrich Schlegels Briefe an seinen Bruder August Wilhelm. Hg. v. Oskar F. Walzel. Berlin 1890, S. 145–146. – Allerdings bezeichnen die Frühromantiker selbst ihre politische Haltung sehr vage als „Enthusiasmus" und „politischen Schwung", den sie durch die Revolution erhalten hätten. Vor diesem Zeitpunkt finden sich zahlreiche Briefstellen darüber, daß sie sich zu schade seien, in der Welt und für die Welt zu leben (vgl. hierzu den besonders charakteristischen Briefwechsel von Tieck und Wackenroder, Bd.

II, S. 54–55. S. 114, S. 141–142). Vgl. auch Friedrich Schlegel: KA, Bd. 2, S. 211 und 223.

89 Friedrich Schlegel: KA, Bd. 2, S. 223.

90 Ebenda, S. 261.

91 Ebenda, S. 168.

92 Ebenda, Bd. 18, S. 109.

93 Novalis: Schriften. Das philosophische Werk II. Hg. v. Richard Samuel. 2. Aufl. Bd. 3. Stuttgart 1968, S. 518.

94 Am 27. 5. 1796 schreibt Friedrich Schlegel an August Wilhelm Schlegel: „Ich bin der Kritik herzlich satt, und werde mit unglaublichem Enthusiasmus an den Revoluzionen arbeiten. Ich werde zu gleicher Zeit etwas Populäres über den Republikanismus schreiben. Ich werde glücklich seyn wenn ich erst in der Politik schwelgen kann. [...] Ich will Dirs nicht läugnen, daß mir der Republikanismus noch ein wenig näher am Herzen liegt, als die göttliche Kritik, und die allergöttlichste Poesie." (Briefe an seinen Bruder August Wilhelm, S. 277–278). Eine Ausnahme bildet Friedrich Gentz, der bereits 1792 umschwenkt. Er ist der Übersetzer von Edmund Burkes *Betrachtungen über die französische Revolution,* die 1793 in deutscher Sprache und von Gentz mit einer Einleitung versehen, erscheinen. Dieses Buch lieferte den Romantikern die Argumente für ihre spätere antirevolutionäre und konservative Haltung.

95 Friedrich Schlegel: KA, Bd. 7, S. 24–25.

96 Vgl. Johann Gottlieb Fichte: Zurückforderung der Denkfreiheit von den Fürsten Europens, die sie bisher unterdrückten. Hg. u. eingel. v. Dieter Bergner. Leipzig o. J.; Johann Gottlieb Fichte: Beiträge zur Berichtigung der Urteile des Publikums über die Französische Revolution. Hg. u. eingel. v. Dieter Bergner. Leipzig o. J.

97 Jean-Jacques Rousseau: Frühe Schriften. Hg. v. Winfried Schröder. Leipzig o. J., S. 187, S. 20–21, S. 29, S. 112, S. 195–196.

98 Jean-Jacques Rousseau: Der Gesellschaftsvertrag. Hg. v. Werner Bahner. Leipzig o. J., S. 112.

99 Marie-Jean-Antoine-Nicolas Caritat (Condoret): Entwurf einer historischen Darstellung der Fortschritte des menschlichen Geistes. Hg. v. Wilhelm Alff. Frankfurt a. M. 1963, S. 229, S. 261–263.

100 Ebenda, S. 259.

101 „Hat Condorcet sich nicht ein schöneres Denkmal gesetzt, da er, von Todesgefahren umringt, sein Buch von den *progrès de l'esprit humain* schrieb, als wenn er die kurze Frist dazu angewandt hätte, sein endliches Individuum statt jener unendlichen Aussichten hinzustellen? Wie konnte er besser an die Nachwelt

appellieren, als durch das Vergessen seiner selbst im Umgange mit ihr?" (Friedrich Schlegel: KA, Bd. 2, S. 196.) „Der Schein der Regellosigkeit in der Geschichte der Menschheit entsteht nur durch die Kollisionsfälle heterogener Sphären der Natur, die hier alle zusammentreffen und ineinander greifen. Denn sonst hat die unbedingte Willkür in diesem Gebiet der freien Notwendigkeit und notwendigen Freiheit, weder konstitutive noch legislative Gewalt, und nur den täuschenden Titel der exekutiven und richterlichen. Der skizzierte Gedanke einer historischen Dynamik macht dem Geiste des Condorcet so viel Ehre, als seinem Herzen der mehr als französische Enthusiasmus für die beinah trivial gewordene Idee der unendlichen Vervollkommung." (Ebenda, S. 202).

102 Condorcet: Entwurf einer historischen Darstellung der Fortschritte des menschlichen Geistes. Hg. v. Wilhelm Alff. Frankfurt a. M. 1963, S. 29, S. 39–40, S. 349, S. 253.

103 Ebenda, S. 123.

104 Ebenda, S.67.

105 Vgl. dazu: MEW, Bd. 20, S. 129–131.

106 Friedrich Schlegel: KA, Bd. 2, S. 205–206.

107 Vgl. seine Fragmentsammlung *Glaube und Liebe oder Der König und die Königin* anläßlich der Thronbesteigung Friedrich Wilhelms III. im November 1797, entstanden 1798.

108 Novalis: Schriften. Hg. v. Jacob Minor. Bd. 2. Jena 1907, S. 152.

109 Ebenda, S. 155.

110 Novalis: Werke. Briefe. Dokumente. Hg. v. Ewald Wasmuth. Bd. 4. Heidelberg 1954, S. 412.

111 Ebenda, S. 345.

112 Schiller an Goethe am 29. 11. 1794, in: Der Briefwechsel zwischen Schiller und Goethe in drei Bänden. Hg. v. Hans Gerhard Gräf u. Albert Leitzmann. Leipzig o. J., S. 32.

113 Walter Markov/Albert Soboul: 1789 Die Große Revolution der Franzosen. Berlin 1973, S. 261–262.

114 Friedrich Schlegel: KA, Bd. 18, S. 385.

115 Athenaeum. Bd. 1. 2. Stück. Berlin 1960, S. 232. Vgl. auch: Friedrich Schlegel: KA, Bd. 2, S. 198–199; Bd. 18, S. 85.

116 Heinrich Heine: Zur Geschichte der Religion und Philosophie in Deutschland. Vorrede zur zweiten Auflage. In: Werke und Briefe. Hg. v. Hans Kaufmann. Bd. 5. Berlin 1961, S. 169.

117 Friedrich Schlegel: KA, Bd. 18, S. 319.

118 Friedrich Schlegel: Prosaische Jugendschriften. Hg. v. Jacob Minor. Bd. I. Wien 1882, S. 188 (Anm. 1).

119 Zit. nach: Marianne Thalmann: Provokation und Demonstration in der Komödie der Romantik. Berlin 1974, S. 9.

120 „Der wackere Fichte streitet eigentlich für uns alle, und wenn er unterliegt, so sind die Scheiterhaufen wieder ganz nahe herbeigekommen." (August Wilhelm Schlegel an Novalis am 12. 1. 1799. In: Novalis: Werke. Briefe. Dokumente. Hg. v. Ewald Wasmuth. Bd. 4. Heidelberg 1954, S. 433.) „Fichtes ‚Apellation ans Publikum' bitt' ich Dich aufmerksam zu lesen. Es ist ein vortreffliches Schriftchen und macht Dich mit einem so sonderbaren Geiste und Plane unserer Regierungen und Pfaffen bekannt, mit einem zum Teil in der Ausführung begriffenen Unterdrückungsplane der öffentlichen Meinung – daß es die Achtsamkeit jedes vernünftigen Menschen erfordert, diese Schritte zu verfolgen und einen bedeutenden Schluß aus diesen Prämissen zu ziehen." (Novalis an Dietrich von Miltitz am 6. 2. 1799. Ebenda, S. 449.)

121 Johann Wolfgang Goethe: Poetische Werke. Berliner Ausgabe. Bd. 14. Berlin 1961, S. 919.

122 Aus Schleiermachers Leben. In Briefen. Hg. v. Ludwig Jonas, Wilhelm Dilthey. Bd. 3. Berlin 1861, S. 183.

123 Briefe von und an August Wilhelm Schlegel. Ges. u. erl. v. Josef Körner. Zürich-Leipzig-Wien 1929, S. V–VI.

124 Friedrich Schlegel: Vorlesungen über die neuere Geschichte. In: KA, Bd. 7, S. 389–390.

125 Novalis: Werke. Briefe. Dokumente. Hg. v. Ewald Wasmuth. Bd. 4. Heidelberg 1954, S. 75–76; vgl. ebenda, S. 92–93.

126 Ebenda, S. 91, S. 90, S. 85–86.

127 Ebenda, S. 128–129.

128 Ebenda, S. 83.

129 Ebenda, S. 423.

130 Friedrich Schlegel: KA, Bd. 18, S. 244.

131 Novalis: Werke. Briefe. Dokumente. Hg. v. Ewald Wasmuth. Bd. 4. Heidelberg 1954, S. 439, S. 438.

132 Ebenda, S. 289.

133 Ebenda, S. 379.

134 Franz Mehring: Gesammelte Schriften. Hg. v. Thomas Höhle, Hans Koch, Josef Schleifstein. Bd. 10. Berlin 1961., S. 285.

135 MEW, Bd. 3, S. 443.

136 Vgl. dazu: Fritz Valjavec: Die Entstehung der politischen Strömungen in Deutschland 1770–1815. München 1951, S. 77–81.

137 W. I. Lenin: Werke. Bd. 1. Berlin 1961, S. 435.

138 Friedrich Schlegel: KA, Bd. 18, S. 330.

139 MEW, Bd. 28, S. 27.

140 Ebenda, Bd. 31, S. 76.

141 Ebenda, Bd. 3, S. 177, S. 458.

142 Kuczynski, Bd. 34, S. 60.

143 MEW, Bd. 4, S. 339.
144 Ebenda, Bd. 2, S. 250–251.
145 Kuczynski, Bd. 34, S. 139.
146 Ebenda, S. 61.
147 MEW, Bd. 8, S. 9–10.
148 Ebenda, Bd. 4, S. 472.
149 Ebenda, Bd. 3, S. 449, S. 457. Vgl. auch: MEW, Bd. 19, S. 193: „Um diese Zeit (um die Wende des 18. zum 19. Jahrhundert – G. H.) aber war die kapitalistische Produktionsweise, und mit ihr der Gegensatz von Bourgeoisie und Proletariat, noch sehr unentwickelt. Die große Industrie, in England eben erst entstanden, war in Frankreich noch unbekannt. Aber erst die große Industrie entwickelt einerseits die Konflikte, die eine Umwälzung der Produktionsweise, eine Beseitigung ihres kapitalistischen Charakters, zur zwingenden Notwendigkeit erheben [. . .]; und sie entwickelt andrerseits in eben diesen riesigen Produktivkräften auch die Mittel, diese Konflikte zu lösen. Waren also um 1800 die der neuen Gesellschaftsordnung entspringenden Konflikte erst im Werden begriffen, so gilt dies noch weit mehr von den Mitteln ihrer Lösung."
150 Friedrich Engels am 19. 2. 1892 an August Bebel. In: MEW, Bd. 38, S. 281.
151 Ebenda, B. 4, S. 346.
152 Ebenda, Bd. 3, S. 178.
153 Ebenda, Bd. 4, S. 50.
154 Ebenda, Bd. 18, S. 591.
155 Ebenda, Bd. 4, S. 311.
156 Ebenda, Bd. 18, S. 592.
157 Ebenda, Bd. 4, S. 45.
158 Vgl. Kuczynski, Bd. 1, S. 23–29, S. 78–79.
159 Ebenda, Bd. 18, S. 29, S. 35–42.
160 MEW, Bd. 35, S. 128–129.
161 Kuczynski, Bd. 1, S. 19.
162 Vgl. dazu: Jürgen Kuczynski: Geschichte der Lage der Arbeiter in Deutschland 1789–1870. Berlin 1954, S. 38.
163 MEW, Bd. 2, S. 580–582.
164 Ebenda, Bd. 8, S. 8.
165 Vgl. dazu: Heinrich Scheel: Süddeutsche Jakobiner. Klassenkämpfe und republikanische Bestrebungen im deutschen Süden Ende des 18. Jahrhunderts. Berlin 1962, S. 14–34, S. 43–51, S. 61–71, S. 99–145, S. 149–191.
166 Friedrich Schlegel und Novalis. Biographie einer Romantikerfreundschaft in Briefen. Hg. v. Max Preitz. Darmstadt 1957, S. 43.

167 Vgl. dazu: W. I. Lenin: Werke. Bd. 7, S. 381.

168 Im Vorwort zu: Krisenjahre der Frühromantik. Briefe aus dem Schlegelkreis. Hg. v. Josef Körner. 3 Bde. Brünn–Wien–Leipzig 1935. Bd. I. Brünn–Wien–Leipzig 1936, S. XII.

169 Vgl. Novalis' Brief an Friedrich Schlegel am 20. 8. 1793, in dem sich Novalis zu einer irdischen Bestimmung, seinem Platz im täglichen Leben bekennt. (In: Friedrich Schlegel und Novalis. Biographie einer Romantikerfreundschaft in Briefen. Darmstadt 1957, S. 39–41).

Vgl. ferner: Gerhard Schulz: Die Berufslaufbahn Friedrich von Hardenbergs. In: Jahrbuch der deutschen Schillergesellschaft. Bd. 7. Stuttgart 1963. – Ansonsten geben die Briefwechsel der Romantiker darüber Auskunft, in welcher ständigen materiellen Not sie existierten. Die Sorge um den dauernd gefährdeten Lebensunterhalt ist neben den literarischen und philosophischen Themen bis an ihr Lebensende vordringlicher Gegenstand der Briefwechsel. Die Klagen über Schulden und mahnende Gläubiger reißen nie ab. August Wilhelm Schlegel mußte während seines Aufenthalts bei Frau von Staël von den Spenden seiner adligen Gönnerin bisweilen den ganzen Kreis unterhalten (vgl. Krisenjahre der Frühromantik), und seinen Bruder Friedrich bereits zu der Zeit, als er – August Wilhelm – noch Hauslehrer in einem reichen konservativen holländischen Kaufmannshaus war (vgl. Friedrichs ständige Bettel- und Drohbriefe bei Walzel, Friedrich Schlegels Briefe an seinen Bruder August Wilhelm). Vgl. auch das Leben der Sophie Bernhardi-Tieck und ihres ganzen Anhangs bei einer italienischen Herzogin, von der sie dann auch zur Konversion bestimmt wird (Krisenjahre der Frühromantik. Bd. I).

170 Karl Kautsky: Franz Mehring. Zit. nach: W. I. Lenin: Werke. Bd. 7. Berlin 1964, S. 266–267.

171 Vgl. dazu Lenins zahlreiche Analysen der objektiven historischen Stellung des Kleinbürgertums, z. B. in: Werke. Bd. 2. Berlin 1971, S. 218, S. 338; Bd. 32, S. 288–289, S. 374, S. 376; Bd. 1, S. 259.

Vgl. auch Lenin über die historische Rolle der Intelligenz, die Ähnlichkeit ihrer Daseinsweise mit der kleinbürgerlichen Existenz (z. B. Werke. Bd. 7. Berlin 1964, S. 266–267) und die eigentümlich wankelmütige, aus der Position des Kleinproduzenten folgende Zwischenstellung, die sie weitgehend teilt (Werke, Bd. 6, S. 432).

172 MEW, Bd. 29, S. 591.

173 Marx über Sismondi. In: MEW, Bd. 26/3, S. 257.

174 Ebenda, Bd. 19, S. 193–194.

175 Novalis: Schriften. Das philosophische Werk I. Hg. v. Richard Samuel. 2. Aufl. Bd. 2. Stuttgart 1965, S. 593.

176 Friedrich Schlegel: KA, Bd. 18, S. 227.

177 Manfred Buhr/Gerd Irrlitz: Der Anspruch der Vernunft. Die klassische bürgerliche deutsche Philosophie als theoretische Quelle des Marxismus. Teil I. Berlin 1968, S. 134.

178 Ebenda, S. 134–135.

179 MEW, Bd. 20, S. 239–240.

180 Ebenda, Bd. 1, S. 361.

181 Gerd Irrlitz: Einleitung zu: Georg Wilhelm Friedrich Hegel: Politische Schriften. Berlin 1970, S. X.

182 Manfred Buhr/Gerd Irrlitz: Der Anspruch der Vernunft. Die klassische bürgerliche deutsche Philosophie als theoretische Quelle des Marxismus. Teil I. Berlin 1968, S. 135.

183 Hans-Dietrich Dahnke: Literarische Prozesse in der Periode von 1789 bis 1806. In: WB 17 (1971) 11, S. 48.

184 MEW, Bd. 3, S. 457.

185 Ebenda, Bd. 2, S. 568.

186 Ebenda, S. 130.

187 Friedrich Schlegel: KA, Bd. 18, S. 293.

188 Ebenda, S. 371.

189 Ebenda, S. 302.

190 Ebenda, Bd. 18, S. 22.

191 Ebenda, S. 57.

192 Ebenda, Bd. 2, S. 86, S. 247.

193 MEW, Bd. 2, S. 123–124.

194 Edmund Burke: Betrachtungen über die französische Revolution. Frankfurt a. M. 1967, S. 266, S. 287. – Vgl. dazu, wie Marx später anhand der Erklärung der Menschenrechte von 1793 die Halbheit der politischen Emanzipation nachweist, die nur die Emanzipation der Besitzenden ist (Karl Marx: Zur Judenfrage. In: MEW, Bd. 1, S. 362–370).

195 Friedrich Schlegel: KA, Bd. 2, S. 366.

196 Ebenda, S. 211.

197 Ebenda, S. 23.

198 Ebenda, S. 259.

199 Ebenda.

200 MEW, Bd. 36, S. 600.

201 Ebenda, Bd. 4, S. 487.

202 Ebenda, Bd. 37, S. 412.

203 Zit. nach: Novalis: Auswahl aus seinen Schriften. Mit einem Geleitwort von Ludwig Tieck. Hg. v. Hans Hahn. Berlin 1912, S. 67–68.

204 MEW, Bd. 4, S. 17.

205 Ebenda, Bd. 3, S. 179.

206 Franz Mehring: Gesammelte Schriften. Hg. v. Thomas Höhle, Hans Koch, Josef Schleifenstein. Bd. 15. Berlin 1966, S. 116.

207 Ebenda, Bd. 10. Berlin 1961, S. 77.

208 Vgl. das Kapitel: Zur Geschichtsphilosophie der deutschen Frühromantik. S. 127–129 dieses Buches.

209 Der Briefwechsel zwischen Schiller und Goethe. Hg. v. Hans Gerhard Gräf u. Albert Leitzmann. Bd. I. Leipzig o. J., S. 6.

210 MEW, Bd. 2, S. 167.

211 Friedrich Schlegel: KA, Bd. 2, S. 15.

212 Georg Wilhelm Friedrich Hegel: Vorlesungen über die Geschichte der Philosophie. In: Sämtliche Werke. Jubiläumsausgabe in 20 Bänden. Hg. v. Hermann Glockner. Bd. 19. Stuttgart 1959, S. 639.

213 Ebenda, S. 534, S. 550.

214 Ebenda, S. 591–592.

215 Ebenda, S. 611.

216 Ebenda, S. 644.

217 Vgl. dazu Ludwig Tieck schon 1797: „Die Kunst ist eine verführerische, verbotene Frucht: wer einmal ihren innersten, süßesten Saft geschmeckt hat, der ist unwiederbringlich verloren für die tätige lebendige Welt. Immer enger kriecht er in einen selbsteigenen Genuß hinein, und seine Hand verliert ganz die Kraft, sich einem Nebenmenschen wirkend entgegenzustrecken. – Die Kunst ist ein täuschender, trüglicher Aberglaube: wir meinen in ihr die letzte, innerste Menschheit selbst vor uns zu haben, und doch schiebt sie uns immer nur ein schönes Werk des Menschen unter, worin alle die eigensüchtigen, sich selber genügenden Gedanken und Empfindungen abgesetzt sind, die in der tätigen Welt unfruchtbar und unwirksam bleiben." (In: Wilhelm Heinrich Wackenroder: Werke und Briefe. 2 Bde. Hg. v. Friedrich von der Leyen. Bd. I. Jena 1910, S. 275. Vgl. weiter bis S. 277, wo er die Gefahren frühromantischer Kunstauffassung ausmalt).

218 Der Briefwechsel zwischen Schiller und Goethe. Hg. v. Hans Gerhard Gräf u. Albert Leitzmann. Bd. I. Leipzig o. J., S. 194 bis 195, S. 183.

219 Franz Mehring: Aufsätze zur deutschen Literaturgeschichte. Leipzig o. J., S. 34–35.

220 Novalis: Schriften. Das philosophische Werk II. Hg. v. Richard Samuel. 2. Aufl. Bd. 3. Stuttgart 1968, S. 646, S. 638.

221 Friedrich Schlegel: KA, Bd. 2, S. 145.

222 Ebenda, S. 144.

223 Friedrich Schlegel: KA, Bd. 11, S. 156.

224 Vgl. Schillers Beschreibung der romantischen Poesie im Brief an Goethe vom 14. 9. 1797: „Aus Verzweiflung, die empirische Natur, womit er umgeben ist, nicht auf eine ästhetische reduzieren zu können, verläßt der neuere Künstler von lebhafter Phantasie und Geist sie lieber ganz und sucht bei der Imagination Hilfe gegen die Empirie, gegen die Wirklichkeit. Er legt einen poetischen Gehalt in sein Werk, das sonst leer und dürftig wäre, weil ihm derjenige Gehalt fehlt, der aus den Tiefen des Gegenstandes geschöpft werden muß." (In: Der Briefwechsel zwischen Schiller und Goethe. Hg. v. Hans Gerhard Gräf u. Albert Leitzmann. Bd. I. Leipzig o. J., S. 404).

225 Johann Peter Eckermann: Gespräche mit Goethe in den letzten Jahren seines Lebens. Hg. v. Fritz Bergemann. Leipzig 1968, S. 154.

226 Vgl. dazu Mehrings kritischen Vergleich zwischen Fichte und Schiller, der erst recht für die deutsche Frühromantik gilt (Gesammelte Schriften, Bd. 5, S. 110).

227 Alfred Kurella: Deutsche Romantik. In: Internationale Literatur (Deutsche Blätter) 8 (1938) 6, S. 120.

228 Wilhelm Heinrich Wackenroder: Werke und Briefe. Hg. v. Friedrich von der Leyen. Bd. 2. Jena 1910, S. 161.

229 Vgl. hierzu: Werner Krauss/Hans Kortum: Antike und Moderne in der Literaturdiskussion des 18. Jahrhunderts. Berlin 1966; Martin Fontius: Winckelmann und die französische Aufklärung. Berlin 1968; Hans Robert Jauß: Friedrich Schlegels und Friedrich Schillers Replik auf die *Querelle des Anciens et des Modernes.* In: Literaturgeschichte als Provokation. Frankfurt a. M. 1970.

230 Robert Weimann: Gegenwart und Vergangenheit in der Literaturgeschichte. In: WB 16 (1970) 5, S. 34.

231 Friedrich Schiller: Was heißt und zu welchem Ende studiert man Universalgeschichte? In: Werke. Hg. v. R. Boxberger. 10. T. 1. Abt. Berlin-Stuttgart o. J., S. 14, S. 16, S. 14.

232 MEW, Bd. 8, S. 116.

233 Ebenda, S. 117.

234 Ebenda.

235 Friedrich Schlegel: Seine prosaischen Jugendschriften. Hg. v. Jacob Minor. Erster Band. Wien 1882, S. 28.

236 Vgl. Martin Fontius: Winckelmann und die französische Aufklärung. Berlin 1968, S. 13.

237 Ebenda, S. 14.

238 Karl Marx: Grundrisse der Kritik der Politischen Ökonomie. Berlin 1953, S. 75.

239 MEW, Bd. 25, S. 839.

240 Karl Marx: Grundrisse der Kritik der Politischen Ökonomie. Berlin 1953, S. 384.

241 Ebenda, S. 375.

242 Ebenda, S. 387.

243 MEW, Bd. 19, S. 190.

244 Friedrich Schlegel: Seine prosaischen Jugendschriften. Hg. v. Jacob Minor. Erster Band. Wien 1882, S. 23.

245 Ebenda, S. 112.

246 Ebenda, S. 124–125.

247 Karl Marx: Grundrisse der Kritik der Politischen Ökonomie. Berlin 1953, S. 387–388.

248 Friedrich Schlegel: Seine prosaischen Jugendschriften. Hg. v. Jacob Minor. Erster Band. Wien 1882, S. 22.

249 Ebenda, S. 22–23.

250 Ebenda, S. 125.

251 Ebenda.

252 Ebenda, S. 126.

253 Ebenda, S. 164–165.

254 Friedrich Schiller: Über naive und sentimentalische Dichtung. In: Über Kunst und Wirklichkeit. Schriften und Briefe zur Ästhetik. Hg. v. Claus Träger. Leipzig o. J., S. 507.

255 Friedrich Schlegel: Seine prosaischen Jugendschriften Hg. v. Jacob Minor. Erster Band. Wien 1882, S. 22.

256 Ebenda, S. 96.

257 Ebenda.

258 Ebenda, S. 116–117.

259 Ebenda, S. 22.

260 Vgl. ebenda, S. 117–118.

261 Vgl. ebenda, S. 118.

262 Ebenda, S. 120.

263 Vgl. ebenda, S. 121.

264 Ebenda, S. 123–124.

265 Ebenda, S. 124.

266 Ebenda, S. 116.

267 Ebenda, S. 121.

268 Ebenda, S. 117.

269 Vgl. MEW, Bd. 4, S. 467.

270 Friedrich Schlegel: KA, Bd. 18, S. 249.

271 Friedrich Schlegels Briefe an seinen Bruder August Wilhelm. Hg. v. Oskar F. Walzel. Berlin 1890, S. 267.

272 Friedrich Schlegel: KA, Bd. 18, S. 255.

273 Friedrich Schlegel: Seine prosaischen Jugendschriften. Hg. v. Jacob Minor. Erster Band. Wien 1882, S. 77, S. 56, S. 73.

274 Vgl. ebenda, S. 15.

275 Ebenda, S. 156.

276 Ebenda, S. 174.

277 Ebenda, S. 13.

278 Wolfgang Heise: Zur Krise des Klassizismus in Deutschland. In: Hellenische Poleis – Krise – Wandlung – Wirkung. Hg. v. Elisabeth Welskopf. Bd. III. Berlin 1974, S. 1694.

279 Ebenda.

280 Vgl. Karl Marx: Grundrisse der Kritik der Politischen Ökonomie. Berlin 1953, S. 156; vgl. auch: MEW, Bd. 23, S. 189–190.

281 Friedrich Schlegel: Seine prosaischen Jugendschriften. Hg. v. Jacob Minor. Erster Band. Wien 1882, S. 29.

282 MEW, Bd. 26/2, S. 111.

283 Ebenda, Bd. 20, S. 168.

284 Friedrich Schlegel: KA, Bd. 2, S. 189.

285 Ebenda, S. 54.

286 Ebenda, S. 96.

287 Vgl. die Akzentverschiebung zugunsten der nordischen bzw. einheimischen Mythologie in Herders Aufsätzen *Homer, ein Günstling der Zeit* (in: Die Horen. Eine Monatsschrift. Hg. v. Friedrich Schiller. 1795. IX. Stück, S. 53–89) – hier ist er Friedrich Schlegels „gräcomanem" Standpunkt noch sehr nahe – und *Homer und Oßian* (ebenda, X. Stück, S. 86–108) sowie *Iduna, oder der Apfel der Verjüngung* (ebenda, 1796. I. Stück, S. 1–28), wo er die Rückbesinnung auf die nordische Mythologie empfiehlt und sie über die poetische Sagenwelt der Antike stellt. – Vgl. ferner Christian Gottfried Körners Kritik an Friedrich Schlegels Arbeiten über die griechische Poesie, dargestellt bei Joseph P. Bauke: Christian Gottfried Körner und Friedrich Schlegel. Ein unbekannter Kommentar Körners zu Schlegels Frühschriften. In: Jahrbuch der deutschen Schillergesellschaft. Bd. 7. Stuttgart 1963.

288 Friedrich Schlegel: KA, Bd. 2, S. 195.

289 Vgl. ebenda, S. 233; Bd. 14, S. 60.

290 Ebenda, Bd. 4, S. 149, S. 123, S. 156–157, S. 241, S. 259; Bd. 11, S. 27–28, S. 55–56; Bd. 14, S. 5, S. 235.

291 Vgl. dazu: Franz Mehring: Gesammelte Schriften. Hg. v. Thomas Höhle, Hans Koch, Josef Schleifstein. Bd. 5. Berlin 1964, S. 5–6, S. 17; ferner: Fritz Valjavec: Die Entstehung der politischen Strömungen in Deutschland 1770–1815. München 1951, S. 40–41 (über die Rolle der alten Reichsstände); Heinz Stolpe: Die Auffassung des jungen Herder vom Mittelalter. Ein Beitrag zur Geschichte der Aufklärung. Weimar 1955, S. 457–511.

292 Vgl. Goethes Jugendaufsatz von 1772 über das Straßburger Mün-

ster: Von deutscher Baukunst. In: Goethes Sämtliche Werke. Jubiläums-Ausgabe. Hg. v. Eduard von der Hellen. Bd. 33. Stuttgart–Berlin o. J., S. 3–13.

293 Fritz Strich: Deutsche Klassik und Romantik oder Vollendung und Unendlichkeit. Ein Vergleich. 5. Aufl. Bern–München 1962, S. 12; vgl. ferner: Hermann Hettner: Schriften zur Literatur. Berlin 1959, S. 75.

294 Kuczynski, Bd. 10, S. 68.

295 MEW, Bd. 2, S. 502.

296 Ebenda, Bd. 19, S. 193, S. 192.

297 Friedrich Schlegel: KA, Bd. 2, S. 279.

298 Ebenda, Bd. 18, S. 154, S. 228.

299 Ebenda, Bd. 2, S. 58. – Vgl. bereits den Aufsatz *Über die Grenzen des Schönen* von 1795. In: Friedrich Schlegel: Seine prosaischen Jugendschriften. Hg. v. Jacob Minor. Erster Band. Wien 1882, S. 21–23.

300 Friedrich Schlegel: KA, Bd. 2, S. 171. – Charakteristisch ist aber der empfohlene „ironische“ Ausweg, der die Tatsachen beläßt und lediglich ein verändertes Bewußtsein ihnen gegenüber anrät: „Es kömmt also nur darauf an, die Sachen so zu haben, als ob man sie nicht hätte. Noch künstlicher und noch zynischer ist es aber, die Sache so nicht zu habe, als ob man sie hätte.“

301 Ebenda, S. 238–239.

302 Ebenda, S. 243.

303 Vgl. ebenda, S. 234.

304 „Die Konkurrenz und der Kampf der Individuen untereinander erzeugt und entwickelt erst diese Zufälligkeit als solche. In der Vorstellung sind daher die Individuen unter der Bourgeoisieherrschaft freier als früher, weil ihnen ihre Lebensbedingungen zufällig sind; in der Wirklichkeit sind sie natürlich unfreier, weil mehr unter sachliche Gewalt subsumiert.“ (MEW, Bd. 3, S. 76).

305 Friedrich Schlegel: KA, Bd. 2, S. 237.

306 Karl Marx: Grundrisse der Kritik der Politischen Ökonomie. Berlin 1953, S. 80.

307 MEW, Bd. 3, S. 394.

308 Ebenda, S. 395.

309 „Da dem Geld nicht anzusehn, was in es verwandelt ist, verwandelt sich alles, Ware oder nicht, in Geld. Alles wird verkäuflich und kaufbar. Die Zirkulation wird die große gesellschaftliche Retorte, worin alles hineinfliegt, um als Geldkristall wieder herauszukommen. Dieser Alchimie widerstehn nicht einmal Heiligenknochen und noch viel weniger minder grobe res sacrosanctae, extra commercium hominum.“ (MEW, Bd. 23, S. 145–146).

310 Friedrich Schlegel: KA, Bd. 2, S. 365.
311 MEW, Bd. 23, S. 89.
312 Ebenda.
313 Ebenda, S. 174–175.
314 Ebenda, S. 122.
315 Friedrich Schlegel: KA, Bd. 18, S. 189.
316 Ebenda, Bd. 2, S. 331.
317 Ebenda, S. 356.
318 Ebenda, S. 284.
319 Vgl. ebenda, Bd. 18, S. 125, S. 260, S. 444.
320 Ebenda, S. 125, S. 260.
321 Ebenda, Bd. 2, S. 271.
322 Vgl. ebenda, S. 362.
323 Vgl. ebenda, Bd. 18, S. 377, auch S. 273.
324 „Um das Jahr 1800 beginnt die Sturm- und Drangzeit in der Entwicklung der Baumwollspinnerei Sachsens. Es mußte unbedingt Abhilfe gegenüber der englischen Konkurrenz geschaffen werden. Bis 1798 war die Spinnerei (auch die mit Maschinen) Hausindustrie gewesen; jetzt beginnen die Anzeichen einer fabrikmäßigen Großindustrie. [...] In der Tat, die Industrielle Revolution, die Ersetzung der Handarbeit und der Manufaktur durch die Maschinenarbeit und die Fabrik setzte in ganz Deutschland zu Beginn des 19. Jahrhunderts ein, vor allem in der Baumwollspinnerei, in den folgenden Jahrzehnten aber auch in anderen Industrien, zunächst am stärksten in Sachsen und in einzelnen Teilen Preußens, in den folgenden Jahrzehnten aber in ganz Deutschland.“ (Kuczynski, Bd. 18, S. 44–45).
325 MEW, Bd. 32, S. 421.
326 Karl Marx: Grundrisse der Kritik der Politischen Ökonomie. Berlin 1953, S. 80.
327 Ebenda, S. 368.
328 W. I. Lenin: Werke. Bd. 3. Berlin 1971, S. 186.
329 „Aber eben weil persönliche Abhängigkeitsverhältnisse die gegebne gesellschaftliche Grundlage bilden, brauchen Arbeiten und Produkte nicht eine von ihrer Realität verschiedne phantastische Gestalt anzunehmen. Sie gehn als Naturaldienste und Naturalleistungen in das gesellschaftliche Getriebe ein. Die Naturalform der Arbeit, ihre Besonderheit, und nicht, wie auf Grundlage der Warenproduktion, ihre Allgemeinheit, ist hier ihre unmittelbar gesellschaftliche Form. Die Fronarbeit ist ebensogut durch die Zeit gemessen wie die Waren produzierende Arbeit, aber jeder Leibeigne weiß, daß es ein bestimmtes Quantum seiner persönlichen Arbeitskraft ist, die er im Dienst seines Herrn verausgabt. Der dem Pfaffen

zu leistende Zehnten ist klarer als der Segen des Pfaffen. Wie man daher immer die Charaktermasken beurteilen mag, worin sich die Menschen hier gegenübertreten, die gesellschaftlichen Verhältnisse der Personen in ihren Arbeiten erscheinen jedenfalls als ihre eignen persönlichen Verhältnisse und sind nicht verkleidet in gesellschaftliche Verhältnisse der Sachen, der Arbeitsprodukte." (MEW, Bd. 23, S. 91–92).

330 Karl Marx: Grundrisse der Kritik der Politischen Ökonomie. Berlin 1953, S. 386.

331 MEW, Bd. 23, S. 93.

332 Ebenda, Bd. 2, S. 238–239.

333 Mit der Aufhebung der Leibeigenschaft auf deutschem Gebiet im Gefolge der Französischen Revolution und der preußischen Reformen entledigten sich die Feudalherren auch bestimmter minimaler sozialer Verpflichtungen, die sie den Bauern gegenüber während der Dauer der Leibeigenschaft hatten. Vgl. dazu: Hans Mottek: Wirtschaftsgeschichte Deutschlands. Ein Grundriß. Berlin 1969, S. 22–30. – Vgl. ferner Friedrich Engels' Vergleich zwischen der sozialen Lage des Leibeigenen und der des freien Lohnarbeiters, der – was die soziale Sicherheit und die Geborgenheit vor äußerster Not betrifft – zugunsten des Leibeigenen ausfällt (MEW, Bd. 2, S. 404–405). Marx schildert im *Kapital* die Zwiespältigkeit der Freisetzung der Individuen durch die bürgerlich-kapitalistische Entwicklung: „Somit erscheint die geschichtliche Bewegung, die die Produzenten in Lohnarbeiter verwandelt, einerseits als ihre Befreiung von Dienstbarkeit und Zunftzwang [...] Andrerseits aber werden diese Neubefreiten erst Verkäufer ihrer selbst, nachdem ihnen alle ihre Produktionsmittel und alle durch die feudalen Einrichtungen gebotnen Garantien ihrer Existenz geraubt sind." (Ebenda, Bd. 23, S. 743).

334 Ebenda, Bd. 23, S. 93. – Engels schreibt: „Vor der kapitalistischen Produktion, also im Mittelalter, bestand allgemeiner Kleinbetrieb auf Grundlage des Privateigentums der Arbeiter an ihren Produktionsmitteln: der Ackerbau der kleinen, freien oder hörigen Bauern, das Handwerk der Städte. Die Arbeitsmittel – Land, Ackergerät, Werkstatt, Handwerkszeug – waren Arbeitsmittel des einzelnen, nur für den Einzelgebrauch berechnet, also notwendig kleinlich, zwerghaft, beschränkt. Aber sie gehörten eben deshalb auch in der Regel den Produzenten selbst. Diese zersplitterten, engen Produktionsmittel zu konzentrieren, auszuweiten, sie in die mächtig wirkenden Produktionshebel der Gegenwart umzuwandeln, war gerade die historische Rolle der kapitalistischen Produktionsweise und ihrer Trägerin, der Bourgeoisie. [...] Aber die Bour-

geoisie [...] konnte jene beschränkten Produktionsmittel nicht in gewaltige Produktionskräfte verwandeln, ohne sie aus Produktionsmitteln des einzelnen in gesellschaftliche, nur von einer Gesamtheit von Menschen anwendbare Produktionsmittel zu verwandeln. [...] Und wie die Produktionsmittel, so verwandelte sich die Produktion selbst aus einer Reihe von Einzelhandlungen in eine Reihe gesellschaftlicher Akte und die Produkte aus Produkten einzelner in gesellschaftliche Produkte. [...] Mitten in die naturwüchsige, planlose Teilung der Arbeit, wie sie in der ganzen Gesellschaft herrschte, stellte sie die planmäßige Teilung der Arbeit, wie sie in der einzelnen Fabrik organisiert war; neben die Einzelproduktion trat die gesellschaftliche Produktion." (Ebenda, Bd. 19, S. 211 bis 212).

335 Ebenda, Bd. 23, S. 102.

336 W. I. Lenin: Werke. Bd. 3. Berlin 1971, S. 47.

337 Vgl. ebenda.

338 Karl Marx: Grundrisse der Kritik der Politischen Ökonomie. Berlin 1953, S. 80.

339 Vgl. W. I. Lenin: Werke. Bd. 2. Berlin 1971, S. 149, S. 159, S. 173, S. 195, S. 198, S. 214, S. 216.

340 Ebenda, S. 240.

341 Ebenda, S. 244.

342 MEW, Bd. 32, S. 541.

343 Schiller hatte in seiner Schrift *Über die ästhetische Erziehung des Menschen in einer Reihe von Briefen,* insbesondere im sechsten Brief, die nachteiligen Folgen der Arbeitsteilung eindrucksvoll beschrieben, die das Ganze der menschlichen Kräfte und Anlagen zerstückt und den Menschen zu einem bloßen Bruchstück und mechanischen Abdruck seiner jeweiligen fragmentarischen Tätigkeit macht. Aber er war dabei nicht stehengeblieben, sondern hatte den „Antagonism" der menschlichen Kräfte als „das große Instrument der Kultur", als für den geschichtlichen Fortschritt notwendig erkannt. Schiller hatte Gedanken verarbeitet, die er aus dem Studium von Adam Fergusons *Abhandlung über die Geschichte der bürgerlichen Gesellschaft* (1767; vgl. besonders den IV. Teil: Über die Folgen, die sich aus dem Fortschreiten bürgerlicher und gewerblicher Künste ergeben) gewonnen hatte.

344 In: *Die Lehrlinge zu Sais.* Zit. nach: Weltanschauung der Frühromantik. Hg. v. Paul Kluckhohn. Leipzig 1932, S. 24 (Deutsche Literatur in Entwicklungsreihen. Reihe Romantik. Bd. 5).

345 MEW, Bd. 3, S. 52.

346 Karl Marx: Grundrisse der Kritik der Politischen Ökonomie. Berlin 1953, S. 397.
347 MEW, Bd. 23, S. 390.
348 Ebenda.
349 Kuczynski, Bd. 23, S. 167, S. 105.
350 MEW, Bd. 23, S. 380.
351 Ebenda, Bd. 36, S. 168.
352 Ebenda, Bd. 23, S. 375.
353 Ebenda, S. 377.
354 Karl Marx: Grundrisse der Kritik der Politischen Ökonomie. Berlin 1953, S. 374.
355 „Die Produktionsmittel verwandeln sich sofort in Mittel zur Einsaugung fremder Arbeit. Es ist nicht mehr der Arbeiter, der die Produktionsmittel anwendet, sondern es sind die Produktionsmittel, die den Arbeiter anwenden. Statt von ihm als stoffliche Elemente seiner produktiven Tätigkeit verzehrt zu werden, verzehren sie ihn als Ferment ihres eignen Lebensprozesses, und der Lebensprozeß des Kapitals besteht nur in seiner Bewegung als sich selbst verwertender Wert." (MEW, Bd. 23, S. 329. Vgl. auch ebenda, S. 169).
356 W. I. Lenin: Werke. Bd. 3. Berlin 1971, S. 207.
357 Ebenda, S. 464–465, S. 617.
358 MEW, Bd. 20, S. 272.
359 Ebenda, Bd. 23, S. 381–382.
360 Ebenda, Bd. 20, S. 272. Vgl. auch: Franz Mehring: Gesammelte Schriften. Hg. v. Thomas Höhle, Hans Koch, Josef Schleifstein. Bd. 5. Berlin 1964, S. 8.
361 MEW, Bd. 16, S. 144.
362 Ebenda, Bd. 25, S. 828.
363 Ebenda. – In neuerer Zeit haben sich Vertreter revisionistischer Auffassungen auf dieses Marxwort berufen und, indem sie die entscheidende Ergänzung wegließen – daß nämlich die materielle Produktion immer notwendige Voraussetzung der Existenz der menschlichen Gesellschaft bleiben wird –, Thesen entwickelt, die an die der Romantik anknüpfen. Materielle Produktion wird durch künstlerische ersetzt, womit nicht nur die Träger der Geschichte wechseln, sondern damit wird vor allem der dialektische Determinismus der marxistisch-leninistischen Geschichtsauffassung angegriffen.
364 Georg Wilhelm Friedrich Hegel: Sämtliche Werke. Glockner-Ausgabe. Bd. 20. Stuttgart 1958, S. 159, S. 196, S. 157, S. 196, S. 141.
365 Vgl. dazu: Gerd Irrlitz: Einleitung zu: Georg Wilhelm Friedrich Hegel: Vorlesungen über die Geschichte der Philosophie. Bd. I. Leipzig 1971, S. 52.

366 MEW, Bd. 4, S. 465. – Im *Kapital* analysiert Marx diesen Prozeß so: „Die moderne Industrie betrachtet und behandelt die vorhandne Form eines Produktionsprozesses nie als definitiv. Ihre technische Basis ist daher revolutionär, während die aller früheren Produktionsweisen wesentlich konservativ war. Durch Maschinerie, chemische Prozesse und andre Methoden wälzt sie beständig mit der technischen Grundlage der Produktion die Funktionen der Arbeiter und die gesellschaftlichen Kombinationen des Arbeitsprozesses um. Sie revolutioniert damit ebenso beständig die Teilung der Arbeit im Innern der Gesellschaft und schleudert unaufhörlich Kapitalmassen und Arbeitermassen aus einem Produktionszweig in den andern. Die Natur der großen Industrie bedingt daher Wechsel der Arbeit, Fluß der Funktion, allseitige Beweglichkeit des Arbeiters." (Ebenda, Bd. 23, S. 510–511).

367 W. I. Lenin: Werke. Bd. 2. Berlin 1971, S. 166.

368 Ebenda, Bd. 3, S. 316.

369 Ebenda, S. 46–47.

370 Vgl. Adam Müller: Elemente der Staatskunst. Bd. 1. Jena 1922, S. 272.

371 Vgl. ebenda, S. 265; vgl. auch: Friedrich Schlegel: KA, Bd. 18, S. 501: „Bei einer wahren Revoluzion sollte man nicht die Güter der Geistlichen und Adlichen sondern der Wechselhändler confisciren, die andern Händler alle in Dienst des Staats nehmen."

372 W. I. Lenin: Werke. Bd. 2. Berlin 1971, S. 210–211.

373 Vgl. Wilhelm Heinrich Wackenroder: Werke und Briefe. Hg. v. Friedrich von der Leyen. Bd. II. Jena 1910, S. 12–13.

374 Ebenda, Bd. I, S. 17.

375 Vgl. ebenda, S. 108–109.

376 Ebenda, S. 115.

377 Vgl. als repräsentativ: Karl Jaspers: Die geistige Situation der Zeit. 4. Aufl. Berlin 1932; Hans Freyer: Die Theorie des gegenwärtigen Zeitalters. Stuttgart 1956.

378 Wilhelm Heinrich Wackenroder: Werke und Briefe. Hg. v. Friedrich von der Leyen. Bd. I. Jena 1910, S. 59–60.

379 Krisenjahre der Frühromantik. Briefe aus dem Schlegelkreis. Hg. v. Josef Körner. Bd. I. Brünn–Wien–Leipzig 1936, S. 58–60.

380 „Man schildert und denkt sich das Mittelalter oft wie eine Lücke in der Geschichte des menschlichen Geistes, wie einen leeren Raum zwischen der Bildung des Altertums, und der Aufklärung der neuern Zeiten. Man läßt Kunst und Wissenschaft auf der einen Seite völlig untergehen, um sie dann nach einer langen tausendjährigen Nacht desto herrlicher mit einemmale wie aus

Nichts emporsteigen zu lassen. Dieses ist aber in einer zwiefachen Rücksicht falsch, einseitig, und nicht richtig. Das Wesentliche von der Bildung und den Kenntnissen des Altertums ist nie ganz untergegangen, und vieles von dem Besten und Edelsten, was die neuern Zeiten hervorgebracht haben, ist im Mittelalter und aus dem Geiste desselben entsprungen." (Friedrich Schlegel: KA, Bd. 6, S. 170).

381 Vgl. ebenda, Bd. 7, S. 266–268.

382 Ebenda, Bd. 14, S. 143.

383 Ebenda, S. 145.

384 Vgl. Novalis: Die Christenheit oder Europa. In: Schriften. Hg. v. Richard Samuel. Bd. III. Stuttgart 1968, S. 507–524; Friedrich Schlegel: KA, Bd. 14, S. 161–162; vgl. seine immer erneuerte Glorifizierung Karls V. ebenda, Bd. 7, S. 189–193, S. 284–289. – Vgl. dagegen Franz Mehring über die konservative Rolle Karls V. in: Gesammelte Schriften. Hg. v. Thomas Höhle, Hans Koch, Josef Schleifstein. Bd. 5. Berlin 1964, S. 33, S. 44.

385 Vgl. dagegen die Tendenzen in Goethes Aufsatz *Kunst und Altertum am Rhein und Main.* In: Poetische Werke. Berliner Ausgabe. Bd. 15. Berlin 1962, S. 537–624.

386 Das unterscheidet die deutsche Romantik von parallelen ideologischen Erscheinungen in anderen europäischen Ländern, wo die Sache der Nation identisch war mit sozialem Fortschritt. Diese Einheit von nationalem und sozialem Befreiungskampf gab der Romantik in Italien und Polen die überwiegend progressiven Züge. Die deutsche Bourgeoisie sah größtenteils in Napoleon nur den Okkupanten im Dienst ihrer Rivalin, der französischen Großbourgeoisie. Sie hatte selbst eine echt bourgeoise Furcht vor seinem Eroberungsstreben. Sie wußte nur wiederum mit der Reaktion zu paktieren, die dann das Volk um die Früchte seines Sieges prellte.

387 Franz Mehring: Gesammelte Schriften. Hg. v. Thomas Höhle, Hans Koch, Josef Schleifstein. Bd. 10. Berlin 1961, S. 331.

388 Friedrich Engels schreibt über Napoleons Rolle für die soziale Entwicklung Deutschlands in *Deutsche Zustände:* „Napoleon war Deutschland gegenüber nicht der willkürliche Despot, der er nach Ansicht seiner Feinde gewesen sein soll; in Deutschland war Napoleon der Repräsentant der Revolution, der Verkünder ihrer Grundsätze, der Zerstörer der alten feudalen Gesellschaft. Er ging natürlich despotisch vor, aber nicht halb so despotisch wie die Deputierten des Konvents es getan haben würden und wirklich taten, wohin sie auch kamen; nicht halb soviel wie die Fürsten und Adligen zu tun pflegten, die er an den Bettelstab brachte. Napoleon wandte die Schreckensherrschaft, die in Frankreich ihr Werk getan hatte, in der Form des Krie-

ges auf andere Länder an – und diese ‚Schreckensherrschaft' war in Deutschland dringend notwendig. Napoleon liquidierte das Heilige Römische Reich und verminderte die Zahl der Kleinstaaten in Deutschland durch die Bildung größerer Staaten. Er brachte sein Gesetzbuch in die eroberten Länder mit, ein Gesetzbuch, das allen bestehenden unendlich überlegen war und die Gleichheit im Prinzip anerkannte. Er zwang die Deutschen, die bis dahin nur für Privatinteressen gelebt hatten, ihre Kräfte für die Durchführung einer großen Idee überwältigender gesellschaftlicher Interessen einzusetzen." – Engels betont hier vor allem die progressiven Seiten der historischen Rolle Napoleons für Deutschland. Aber diese progressiven Seiten darf man nicht vergessen, wenn man die Zwiespältigkeit der romantischen Haltung zu Napoleon beurteilen will. (MEW, Bd. 2, S. 568–569).

389 Franz Mehring: Gesammelte Schriften. Hg. v. Thomas Höhle, Hans Koch, Josef Schleifstein. Bd. 10. Berlin 1961, S. 331.

390 Johann Ludwig Tieck: Kritik und deutsches Bücherwesen. Ein Gespräch. Zit. nach: Hermann Hettner: Schriften zur Literatur. Berlin 1959, S. 155.

391 Vgl. den Brief an Goethe vom 7. 7. 1797. In: Der Briefwechsel zwischen Schiller und Goethe. Hg. v. Hans Gerhard Gräf u. Albert Leitzmann. Bd. I. Leipzig o. J., S. 360.

392 Ebenda, S. 359–360.

393 Vgl. ebenda, S. 311–335, S. 344, S. 359, S. 398–399, S. 403–405, S. 455–459.

394 Vgl. ebenda, S. 346.

395 Ebenda, S. 350.

396 Der Briefwechsel zwischen Schiller und Goethe. Bd. II, Leipzig o. J., S. 246.

397 Ebenda, S. 243.

398 Ebenda, S. 118.

399 Rolf-Peter Janz hat auf diesen Zusammenhang zwischen ästhetischer Theorie der deutschen Frühromantik und Fichtes politischen Schriften hingewiesen (Autonomie und soziale Funktion der Kunst. Studien zur Ästhetik von Schiller und Novalis. Stuttgart 1973, S. 109–113).

400 Friedrich Schlegel: KA, Bd. 18, S. 36.

401 Ebenda, S. 235.

402 Johann Gottlieb Fichte: Sämtliche Werke. Hg. v. I. H. Fichte. Bd. 6. Leipzig o. J., S. 335–336.

403 Ebenda, S. 86–87.

404 Ebenda, S. 90.

405 Ebenda, S. 62.

406 Ebenda, S. 320.
407 Ebenda, S. 332.
408 Ebenda, S. 117.
409 Ebenda, S. 11.
410 Ebenda, S. 81–82.
411 Ebenda, S. 84.
412 Friedrich Schlegel: KA, Bd. 2, S. 269.
413 Ebenda, S. 183.
414 Vgl. Johann Gottlieb Fichte: Sämtliche Werke. Hg. v. I. H. Fichte. Bd. 6. Leipzig o. J., S. 98–99, S. 268–269.
415 Vgl. ebenda, S. 314–315.
416 MEW, Ergänzungsband I, S. 557.
417 Johann Gottlieb Fichte: Sämtliche Werke. Hg. v. I. H. Fichte. Bd. 6. Leipzig o. J., S. 16.
418 Vgl. ebenda, S. 103, S. 159, S. 164.
419 Über die französische Nation und ihre Verdienste um die *Wissenschaftslehre* schreibt Fichte in einem Brief, der vermutlich an Jens Immanuel Baggesen gerichtet ist und wahrscheinlich im April 1795 verfaßt wurde: „Mein System ist das erste System der Freiheit; wie jene Nation von den äußern Ketten den Menschen losreißt, reißt mein System ihn von den Fesseln der Dinge an sich, des äußern Einflusses los, und stellt ihn in seinem ersten Grundsatze als selbständiges Wesen hin. Es ist in den Jahren, da sie mit äußerer Kraft die politische Freiheit erkämpften, durch innern Kampf mit mir selbst, mit allen eingewurzelten Vorurteilen entstanden; nicht ohne ihr Zutun; ihr valeur war, der mich noch höher stimmte, und jene Energie in mir entwickelte, die dazu gehörte, um dies zu fassen. Indem ich über diese Revolution schrieb, kamen mir gleichsam zur Belohnung die ersten Winke und Ahndungen dieses Systems." (Johann Gottlieb Fichte: Briefe. Hg. v. Manfred Buhr. Leipzig o. J., S. 112–113).
420 Vgl. MEW, Bd. 2, S. 40–41.
421 Friedrich Schlegel: KA, Bd. 18, S. 135.
422 Ebenda, S. 278.
423 Ebenda, S. 348.
424 Ebenda, S. 56, S. 59.
425 Ebenda, S. 61, S. 65, S. 62.
426 Ebenda, S. 274.
427 Novalis: Logologische Fragmente. In: Schriften. Hg. v. Richard Samuel. 2. erw. Aufl. Stuttgart 1965, S. 529–530. – Vgl. auch Friedrich Schlegels Urteil über Fichte: „Schiller und Humbold pfuschen viel in der Metaphysik, aber sie haben den Kant nicht verdaut, und leiden nun an Indigestion und Kolik. Der grösste

metaphysische Denker, der jetzt lebt, ist ein sehr populärer Schriftsteller. Das kannst Du aus den berühmten Beyträgen sehn, in welchen Rehberg gespießt wird. Vergleiche die hinreißende Beredsamkeit dieses Mannes in den Vorlesungen über die Bestimmung des Gelehrten mit Schillers stylisirten Deklamationsübungen. Er ist ein solcher, nach dem Hamlet vergebens seufzte: jeder Zug seines öffentlichen Lebens scheint zu sagen: dieß ist ein Mann." (Briefe an seinen Bruder August Wilhelm. Hg. v. Oskar F. Walzel. Berlin 1890, S. 235–236). Nach seiner Meinung werde Fichte Kant und Spinoza hinter sich lassen und auch Rousseau übertreffen (ebenda, S. 244). – Vgl. dagegen den späteren Wandel in der Haltung Friedrich Schlegels zu Fichte, den er dann als den Vollender des mit der Reformation im philosophischen Denken aufkommenden Prinzips der Freiheit – der Erbsünde der Neuzeit – erbittert bekämpft (KA, Bd. 6, S. 307, S. 311, S. 358, S. 394, S. 399, S. 412).

428 Johann Gottlieb Fichte: Erste und zweite Einleitung in die Wissenschaftslehre. Hg. v. Fritz Medicus. Leipzig 1920, S. 94–101. „Die intellektuelle Anschauung ist der einzige feste Standpunkt für alle Philosophie. Von ihm aus läßt sich alles, was im Bewußtsein vorkommt, erklären; aber auch nur von ihm aus. Ohne Selbstbewußtsein ist überhaupt kein Bewußtsein; das Selbstbewußtsein ist aber nur möglich auf die angezeigte Weise: ich bin [...] tätig." (Ebenda, S. 50).

Vgl. Heinrich Heines ironisch-geistreiche Erläuterung zu Fichtes „intellektueller Anschauung": „Das Ich soll über seine intellektuellen Handlungen Betrachtungen anstellen, während es sie ausführt. Der Gedanke soll sich selber belauschen, während er denkt, während er allmählich warm und wärmer und endlich gar wird. Diese Operation mahnt uns an den Affen, der am Feuerherde vor einem kupfernen Kessel sitzt und seinen eigenen Schwanz kocht. Denn er meinte: Die wahre Kochkunst besteht nicht darin, daß man bloß objektiv kocht, sondern auch subjektiv des Kochens bewußt wird." (Werke und Briefe. Hg. v. Hans Kaufmann. Bd. 5. Berlin 1961, S. 275). Heines Freude an satirischen Ausflügen hat ihn nicht gehindert, den „kolossalen" Charakter der Fichteschen Philosophie zu begreifen. Voll Hochachtung hat er hervorgehoben, daß im Falle Fichtes nicht nur eine Philosophie, sondern ein Mann, ein unbeugsamer Charakter zu würdigen sei, ohne den diese Philosophie undenkbar wäre, und der Napoleon zur Seite gestellt werden müsse (ebenda, S. 272, S. 276).

429 Johann Gottlieb Fichte: Erste und zweite Einleitung in die Wissenschaftslehre. Hg. v. Fritz Medicus. Leipzig 1920, S. 77.

430 Friedrich Schlegel: KA, Bd. 18, S. 280.

431 Vgl. die Bestrebungen vor allem Johann Elias Schlegels, Lessings und Schillers, die ständischen Schranken zu durchbrechen, die Emanzipation des dritten Standes wenigstens im Drama zu vollziehen und das Theater als Forum bürgerlicher Ideologie zu nutzen.

432 Friedrich Schlegel: KA, Bd. 18, S. 84.

433 Claus Träger: Studien zur Literaturtheorie und vergleichenden Literaturgeschichte. Leipzig 1970, S. 76.

434 Friedrich Schlegel: KA, Bd. 2, S. 155.

435 Ebenda, S. 267.

436 Ebenda, S. 182.

437 Caroline. Briefe aus der Frühromantik. Nach Georg Waitz. Verm. hg. v. Erich Schmidt. Bd. II. Leipzig 1913, S. 501.

438 Aus Schleiermachers Leben in Briefen. Hg. v. Ludwig Jonas, Wilhelm Dilthey. Bd. 3. Berlin 1861, S. 187.

439 August Wilhelm Schlegel an Carl von Hardenberg am 20. 5. 1809. In: Briefe von und an August Wilhelm Schlegel. Ges. u. erl. v. Josef Körner. Zürich–Leipzig–Wien 1929, S. 235.

440 Friedrich Schlegel: KA, Bd. 18, S. 433.

441 Ebenda, S. 473.

442 Ebenda, Bd. 2, S. 323.

443 Ebenda, S. 362.

444 Ebenda, S. 290.

445 Novalis: Werke. Briefe. Dokumente. Hg. v. Ewald Wasmuth. Bd. 4. Heidelberg 1954, S. 375–376.

446 Vgl. MEW, Bd. 21, S. 276.

447 Dieser Terminus wurde von Heine geprägt und zum ersten Mal 1828 in seiner Rezension zu Wolfgang Menzels Werk *Die deutsche Literatur* gebraucht. (Werke und Briefe. Hg. v. Hans Kaufmann. Bd. 4. Berlin 1961, S. 236, S. 246–247). Der Begriff taucht auch in seiner Schrift *Die romantische Schule* auf.
Goethe war sich des Endes der Kunstperiode durchaus bewußt; vgl. seinen Brief an Zelter vom 6. 6. 1825. (In: Goethe-Briefe. Hg. v. Philipp Stein. Bd. 8. Berlin 1905, S. 104).

448 Vgl. Gerd Irrlitz: Einleitung zu: Georg Wilhelm Friedrich Hegel: Politische Schriften. Berlin 1970, S. XIII–XVI.

449 Novalis: Schriften. Bd. II. Stuttgart 1965, S. 534, S. 562; vgl. auch: Friedrich Schlegel: KA, Bd. 2, S. 260, S. 262, S. 268, S. 270.

450 MEW, Bd. 2, S. 89; vgl. auch S. 99, S. 111.

451 Friedrich Schlegel: KA, Bd. 2, S. 151.

452 Johann Gottlieb Fichte: Sämtliche Werke. Hg. v. I. H. Fichte. Bd. 8. Leipzig o. J., S. 276.

453 Friedrich Schlegel: KA, Bd. 2, S. 130–131.

454 Ebenda, S. 263.
455 Ebenda, Bd. 18, S. 203.
456 Ebenda, Bd. 2, S. 152.
457 Ebenda.
458 Ebenda, S. 182–183.
459 Ebenda, S. 186.
460 Ebenda, S. 319.
461 Ebenda, Bd. 18, S. 417.
462 Ebenda, S. 359.
463 Ebenda, Bd. 2, S. 167.
464 Ebenda, S. 160.
465 Ebenda, S. 151.
466 Ebenda, Bd. 18, S. 408.
467 „Eben so wie es eine Gefahr giebt, sich ins Universum zu verliehren, so auch in sich zu versinken. – Ist es möglich, in der Selbständigkeit zu wachsen oder dieselbe zu verliehren? – Selbständigkeit ist gar nicht bloß ein Begriff. Um das Wachsthum zu beurtheilen muß man doch seinen Ursprung und sein Werden wissen. –“ (Ebenda, S. 218).
468 Ebenda, Bd. 2, S. 192.
469 MEW, Bd. 4, S. 358.
470 Vgl. Georg Wilhelm Friedrich Hegel: Philosophie der Weltgeschichte. Teil I (Die Vernunft in der Geschichte). Hg. v. Georg Lasson. Leipzig 1944, S. 32, S. 103, S. 138–143, S. 160, S. 208–209, S. 283; ferner: Ders.: Vorlesungen über die Geschichte der Philosophie. Einleitung. Hg. v. Johannes Hoffmeister. Leipzig 1940, S. 176, S. 227.
471 Vgl. Georg Wilhelm Friedrich Hegel: Sämtliche Werke. Glockner-Ausgabe. 3. Aufl. Bd. 20. Stuttgart 1958, S. 195–196, S. 140–141.
472 Ebenda, Bd. 12, S. 103.
473 Vgl. Friedrich Schlegel: KA, Bd. 18, S. 185, S. 205. – Auch Novalis erklärt: „In heiteren Seelen gibt's keinen Witz. Witz zeigt ein gestörtes Gleichgewicht an; er ist die Folge der Störung und zugleich das Mittel der Herstellung. Den stärksten Witz hat die Leidenschaft. Der Zustand der Auflösung aller Verhältnisse, die Verzweiflung oder das geistige Sterben ist am fürchterlichsten witzig.“ (Novalis: Auswahl aus seinen Schriften. Mit einem Geleitwort von Ludwig Tieck. Hg. v. Hans Hahn. Berlin 1912, S. 66).
474 Vgl. dagegen Hegels dialektische Auffassung von Freiheit und Notwendigkeit (in: Vorlesungen über die Geschichte der Philosophie. Bd. I. Leipzig 1971, S. 116).
475 Friedrich Schlegel: KA, Bd. 2, S. 192.
476 Ebenda, S. 251; ebenda, Bd. 18, S. 89.

477 Georg Wilhelm Friedrich Hegel: Sämtliche Werke. Glockner-Ausgabe Bd. 12. Stuttgart 1953, S. 121

478 Kritisches Journal der Philosophie. Hg. v. Friedrich Wilhelm Joseph Schelling, Georg Wilhelm Friedrich Hegel. Bd. 2. Neudr. Hildesheim 1967, S. 170.

479 Georg Wilhelm Friedrich Hegel: Vorlesungen über die Geschichte der Philosophie. Einleitung. Hg. v. Johannes Hoffmeister. Leipzig 1940, S. 117.

480 Ebenda, S. 234, auch S. 287. – „Zum Wahrhaften kann das Endliche nur werden durch das Versenken in die Substanz; von ihr verschieden gehalten, bleibt es leer, dürftig, für sich bestimmt, ohne inneren Zusammenhang." (Ebenda, S. 268–269).

481 Vgl. Friedrich Schlegel über „Preßfreiheit", die er als eine nichtige „äußere Freiheit" ablehnt. Hier erscheint der politische Pferdefuß der „inneren Freiheit" als einer Freiheit des Gehorsams gegen die Obrigkeit. (KA, Bd. 7, S. 465–467, S. 469).

482 Ebenda, Bd. 18, S. 74.

483 MEW, Bd. 4, S. 284.

484 Friedrich Schlegel: KA, Bd. 18, S. 419, S. 207.

485 Über Chamfort bemerkt Friedrich Schlegel: Er war „im Sinne der Alten mehr Philosoph, als eine ganze Legion trockner Schulweisen. Obgleich er sich anfänglich mit den Vornehmen gemein gemacht hatte, lebte er dennoch frei, wie er auch frei und würdig starb, und verachtete den kleinen Ruhm eines großen Schriftstellers. Er war Mirabeaus Freund. Sein köstlichster Nachlaß sind seine Einfälle und Bemerkungen zur Lebensweisheit; ein Buch voll von gediegenem Witz, tiefem Sinn, zarter Fühlbarkeit, von reifer Vernunft und fester Männlichkeit und von interessanten Spuren der lebendigsten Leidenschaftlichkeit". (Ebenda, Bd. 2, S. 407).

486 Ebenda, S. 404–405.

487 Novalis: Werke. Briefe. Dokumente. Hg. v. Ewald Wasmuth. Bd. 4. Heidelberg 1954, S. 371.

488 Friedrich Schlegel: KA, Bd. 2, S. 159.

489 Frommann an Schleiermacher am 12. 4. 1802. In: Aus Schleiermachers Leben in Briefen. Bd. 3. Berlin 1861, S. 316.

490 Vgl. die Charakteristik von Manier und Talent (in: Johann Peter Eckermann: Gespräche mit Goethe in den letzten Jahren seines Lebens. Leipzig 1968, S. 89). – Am 22. 1. 1798 schrieb August Wilhelm Schlegel an Schleiermacher, daß sein Bruder Friedrich „unaufhörlich seine inneren Reichthümer in allerlei Ungestalten von sich giebt". (Aus Schleiermachers Leben in Briefen. Bd. 3. Berlin 1861, S. 72).

491 Friedrich Schlegels Briefe an seinen Bruder August Wilhelm. Hg. v. Oskar F. Walzel. Berlin 1890, S. 443.
492 Aus Schleiermachers Leben in Briefen. Bd. 3. Berlin 1861, S. 315.
493 Friedrich Schlegel: KA, Bd. 18, S. 221.
494 Aus Schleiermachers Leben in Briefen. Bd. 3. Berlin 1861, S. 71; vgl. auch: Friedrich Schlegel: KA, Bd. 2, S. 209, S. 256.
495 Vgl. Friedrich Schlegel: KA, Bd. 18, S. 93.
496 Carl Schmitt-Dorotic: Politische Romantik. München–Leipzig 1919, S. 121.
497 Friedrich Schlegel: KA, Bd. 2, S. 75.
498 Ebenda, S. 75–76.
499 Ebenda, S. 76.
500 Ebenda, Bd. 18, S. 46–47.
501 Ebenda, S. 92.
502 Johann Gottlieb Fichte: Sämtliche Werke. Hg. v. I. H. Fichte. Bd. 8. Leipzig o. J., S. 277, S. 275, S. 292.
503 Vgl. Heinz Krüger: Studien über den Aphorismus als philosophische Form. Phil.-Diss. Frankfurt a. M. 1956, S. 32.
504 Vgl. Friedrich Schlegel: KA, Bd. 2, S. 112.
505 Ebenda, S. 256.
506 Ebenda, Bd. 18, S. 119.
507 Ebenda, S. 110.
508 „Fichte kann billigerweise nichts übel nehmen, unser Plan ist gänzlich von dem seinigen verschieden, er geht auf das Systematische in Inhalt und Form, wir finden es nicht möglich viele Dinge fürs erste anders als fragmentarisch in die Welt zu bringen, und suchen nur Einheit dem Geist und Streben nach.“ (Aus Schleiermachers Leben in Briefen. Bd. 3. Berlin 1861, S. 183–184). Vgl. ebenda, S. 169.
509 Vgl. Friedrich Schlegel: KA, Bd. 2, S. 226, ferner: Aus Schleiermachers Leben in Briefen. Bd. 3. Berlin 1861, S. 203. – Vgl. auch Novalis' Plan zur „Errichtung eines literärischen, republikanischen Ordens“, über den er in einem Brief vom Dezember 1798 an Friedrich Schlegel berichtet. (Friedrich Schlegel und Novalis. Biographie einer Romantikerfreundschaft in Briefen. Hg. v. Max Preitz. Darmstadt 1957, S. 143, S. 132).
510 Friedrich Schlegel: KA, Bd. 18, S. 147.
511 Novalis: Werke. Briefe. Dokumente. Hg. v. Ewald Wasmuth. Bd. 4. Heidelberg 1954, S. 322.
512 Novalis an Friedrich Schlegel am 26. 12. 1797. In: Biographie einer Romantikerfreundschaft in Briefen. S. 109; Aus Schleiermachers Leben in Briefen. Bd. 3. Berlin 1861, S. 89.
513 Auch Carl Schmitt-Dorotic spricht von der „Promiskuität der

Worte“, gemünzt auf die Mißachtung der Wirklichkeit, die sich auch im Verzicht auf deren Widerspiegelung durch exakte Begriffe ausdrückt, und stellt dem Hegel positiv entgegen. (Politische Romantik. München–Leipzig 1919, S. 73).

514 Aus Schleiermachers Leben in Briefen. Hg. v. Ludwig Jonas, Wilhelm Dilthey. Bd. 1. Berlin 1858, S. 82–83.

515 Friedrich Schlegel: KA, Bd. 2, S. 408.

516 „Frei wie das Leben und wie der frei erschaffene Geist selbst, immer neu und wunderbar biegsam und mannigfaltig und unberechenbar verschiedenartig in der innern Struktur und äußern Gestaltung sind die Wege des denkenden und wissenden Geistes, oder die diesem philosophischen Denken und Wissen eigentümliche Form.“ (Friedrich Schlegel: Philosophische Vorlesungen, insbesondere über Philosophie der Sprache und des Wortes. Wien 1830, S. 2).

517 „Ist aller Witz Prinzip und Organ der Universalphilosophie, und alle Philosophie nichts anderes als der Geist der Universalität, die Wissenschaft aller sich ewig mischenden und wieder trennenden Wissenschaften, eine logische Chemie: so ist der Wert und die Würde jenes absoluten, enthusiastischen, durch und durch materialen Witzes, worin Baco und Leibniz [. . .], jener einer der ersten, dieser einer der größten Virtuosen war, unendlich. Die wichtigsten wissenschaftlichen Entdeckungen sind bonmots der Gattung. Das sind sie durch die überraschende Zufälligkeit ihrer Entstehung, durch das Kombinatorische des Gedankens, und durch das Barocke des hingeworfenen Ausdrucks. Doch sind sie dem Gehalt nach freilich weit mehr als die sich in Nichts auflösende Erwartung des rein poetischen Witzes. Die besten sind echappées de vue ins Unendliche. Leibnizens gesamte Philosophie besteht aus wenigen in diesem Sinne witzigen Fragmenten und Projekten [. . .] Freilich ist die Philosophie erst dann in einer guten Verfassung, wenn sie nicht mehr auf genialische Einfälle zu warten, und zu rechnen braucht, und zwar nur durch enthusiastische Kraft, und mit genialischer Kunst aber doch in sicherer Methode stetig fortschreiten kann. Aber sollen wir die einzigen noch vorhandenen Produkte des synthesierenden Genies darum nicht achten, weil es noch keine kombinatorische Kunst und Wissenschaft gibt? Und wie kann es diese geben, so lange wir die meisten Wissenschaften nur noch buchstabieren wie Quintaner, und uns einbilden, wir wären am Ziel, wenn wir in einem der vielen Dialekte der Philosophie deklinieren und konjugieren können, und noch nichts von Syntax ahnden, noch nicht den kleinsten Perioden konstruieren können?“ (Friedrich Schlegel: KA, Bd. 2, S. 200, auch S. 403).

518 Vgl. ebenda, S. 102.

519 Vgl. ebenda, Bd. 18, S. 69. – „Der Gegenstand des Fragments ist ein philosophisches Individuum, ein lebendiger Gedanke, conceptus. –" (Ebenda, S. 139).

520 Friedrich Schlegel: Seine prosaischen Jugendschriften. Hg. v. Jacob Minor. Erster Band. Wien 1882, S. 63.

521 Friedrich Schlegel definiert seine Fragmente als „Complexus von Hypothesen". (Aus Schleiermachers Leben in Briefen. Bd. 3. Berlin 1861, S. 247).

522 Friedrich Schlegel: KA, Bd. 2, S. 122; vgl. auch: ebenda, Bd. 18, S. 413, S. 418.

523 Ebenda, S. 417.

524 „Es ist schon bemerkt worden, daß Plato nur eine Philosophie, aber kein System gehabt habe; so wie die Philosophie überhaupt mehr ein Suchen, ein Streben nach Wissenschaft als eine Wissenschaft selbst ist, so ist dies besonders mit jener des Plato der Fall. Er ist nie mit seinem Denken fertig geworden und diesen immer weiter strebenden Gang seines Geistes nach vollendetem Wissen und Erkenntnis des Höchsten, dieses ewige Werden, Bilden und Entwickeln seiner Ideen hat er in Gesprächen künstlich darzustellen versucht." (Ebenda, Bd. 11, S. 120).

525 Diese Aspekte kommen auch zum Ausdruck in Friedrich Schlegels bekanntem Athenäums-Fragment über die romantische Poesie als „progressive Universalphilosophie". Der Terminus „progressiv" kennzeichnet den approximativen, fortschreitenden Charakter der Erkenntnis und der Wahrheit. Die „Universalphilosophie" meint die Gesamtansicht der Welt, faßt Welt als sich bewegende, lebendige Totalität und nähert sich einem dialektischen, wenn auch subjektiv-idealistisch begründeten Denken. (Ebenda, Bd. 2, S. 182–183).

526 Ebenda, Bd. 18, S. 100.

527 „Ein Fragment muß gleich einem kleinen Kunstwerke von der umgebenden Welt ganz abgesondert und in sich selbst vollendet sein wie ein Igel." (Ebenda, Bd. 2, S. 197).

528 Der Briefwechsel zwischen Schiller und Goethe. Hg. v. Hans Gerhard Gräf u. Albert Leitzmann. Bd. II. Leipzig o. J., S. 120, S. 241.

529 Ebenda, S. 121.

530 Ebenda, S. 259–260.

531 Vgl. Georg Wilhelm Friedrich Hegel: Phänomenologie des Geistes. Hg. v. Johannes Hoffmeister. Berlin 1964, S. 15, S. 48–50.

532 Dieser Prozeß vollzieht sich auch in Fichtes Denken: An die Stelle des handelnden Selbstbewußtseins tritt ein außer- und

übermenschliches geistiges Wesen, schon verweisend auf Hegels absolute Idee, das nun Subjekt der Geschichte wird und dem das Individuum subsumiert, von dem es bestenfalls ergriffen und so dessen Medium und Künder wird – vgl. dazu den Wandel von *Über die Bestimmung des Gelehrten* zu *Über das Wesen des Gelehrten* (Sämtliche Werke. Hg. v. I. H. Fichte. Bd. 6. Leipzig o. J., S. 356, S. 412, S. 418–419, S. 427) sowie die verschiedenen Fassungen der *Wissenschaftslehre*. – Heine schreibt in *Zur Geschichte der Religion und Philosophie in Deutschland* (Werke und Briefe. Bd. 5. Berlin 1961, S. 293–294) über den späten Fichte: „Ich habe oben gezeigt, wie die Fichtesche Philosophie, aus den dünnsten Abstraktionen aufgebaut, dennoch eine eiserne Unbeugsamkeit in ihren Folgerungen, die bis zur verwegensten Spitze emporstiegen, kundgab. Aber eines frühen Morgens erblicken wir in ihr eine große Veränderung. Das fängt an zu blümeln und zu flennen und wird weich und bescheiden. Aus dem idealistischen Titanen, der auf der Gedankenleiter den Himmel erklettert und mit kecker Hand in dessen leere Gemächer herumgetastet, der wird jetzt etwas gebückt Christliches, das viel von Liebe seufzt. Solches ist nun die zweite Periode von Fichte [. . .] Sein ganzes System erleidet die befremdlichsten Modifikationen." Dieser Zug entging auch den Zeitgenossen nicht. Am 27. 7. 1801 schrieb Caroline an August Wilhelm Schlegel: „Was Du von Fichte sagst – und was noch jemand anders von ihm gesagt hat – das ist eben auch u n s r e kühne Meinung, die wir uns aber manchmal selbst wieder ausreden und überhaupt vorsichtig damit umgehn. Er hat seine Simsonslocken mit dem Catheder verlohren." (Caroline. Briefe aus der Frühromantik. Nach Georg Waitz. Verm. hg. v. Erich Schmidt. Bd. II. Leipzig 1913, S. 208). – Vgl. auch Marheinecke an Schleiermacher am 9. 8. 1805 über die objektive Tendenz in der *Wissenschaftslehre:* „[. . .] der Platon tritt in jeder Stunde unverkennbar bei ihm hervor." (Aus Schleiermachers Leben in Briefen. Bd. 4. Berlin 1862, S. 116).

533 Das spiegelt sich in der romantischen Literatur wider, in der die Inaktivität als Leitmotiv erscheint, von Friedrich Schlegels *Idylle über den Müßiggang* in der *Lucinde* bis zu Eichendorffs *Taugenichts*.

534 Vgl. Heinrich Heine: Die Romantische Schule. In: Werke und Briefe. Hg. v. Hans Kaufmann. Bd. 5. Berlin 1961, S. 49; vgl. Goethes Brief an Zelter vom 16. 12. 1817. In: Goethe-Briefe. Hg. v. Philipp Stein. Bd. 7. Berlin 1905, S. 153.

535 Friedrich Wilhelm Josef Schelling: Frühschriften. Hg. v. Helmut Seidel, Lothar Kleine. Bd. I. Berlin 1971, S. 335

536 Ebenda, S. 338–339.
537 Schellings Werke. Hg. v. Manfred Schröter. Bd. II. München 1927, S. 723.
538 Novalis: Schriften. Bd. III. Stuttgart 1968, S. 521.
539 MEW, Bd. 21, S. 295.
540 Vgl. ebenda, Ergänzungsbd. I, S. 543.
541 Ebenda, Bd. 19, S. 203.
542 Schelling: Frühschriften. Bd. I. Berlin 1971, S. 228–229.
543 Vgl. dazu: Peter Ruben: Geschichtliche Bildung und theoretisches Konzept der klassischen bürgerlichen Naturanschauung. In: Naturphilosophie – von der Spekulation zur Wissenschaft. Hg. v. Herbert Hörz, Rolf Löther, Siegfried Wollgast. Berlin 1969, S. 25–26.
544 Schelling: Frühschriften. Bd. I. Berlin 1971, S. 198.
545 F. W. J. Schelling: Philosophische Schriften. Bd. I. Landshut 1809, S. 346.
546 Schellings Werke. Hg. v. Manfred Schröter. Bd. II. München 1927, S. 17.
547 Schelling: Frühschriften. Bd. I. Berlin 1971, S. 203.
548 Ebenda, S. 198–199.
549 Jacob Böhmes großes Verdienst sei vor allem seine poetische Sicht der Natur gewesen, d. h. die begrifflich noch unentwickelte Form seiner Dialektik (vgl. Friedrich Schlegel: Philosophische Vorlesungen. Hg. v. Carl Windischmann. Bd. I. Bonn 1836, S. 428–429).
550 Schellings Werke. Hg. v. Manfred Schröter. Bd. II. München 1927, S. 736.
551 Schelling: Frühschriften. Bd. I. Berlin 1971, S. 177.
552 F. W. J. Schelling: Philosophische Schriften. Bd. I. Landshut 1809, S. 352.
553 Schelling: Frühschriften. Bd. I. Berlin 1971, S. 194.
554 Ebenda, S. 195.
555 Vgl. ebenda, S. 230.
556 Schellings Werke. Hg. v. Manfred Schröter. Bd. II. München 1927, S. 724–725.
557 Schelling: Frühschriften. Bd. I. Berlin 1971, S. 227.
558 Ebenda, S. 214.
559 Schellings Werke. Hg. v. Manfred Schröter. Bd. II. München 1927, S. 721.
560 Novalis: Schriften. Bd. II. Stuttgart 1965, S. 107. – „Die Handlung, daß Ich sich als Ich sezt, muß mit der Antithese eines unabhängigen Nicht-Ich und der Beziehung auf eine sie umschließende Sfäre verknüpft seyn – diese Sfäre kann man Gott und Ich nennen." (Ebenda, S. 107–108). Ähnlich äußert sich Fried-

rich Schlegel: „In Fichtes Philosophie schleicht sich denn doch etwas ein, was nicht Ich ist, noch aus dem Ich kommt, und doch auch nicht bloß Nicht Ich ist. Sonst A n s t o ß, jetzt ursprüngliche Zufälligkeit, Analogon vom Ding an sich. –" (KA, Bd. 18, S. 25; vgl. ebenda, S. 31, S. 32, S. 510, S. 577, S. 580). Vgl. ferner Schleiermachers Brief an Reimer vom Juni 1803. In: Aus Schleiermachers Leben in Briefen. Hg. v. Ludwig Jonas, Wilhelm Dilthey. Bd. 3. Berlin 1861, S. 350.

561 Friedrich Schlegel: KA, Bd. 18, S. 201; vgl. ebenda, S. 155, S. 245, S. 271, S. 273, S. 461. – „Viele der ersten Stifter der modernen Physik müssen gar nicht als Philosophen, sondern als Künstler betrachtet werden." (Ebenda, Bd. 2, S. 236). „Willst Du ins Innere der Physik dringen, so laß dich einweihen in die Mysterien der Poesie." „Günstiges Zeichen, daß ein Physiker sogar – der tiefsinnige Baader – aus der Mitte der Physik sich erhoben hat, die Poesie zu ahnden, die Elemente als organische Individuen zu verehren, und auf das Göttliche im Zentrum der Materie zu deuten." (Ebenda, S. 266). – Hier kündigt sich bereits an, wie Dialektik in Mystizismus umschlägt.

562 Ebenda, Bd. 18, S. 207. – Friedrich Schlegel schreibt im Jahre 1800 an Schleiermacher: „Es ist schmählich, daß Du nicht recht an die jetzige Philophysik willst. Sie ist doch auf dem sogenannten theoretischen Felde das einzige was Leben hat, das einzige Zeichen der Zeit." Und mit Anspielung auf Schleiermachers *Reden über die Religion* von 1799: „Du hasts selbst verkündigt, und nun hältst Du Dich in Deiner alten Ruhe [. . .] Für mich ist die Physik immer noch fast nur Quelle der Poesie und Incitament zu Visionen." (Aus Schleiermachers Leben in Briefen. Bd. 3. Berlin 1861, S. 154). In einem Brief August Wilhelm Schlegels vom 9. 6. 1800 an Schleiermacher heißt es: „Uebrigens zweifle ich gar nicht, daß die Poesie nicht auf diese Weise noch manche herrliche Acquisition machen sollte. Besonders die ächten Physiker seh ich im Geiste schon alle zu uns übergehen. Es ist doch wirklich etwas ansteckendes und epidemisches dabey; der Depoetisationsprozeß hat freylich lange genug gedauert, es ist einmal Zeit daß Luft, Feuer, Wasser, Erde wieder poetisirt werden." (Ebenda, S. 182). Friedrich Schlegel empfiehlt Schleiermacher Mitte 1800 das Studium Jacob Böhmes, „weil in ihm grade das Christenthum mit zwey Sphären in Berührung steht, wo jetzt der revolutionäre Geist fast am schönsten wirkt – Physik und Poesie." (Ebenda, S. 192). – Der religiöse Zug verstärkt sich auch in der Naturauffassung.

563 Novalis: Schriften. Bd. III. Stuttgart 1968, S. 315.

564 Auch Novalis geht, wie die übrigen Frühromantiker, von der Philosophie Fichtes aus, vor allem von seinen philosophischen Kategorien der intellektuellen Anschauung und der produktiven Einbildungskraft: „Das größte Gut besteht in der Einbildungskraft." (Schriften. Bd. II, S. 275); „Practische Vernunft ist reine Einbildungskraft." (Ebenda, S. 258); in der intellektuellen Anschauung erblickt er den „Schlüssel des Lebens" (Schriften. Bd. II, S. 561). „Ich – Nichtich" gilt ihm als der „höchste Satz aller Wissenschaft und Kunst" (ebenda, S. 542). Das Subjekt definiert er in Anlehnung an Fichte als den „absolut thätige[n] Zustand des Bewußtseyns" (ebenda, S. 253); „alle Wircksamkeit, Selbstthätigkeit, ist frey. Die Vernunft ist ebenfalls frey. Das Caracteristische der Menschheit ist die Vernunft. Sie ist Bestimmerin des Inhalts überhaupt, i. e. alles Inhalts." (Ebenda, S. 255). An die Kategorie der intellektuellen Anschauung anknüpfend, bestimmt Novalis das Ich: „Was ist Ich?! Absolutes thetisches Vermögen! Die Sfäre des Ich muß für uns alles umschließen. Als Selbst Gehalt kann es Gehalt erkennen. Das Erkennen deutet auf sein Ichseyn. Als Grund alles Bestimmens für das Ich, oder aller Form ist es mithin Grund seiner eigenen Bestimmung, oder Form. Kürzer: es ist eine selbständige Bestimmung des Gehalts – damit hat es sich selbst alle Bestimmung gegeben." (Ebenda, S. 104, Fichte-Studien). – Seine selbständige philosophische Laufbahn beginnt Novalis mit dem gründlichen Studium Fichtes, umfangreiche Konspekte zeugen davon. Weitere Quellen seines philosophischen Denkens sind Schelling und Jacob Böhme; vor allem aber hat ihn der holländische Philosoph Franz Hemsterhuis beeinflußt, der noch in der Tradition der Aufklärung steht und von Shaftesbury herkommt. Nach einem Brief Friedrich Schlegels an seinen Bruder August Wilhelm vom Januar 1792 war Hemsterhuis neben Plato der Lieblingsschriftsteller Novalis', den er schon früh kennenlernte. Einzelne Schriften von Hemsterhuis waren bereits in den achtziger Jahren des 18. Jahrhunderts erschienen. 1781 publizierte Herder eine Übersetzung der *Lettres sur les désires* im *Teutschen Merkur,* versehen mit einer eigenen Abhandlung *Liebe und Selbstheit. Ein Nachtrag zum Briefe des Herrn Hemsterhuis über das Verlangen.* 1782 kamen in Leipzig eine deutsche Ausgabe der *Vermischten philosophischen Schriften des Herrn Hemsterhuis* heraus und 1787 der von Friedrich Heinrich Jacobi übersetzte Dialog *Alexis oder von dem goldenen Weltalter.* Aus *Alexis* übernahm Novalis einen zentralen Gedanken seiner Geschichtsphilosophie. Im Herbst 1797 sandte ihm August Wilhelm Schlegel Hemsterhuis' Werke zu – zwischen dem

5. 9. und dem 30. 11. erfolgte deren intensives Studium, das seinen Niederschlag ebenfalls in umfangreichen Exzerpten fand, den Hemsterhuis-Studien.

565 Novalis: Schriften. Bd. II. Stuttgart 1965, S. 545.

566 Vgl. dazu insbesondere Novalis' Aufsatz *Die Christenheit oder Europa.* In: Schriften. Bd. III. Stuttgart 1968, S. 507–534.

567 Friedrich Schlegel und Novalis. Biographie einer Romantikerfreundschaft in Briefen. Hg. v. Max Preitz. Darmstadt 1957, S. 112.

568 Vgl. Novalis: Schriften. Bd. II. Stuttgart 1965, S. 390.

569 Ebenda, S. 599.

570 Ebenda.

571 Ebenda, S. 378.

572 Ebenda, S. 257.

573 Novalis an Friedrich Schlegel am 20. 7. 1798. In: Friedrich Schlegel und Novalis. Biographie einer Romantikerfreundschaft in Briefen. Hg. v. Max Preitz. Darmstadt 1957, S. 120.

574 Novalis: Schriften. Bd. II. Stuttgart 1965, S. 599.

575 Ebenda, S. 370.

576 Vgl. die Fragmente im zweiten Teil des Romans *Heinrich von Ofterdingen;* hier wird dieser Prozeß gleichsam als Vorbedingung und erste Stufe der messianischen Aufgabe des Menschen gegenüber der Natur angedeutet. – Vgl. auch Heine über diese Seite bei Novalis (In: Werke und Briefe. Hg. v. Hans Kaufmann. Bd. 5. Berlin 1961, S. 96–97).

577 Der Begriff des „moralischen Organs" stammt von Hemsterhuis, der damit an Shaftesburys „moral sense" (zurückgehend auf Lockes Begriff der „inneren Erfahrungen") anknüpfte. Novalis gibt diesem Terminus eine aktive Ausrichtung.

578 Novalis: Schriften. Bd. II. Stuttgart 1965, S. 371.

579 Ebenda, S. 562.

580 Ebenda, S. 369.

581 Ebenda, S. 362.

582 „Selbstempfinden – wie Selbstdenken – actives Empfinden. Man bringt das Empfindungsorgan wie das Denkorgan in seine Gewalt." (Schriften. Bd. II. Stuttgart 1965, S. 606). – Hier werden Gedanken aus der romantischen Medizin aufgegriffen; sie enthalten in übersteigerter und spekulativer Form rationale Momente, die die heutige Psychotheraphie auf exakter naturwissenschaftlicher Grundlage entwickelt hat und anwendet. – Vgl. ferner ebenda, S. 368: „K e i m e   k ü n f t i g e r   O r g a n e – Perfectibilität der Organe. Wie läßt sich etwas zu einem Organ machen?" „Es liegt nur an der Schwäche unserer Organe und der Selbstberüh-

rung, das wir uns nicht in einer Feenwelt erblicken. Alle Mährchen sind nur Träume von jener heymatlichen Welt, die überall und nirgends ist. Die höhern Mächte in uns, die einst als Genien unsern Willen vollbringen werden, sind jetzt Musen, die uns auf dieser mühseligen Laufbahn mit süßen Erinnerungen erquicken." (Ebenda, S. 564).

583 Novalis: Schriften. Bd. II. Stuttgart 1965, S. 533. Vgl. auch: „Die Poesie ist für den Menschen, was das Chor dem griechischen Schauspiele ist – Handlungsweise der schönen, rythmischen Seele – begleitende Stimme unsers bildenden Selbst – Gang im Lande der Schönheit – überall leise Spur des Fingers der Humanitaet – freye Regel – Sieg über die rohe Natur in jedem Worte – ihr Witz ist Ausdruck freyer, selbständiger Thätigkeit – Flug – Humanisirung. Aufklärung – Rythmus – Kunst." (Ebenda, S. 237). Oder: „Poesie ist die große Kunst der Construction der transscendentalen Gesundheit. Der Poet ist also der transscendentale Arzt. Die Poesie schaltet und waltet mit Schmerz und Kitzel – mit Lust und Unlust – Irrthum und Wahrheit – Gesundheit und Kranckheit – Sie mischt alles zu ihrem großen Zweck der Zwecke – der Erhebung des Menschen über sich selbst." (Ebenda, S. 535).

584 „[. . .] Annihilation der niederen Bedürfnisse. Nur durch Bedürfnisse bin ich eingeschränckt – oder einschränckbar. Man muß ein niederes Bedürfniß und allem dem, dem man keinen Einfluß auf sich gestatten will, absolut, als nicht für mich vorhanden, als nonexistent, setzen – Dadurch heb ich alle Gemeinschaft mit ihm auf." (Ebenda, S. 544).

585 „Alles Unwillkührliche soll in ein Willkührliches verwandelt werden." (Ebenda, S. 589). D. h. die Wirklichkeit soll den Gesetzen des Individuums unterworfen werden: „Das Leben soll kein uns gegebener, sondern ein von uns gemachter Roman seyn." (Ebenda, S. 563). Dabei ist der Macht des menschlichen Subjekts keine Grenze gesetzt. Novalis behält in seiner philosophischen Idee des „magischen Idealismus" einen optimistischen Grundtenor bei (im Gegensatz zum abgrundtiefen Pessimismus seiner Dichtungen der gleichen Zeit): „Der Mensch kann alles werden, worauf er reflectiren, oder was er sich vorsetzen kann". „Wo der Mensch seine Realität hinsezt, was er fixirt, das ist sein Gott, seine Welt, Sein-Alles [. . .] Realität der menschlichen Fantasie und des Willens, Freyheyt der Selbstbestimmung des Schicksals etc. [. . .]." (Ebenda, S. 233, Fichte-Studien).

586 Novalis: Schriften. Bd. II. Stuttgart 1965, S. 569.

587 Vgl. dazu: Hans-Dietrich Dahnke: August Wilhelm Schlegels

Berliner und Wiener Vorlesungen und die romantische Literatur. In: WB 14 (1968) 4, S. 783.

588 „Nur Sitten und Caracterverbesserungen sind wahre Verbesserungen – Alle Andere ohne Ausnahme sind nur Moden, nur Wechsel, nur unbedeutende Verbesserungen." Den Unbilden der Wirklichkeit gegenüber kann Novalis nur die Haltung empfehlen, „alle Empfindungen gefangen zu nehmen". „Die Menschen [...] sind nur das, was sie [...] gegen die Gegenstände sein können." (Novalis: Schriften. Bd. II. Stuttgart 1965, S. 281).

589 Schelling: Frühschriften. Bd. I. Berlin 1971, S. 170.

590 Vgl. Schellings Werke. Hg. v. Manfred Schröter. Bd. II. München 1927, S. 735–736.

591 Schelling: Frühschriften. Bd. I. Berlin 1971, S. 205, 388.

592 Novalis: Schriften. Bd. III. Stuttgart 1968, S. 242.

593 Ebenda, S. 574.

594 Novalis: Die Lehrlinge zu Sais. In: Novalis' Werke. Hg. v. Wilhelm Bölsche. Bd. I. Leipzig o. J., S. 152.

595 Novalis: Schriften. Bd. III. Stuttgart 1968, S. 653.

596 Friedrich Schleiermacher: Reden über die Religion. An die Gebildeten unter ihren Verächtern. Zit. nach: Paul Kluckhohn: Die Weltanschauung der Frühromantik. Leipzig 1932, S. 81 (Deutsche Literatur in Entwicklungsreihen. Reihe Romantik. Bd. 5).

597 Ebenda, S. 81–82.

598 Ebenda, S. 82–83.

599 Novalis: Schriften. Bd. II. Stuttgart 1965, S. 275.

600 Vgl. Schelling: Frühschriften. Bd. I. Berlin 1971, S. 386–387, S. 348, S. 350.

601 Novalis z. B. gilt die „Polarität" (der Widerspruch) als „eine Unvollkommenheit – es soll keine Polaritaet einst seyn. Sie tritt in [ein] System ein, eh es vollkommen ist. Wenigstens wird sie einst nur Mittel, nur transitorisch seyn dürfen. Bey der Polaritaet entsteht eine Trennung des Nothwendig Verbundenen – eine Feindseligkeit – gegenseitige Aufhebung und Beschränkung." (Schriften. Bd. III. Stuttgart 1968, S. 342). – Hier wird der Widerspruchsbegriff auch noch metaphysisch und mechanisch verstanden. Henrik Steffens schrieb über ein Gespräch mit Novalis an Schelling: „Er will nicht eine Urduplizität, sondern einen Urinfinitismus der Natur haben." (Zit. nach: Paul Kluckhohn: Das Ideengut der deutschen Romantik. Tübingen 1953, S. 22). Das charakterisiert treffend den Unterschied zwischen beiden. Mit dem alle Bereiche der Natur durchwaltenden Gesetz der Polarität, Duplizität oder Dualität hatte Schelling jedoch das bewegende Prinzip entdeckt, durch das die Natur überhaupt aus sich

selbst heraus möglich war, „erst in sich selbst ganz und beschlossen", „Subjekt und Objekt, Produzent und Produkt". In der dialektischen Durchdringung der beiden Prinzipien Natur und Geist, die die „Selbstconstruction" der Natur als autonomen Vorgang erklärt, liegen auch die materialistischen Tendenzen der frühen Schellingschen Naturphilosophie.

602 MEW, Bd. 1, S. 380.

603 Aus Schleiermachers Leben in Briefen. Bd. 3. Berlin 1861, S. 72.

604 So Friedrich Schlegel in der frühen Rezension zu Friedrich Heinrich Jacobis Roman *Woldemar*. In: KA, Bd. 2, S. 77.

605 Johann Gottlieb Fichte: Beiträge zur Berichtigung der Urteile des Publikums über die Französische Revolution. In: Sämtliche Werke. Hg. v. I. H. Fichte. Bd. 6. Leipzig o. J., S. 157.

606 Friedrich Schlegel: KA, Bd. 6, S. 400.

607 „Das Erste war Hoffnung = Zukunft. Das Zweite Wehmuth = Vergangenheit; das Dritte Schrekken = Gegenwart. Nun (Erstaunen) trat allmählig wieder die alte Sehnsucht ein, aber dringend und brünstig, mit Angst verbunden und so entstand der leere Raum. –" (Ebenda, Bd. 18, S. 188).

608 Ebenda, Bd. 2, S. 267; vgl. auch Bd. 18, S. 264: „Die Aesthetik und die Metaphysik sind die gegen die Religion gewandten und in sie übergehenden Pole der Philosophie." Ferner: Ebenda, S. 304, über die Beschränkung der Vernunft durch die Religion.

609 Ebenda, Bd. 2, S. 257.

610 Krisenjahre der Frühromantik. Briefe aus dem Schlegelkreis. Hg. v. Josef Körner. Bd. II. Brünn–Wien–Leipzig 1936, S. 67. – August Wilhelm Schlegel war durch sein Leben „in solcher Pflege der Achtung und inniger Freundschaft, in solcher Abgerissenheit von den Bekümmernissen der aeussern Welt" (Friedrich Schlegel an seinen Bruder, 11. 4. 1806; ebenda, Bd. I, S. 308) unter der Obhut der Frau von Staël vor einem so kompromittierenden Schritt wie dem Übertritt zum katholischen Glauben bewahrt geblieben. Vgl. dazu auch Caroline Schlegel an Luise Wiedemann Mitte März 1809: „Friedr. Schlegel ist auch in Wien, er ist wie zum katholischen Glauben zum Hause Oestreich übergetreten. Wilhelm scheint doch unter seiner Aegide, das heißt unter der Aegide seiner Pallas, protestantisch zu bleiben, so gläubig er sonst gegen seine Freunde gesinnt ist, aber hier geht eben Glauben gegen Glauben, Einfluß gegen Einfluß auf. Dennoch ist er der reinste von allen diesen – denn ach wie sind jene von der Bahn abgewichen, wie haben sie sich sämtlich durch Bitterkeit gegen

die Schicksale bestimmen lassen, die sie sich doch selber zugezogen! Friedrich hat die Anlage ein Ketzerverfolger zu werden – fast soll er schon fett, bequem und schwelgerisch wie ein Mönch seyn. Ich habe sie alle in ihrer Unschuld, in ihrer besten Zeit gekannt. Dann kam die Zwietracht und die Sünde, man kann sich über Menschen täuschen, die man nicht mehr sieht, noch Verkehr mit ihnen hat, aber ich fürchte sehr, ich würde mich auch über Friedrich entsetzen." (Caroline, Briefe aus der Frühromantik. Nach Georg Waitz. Verm. hg. v. Erich Schmidt. Bd. II. Leipzig 1913, S. 555–556).

611 Zeugnisse für eine solche Suche nach Geborgenheit finden sich bereits in Friedrich Schlegels *Philosophischen Fragmenten* zur Religion von 1798: „Die Religion ist das einzige Gegengewicht gegen Leiden, der wahre Trost; ganz anders wie Philosophie. –" (KA, Bd. 18, S. 33). Und im Dezember 1802 heißt es: „Religion ist nicht Enthusiasmus, sondern Reaction gegen diese – Genialität – und Wehmut sind wohl die Factoren –?" (Ebenda, S. 474). In der Religion meint Friedrich Schlegel ans Ziel gelangt zu sein: „Die Religion ist die Kunst der Weisheit, die Wissenschaft des Lebens und jene höhere Politik, die ich ehedem suchte. –" (Ebenda, S. 302).

612 Aus Schleiermachers Leben in Briefen. Bd. 2. Berlin 1858, S. 385.

613 Friedrich Schlegels Philosophische Vorlesungen aus den Jahren 1804–1806. Nebst Fragmenten vorzüglich philosophisch-theologischen Inhalts. Hg. v. Carl J. H. Windischmann. Bd. II. Bonn 1837, S. 524–525.

614 Heinrich Heine: Werke und Briefe. Hg. v. Hans Kaufmann. Bd. 7. Berlin 1961, S. 308.

615 Schleiermacher an Henriette Herz am 3. 5. 1799. In: Aus Schleiermachers Leben in Briefen. Bd. 1. Berlin 1858, S. 230–231.

616 Aus Schleiermachers Leben in Briefen. Bd. 3. Berlin 1861, S. 114.

617 Vgl. Friedrich Schleiermacher: Reden über die Religion. An die Gebildeten unter ihren Verächtern. 5. Aufl. Leipzig 1868, S. 91. – Hier werden am Ende der zweiten Rede raffinierte Argumente gegen die Würde und Autonomie des Menschen vorgebracht, die noch den Anschein seiner Erhöhung erwecken sollen: „Möchten sie doch versuchen, aus Liebe zu Gott ihr Leben aufzugeben. Möchten sie darnach streben, schon hier ihre Persönlichkeit zu vernichten und im einen und allen zu leben. Wer gelernt hat mehr sein als er selbst, der weiß, daß er wenig verliert, wenn er sich selbst verliert".

618 Goethe an Friedrich Heinrich Jacobi am 11. 1. 1808. In: Goethe-Briefe. Hg. v. Philipp Stein. Bd. 6. Berlin 1905, S. 2–3.

619 Ebenda, S. 322.

620 Friedrich Schlegel: KA, Bd. 18, S. 499.

621 Ebenda, S. 573.

622 Ebenda, Bd. 6, S. 389.

623 Vgl. dazu die Erläuterungen bei Manfred Buhr: Revolution und Philosophie. Die ursprüngliche Philosophie Johann Gottlieb Fichtes und die Französische Revolution. Berlin 1965, S. 155–156 (Anmerkung 25, 26 und 27 zum Abschnitt IX).

624 Friedrich Schlegel: KA, Bd. 18, S. 577.

625 „Wir haben nun die Pole der Menschheit ergriffen und sind im Zentrum. Was jezt schon ist, wird sich selbst ewig höher potenziren, aber es wird keine neue Welt, kein totaler Abschnitt mehr kommen." (Ebenda, S. 356).

626 Ebenda, S. 329.

627 Ebenda, S. 296. – „Religion ist das Zentralzentrum, das ist klar. –" (Ebenda, S. 313). Vgl. ferner Schleiermachers Brief vom 4. 4. 1799 an Henriette Herz: „Die Kirche soll eigentlich das Höchste sein, was es menschliches giebt und ich will sie schon herausarbeiten." (Aus Schleiermachers Leben in Briefen. Bd. 1, S. 221).

628 Friedrich Schlegel: KA, Bd. 18, S. 297.

629 Ebenda, S. 295.

630 Vgl. Schleiermachers Verteidigung gegen den vom Hofprediger Sack erhobenen Vorwurf des Spinozismus. In: Aus Schleiermachers Leben in Briefen. Bd. 3. Berlin 1861, S. 282–285.

631 Novalis: Schriften. Bd. I. Stuttgart 1960, S. 11.

632 Aus Schleiermachers Leben in Briefen. Bd. 1. Berlin 1858, S. 65.

633 Ebenda, Bd. 2. Berlin 1858, S. 352.

634 Friedrich Schlegel: KA, Bd. 7, S. 515.

635 Vgl. Novalis' *Geistliche Lieder, Hymnen an die Nacht* und den Aufsatz *Die Christenheit oder Europa* mit ihrer antiaufklärerischen Haltung; vgl. ferner: Friedrich Schlegel: KA, Bd. 18, S. 192. – Das spätere Verdammungsurteil der Romantiker erstreckt sich bis auf die erste Regung bürgerlichen Emanzipationsdenkens in Deutschland, die Reformation, der sie am Beginn ihres philosophischen Weges ebenso verpflichtet sind wie die Aufklärung und die klassische bürgerliche deutsche Philosophie. (Vgl. insbesondere Friedrich Schlegel: KA, Bd. 6, S. 369, S. 246–247).

636 Novalis: Schriften. Bd. III. Stuttgart 1968, S. 301.

637 Alfred Kurella: Zwischendurch. Verstreute Essays 1934–1940. Berlin 1961, S. 201.

Verzeichnis der wichtigsten benutzten Textausgaben

Athenaeum. Eine Zeitschrift. Hg. v. August Wilhelm Schlegel und Friedrich Schlegel. (Fotomechanischer Nachdruck der Ausgabe von 1798–1800). 3 Bde. Berlin 1960.

Caroline. Briefe aus der Frühromantik. Nach Georg Waitz. Verm. hg. v. Erich Schmidt. 2 Bde. Leipzig 1913.

Fichte, Johann Gottlieb: Werke. Hg. u. eingel. v. Fritz Medicus. 8 Bde. Leipzig 1912 ff.

Goethe, Johann Wolfgang: Goethe-Briefe. Hg. v. Philipp Stein. 8 Bde. Berlin 1902–1908.

– Poetische Werke. Berliner Ausgabe. Berlin–Weimar 1960 ff.

Hegel, Georg Wilhelm Friedrich: Briefe von und an Hegel. Hg. v. Johannes Hoffmeister. 3 Bde. Berlin 1970.

– Sämtliche Werke. Jubiläumsausgabe in 20 Bänden. Hg. v. Hermann Glockner. 3. Aufl. Stuttgart 1953 ff.

Heine, Heinrich: Werke und Briefe. Hg. v. Hans Kaufmann. 10 Bde. Berlin 1961–1962.

Krisenjahre der Frühromantik. Briefe aus dem Schlegelkreis. Hg. v. Josef Körner. 3 Bde. Brünn–Wien–Leipzig 1936.

Novalis: Auswahl aus seinen Schriften. Mit einem Geleitwort von Ludwig Tieck. Hg. v. Hans Hahn. Berlin 1912.

– Schriften. Hg. v. Paul Kluckhohn u. Richard Samuel. Bd. I–III. 2., verm. u. verb. Aufl. Stuttgart 1960–1968.

Schelling, Friedrich Wilhelm Josef: Frühschriften. Eine Auswahl in zwei Bänden. Hg. u. eingel. v. Helmut Seidel u. Lothar Kleine. Berlin 1971.

Schiller, Friedrich: Der Briefwechsel zwischen Schiller und Goethe in drei Bänden. Hg. v. Hans Gerhard Gräf u. Albert Leitzmann. Leipzig o. J.

Briefe von und an August Wilhelm *Schlegel.* Ges. u. erl. durch Josef Körner. Zürich–Leipzig–Wien 1929.

Schlegel, August Wilhelm: Kritische Schriften und Briefe. Hg. v. Edgar Lohner. 6 Bde. Stuttgart 1962.

Friedrich *Schlegels* Briefe an seinen Bruder August Wilhelm. Hg. v. Oskar F. Walzel. Berlin 1890.

Schlegel, Friedrich: Kritische Friedrich-Schlegel-Ausgabe. Hg. v. Ernst Behler u. Jean-Jaques Anstett. 22 Bde. München–Paderborn–Wien 1956 ff.

– Friedrich Schlegel und Novalis. Biographie einer Romantikerfreundschaft in Briefen. Hg. v. Max Preitz. Darmstadt 1957.

– Philosophische Vorlesungen aus den Jahren 1804–1806. Nebst Fragmenten vorzüglich philosophisch-theologischen Inhalts. Hg. v. Carl J. H. Windischmann. 2 Bde. Bonn 1836–1837.

– Prosaische Jugendschriften. Hg. v. Jacob Minor. Bd. I. Wien 1882.

Schleiermacher, Friedrich: Aus Schleiermachers Leben in Briefen. Hg. v. Ludwig Jonas u. Wilhelm Dilthey. 4 Bde. Berlin 1858–1863.

Wackenroder, Wilhelm Heinrich: Werke und Briefe. Hg. v. Friedrich von der Leyen. 2 Bde. Jena 1910.

Personenregister